法意看中国

2019

法意看中国 2019

DE-GLOBALIZATION:
CHALLENGES AND
OPPORTUNITIES FOR CHINA

逆全球化的挑战与机遇

主　编　傅正　朵悦

当代世界出版社
THE CONTEMPORARY WORLD PRESS

逆全球化的挑战与机遇
法意看中国（2019）

目录

年度报告：逆全球化的挑战与机遇

国际形势与中美关系

专题一：全球变局与世界经济

专题二：区域冲突

专题三：中美关系

专题四：中国方案

深化改革与持续发展

专题一：改革动向

专题二：发展议题

历史传统与中国实践

专题一：百年五四

专题二：儒家传统与中国的主体性

专题三：新中国的现代化实践

专题四：中国话语和中国道路

年度报告：逆全球化的挑战与机遇

前言：百年未有之大变局

晚清以降，“变局”就是影响中国社会发展的关键词，“三千年未有之大变局”成了百年来中国人警醒自身、奋起拼搏的外部动力。如今，历史似乎又到了一个变局的时刻。

2019年是新中国成立七十周年，也是纪念五四运动一百周年。在这一百年里，中国从积贫积弱走向了独立自主，再从独立自主走向了对外开放，又从对外开放走向了影响世界。因此，既有国际秩序面临的新危机、西方世界面临的新挑战、中国面临的新改革，连同百年中国的奋进历程、七十年新中国的实践经验，一道构成了2019年中国学术界、思想界关注的热点领域。

职是之故，本报告将以“中国与百年未有之大变局”为主线，通过学术界的相关讨论以解答：(一)“百年未有之大变局”体现在哪里？(二)西方世界主导的国际政治经济秩序面临了怎样的挑战或危机？(三)中国在当前不稳定的变局中处于什么样的位置，扮演什么样的角色？(四)中国将通过哪些改革促进自身适应大变局的形势？(五)五四运动和新中国的实践历程将对今天具有何种启发？(六)走上中国道路和构建中国话语需要做哪些准备？(七)如何丰富“人类命运共同体”的内涵及其与中国传统的关联？

本报告将上述七个问题划分为三个部分：(一)外部形势与未来展望；(二)深化改革与持续发展；(三)历史传统与中国实践。分别加以讨论，最后回到中国传统与“人类命运共同体”的关联。

本报告意在指出，尽管学术界对于具体问题仍然存在许多争论，但其大体上形成了如下共识：国际局势日趋动荡，世界经济仍然疲软，这对中国而言既是挑战又是机遇。中国惟有深化改革、扩大开放，才能迎接挑战，抓住机遇。当前的改革必须尊重中国自身的传统，立足于七十年来的实践经验。中国的崛起不应以邻为壑，而应以全人类的共同进步为目标。

一、外部形势与未来展望

（一）逆全球化带来的挑战

不可否认，2019年的国际形势更加风云变幻，冲突和动荡非但没有减少，反而增加了。特朗普继续挥动增加关税的大棒，阻碍全球贸易的发展；叙利亚内战仍未结束，美伊冲突再起波澜；法国黄马甲运动持续升级，尚没有止歇的迹象；拉美、南亚等地也频繁出现大规模暴力冲突，等等。总之，当今世界局势仍然不稳定，且不稳定有扩大的趋势，新一轮的逆全球化浪潮愈演愈烈。

这一轮的逆全球化浪潮给中美关系带来了何种不稳定的因素？中国应该如何应对这股逆流？

1. 世界经济疲软的压力

1月23日，北京大学国家发展研究院名誉院长、新结构经济学研究院院长林毅夫在腾讯冬季达沃斯论坛上发表了题为《世界经济新动向》的主题演讲。[1] 他在演讲中对全球经济形势做出了如下判断：

第一，自2008年国际经济危机以来，美国、欧洲等国家经济增长持续乏力，即使在量化宽松的货币政策下，发达国家的经济水平也难以复苏到危机前的年均增长速度。这是因为发达国家把从宽松政策下获取的廉价资金投注于虚拟市场而非实体经济。一方面，虚拟市场无法像实体经济那样充分保障就业；另一方面，虚拟市场但凡出现风吹草动，资本市场就会草木皆兵，“一下子跌个几百点，复苏一点，又跌个几百点”，难以获得持续稳定。

第二，在世界经济疲软、工作就业和社会福利难以得到保证的状况下，

---

〔1〕 林毅夫：《世界经济新动向》，载《经济导刊》2019年第2期。

西方出现了大规模的逆全球化浪潮，如英国脱欧、美国特朗普新政、法国黄马甲抗议和中美贸易摩擦等。其根本原因仍是发达国家出现了严重的收入分配不均，中产阶级比重迅速下降，这为民粹主义的抬头提供了温床。

第三，中国经济增长减速。2008 年以后，中国是全球经济稳定和发展最重要的动力来源，而中国在 2018 年经济增长出现了下行的压力。

林毅夫判断，在上述三点原因中，前两点源于发达国家缺乏结构性改革，只会带来负面效应，而第三点则是中国经济结构性改革的阵痛。这些结构性改革包括去产能、去库存、去杠杆、降产能与补短板。其中，去产能、去库存、去杠杆三项都是某种压缩性手段，会压低经济的增长率。他预测，未来几年在供给侧结构性改革“三去”基本取得阶段性成果的情况下，中国的供给侧结构性改革会有所调整，政策会向降产能与补短板两项倾斜。只要中国能够稳增长、稳就业，平稳渡过这一关，就会实现经济的高质量增长，就能为世界经济发展做出新的贡献。

在林毅夫看来，当今世界不稳定的主要原因还在于西方世界内部，在于西方世界的金融资本已经失去了约束，反过来遏制了实体产业的发展。春秋发展战略研究院研究员郑若麟也做出了类似的判断。相比之下，他甚至把金融资本与实体资本的冲突视为当今世界的主要矛盾。[1]

郑若麟比较了几种关于国际冲突的不同解释。例如有一种流行的观点认为，后冷战时代的全球冲突是“文明的冲突”，西方基督教是人类历史上唯一自发形成自由民主价值的文明形态，它正在面临伊斯兰教文明、东亚儒家文明、俄罗斯东正教文明的挑战。另一种观点则将目光聚焦于大国竞争，20 世纪上半叶的英德对抗、第二次世界大战结束后的美苏对抗、今天的中美纠纷等等，都是守成大国与崛起大国之间的较量，“修昔底德陷阱”才是世界冲突的主要模式。

对此，郑若麟认为，以上两种解释只是西方人把局势糟糕的原因一股脑归结到他们不喜欢的对象头上，而从来不曾反省西方世界自身的深层原因。

---

〔1〕 郑若麟：《产业资本与金融资本：西方内部也正在发生百年未有之大变局》，载腾讯门户“看点快报”，2019 年 11 月 6 日，http：//kuaibao. qq. com/s/20191106A0PJ8S00？refer=spider，最后访问日期：2019 年 11 月 15 日。

郑若麟在2019年11月“北京论坛”上发表主题演讲时指出，中国坚持“人类命运共同体”的平等原则，从不干涉他国内政，伊斯兰世界则仍然属于“局部性”的力量。中国和伊斯兰都不曾对西方世界构成真正的挑战，当前的国际冲突恰恰是西方世界自己造成的。

他接着指出，西方内部形成了两大力量板块，一方是以金融资本为核心的金融、石油、医药、粮油等跨国国际财团，另一方是以军工、航天航空、汽车、房地产等实业资本为核心的民族财团。金融跨国财团需要全球资本流动，需要廉价劳动力，他们支持全球化，支持打破国界的限制，支持移民，也支持欧盟一体化。实业资本民族财团则正好相反，他们需要保护本国工业，需要保障本国的就业和福利，因而反对打破国界的限制，反对欧盟一体化，甚至反对全球化。这形成了美国和西方的产业资本反对全球化，而跨国的金融资本则会继续支持全球化的格局。

一个正常合理的国际经济体系需要平衡这两个集团的不同利益诉求，没有国际金融跨国财团，就缺乏推动全球化的力量，没有实业资本民族财团，本国群众的基本利益无法得到保障，全球经济交往就缺乏后劲。现在西方面临的问题是，两个财团之间出现了严重对立，难以调和。郑若麟接着指出，从表面上看，实体资本集团主张贸易保护主义，主张制造业回流以促进本国就业，容易与中国等新兴经济体产生摩擦，但从长远看，跨国金融资本的危害更大，跨国金融资本力量板块与中国之间的矛盾，是一种长期存在的、旨在改变中国政体的一种根本性冲突。

以上两位学者的讨论都暗示出，一方面，旧的世界经济体系已经出现了严重的裂痕；另一方面，中国的崛起又在冲击原有的世界经济格局。在世界经济疲软的压力下，中国又将何去何从？未来中国可能会在全球经济体系中扮演什么样的角色？

2. 中国的位置

普雷维什（Raúl Prebisch）、沃勒斯坦（Immanuel Wallerstein）、萨米尔·阿明（Samir Amin）等人都已经通过自己丰富的学识论证了现代资本主义世界体系存在着中心与边缘的不平等格局。一个国家能够获得多少财富，主要不取决于本国人民是否勤奋、本国资源是否丰厚，而主要取决于它在世界体系中的位置。一方面，发达资本主义国家通过把控体系的中心位置，从第三世界手中掠取了大量资源和财富，用以维系其所谓的“自由民主”制度；另一方面，它们又以强大的国家财力和国际影响力，扶持其他国家建立所谓的“自由民主政体”，并以此为自身的世界霸权建构正当性。

例如，世界霸权国家利用它所掌握的国际信贷机构，将国际援助与政治体制相挂钩，以援助为手段逼迫第三世界国家改变政体，并向霸权国家开放市场。即便所谓“自由民主政体”的运行成本已经远远超出了第三世界国家所能承受的限度，霸权国家也会在其发生债务危机，甚至在政治衰败的时候出手干预，至少在形式上维持其“民主政体”。

华东政法大学政治学与公共管理学院教授汪仕凯就根据萨米尔·阿明等人的理论进一步指出，美国的世界霸权正在遭受中国崛起带来的挑战，中国全面崛起将对原有的国际经济体系产生冲击，也将消解欧美国家在现代世界体系中的支配和剥削地位。更重要的是，中国的政治体制将会与美国霸权所支持的“自由民主”体制形成竞争。中美经济之争也会表现为政治体制之争，这是现代世界体系中的历次霸权转移所从未出现的新特征。西方“自由民主”体制的衰败将解开套在第三世界头上的政治枷锁，从而为广大第三世界追求适合本国国情的真正民主化道路打开新的空间。[1]

应当看到，不仅对于中国，对于广大第三世界国家而言，旧世界经济体系的衰落既是挑战也是机遇。关键在于，我们能否真正把握“百年未有之大变局”的当前形势。

（二）西方世界的内部冲突

2019年4月15日，法国巴黎圣母院发生了震惊世界的大火灾，矗立于法兰西大地上长达850年的教堂尖顶轰然倒塌。巴黎圣母院不仅是一座古老建筑，更是一种文化象征。清华大学哲学系博士王达菲认为，圣母院哥特式的教堂尖顶代表了人与上帝“接近”的神圣渴望，教堂是沟通现世与超验、此

---

〔1〕 汪仕凯：《资本主义工业化、生产剩余国际分配与政治转型》，载《世界经济与政治》2019年第4期。

岸与彼岸的中介，它代表了永恒性的温暖与慰藉，从而填补人生的有限与孤独。

王达菲接着指出，巴黎圣母院失火事件背后意味着欧洲基督教精神的衰落。中世纪欧洲人对于终极信仰的神学探讨、对于永恒真理的哲学追求都早已淹没在现代性的日常琐碎之中。圣母院来自天堂的神圣召唤已经成了欧洲的过去，上帝、天堂、永恒真理再也无法激发年轻人的渴望，因此圣母院尖塔的倒塌是欧洲在精神上所发生的一切再恰当不过的感性象征。[1]

值得追问的是，欧洲精神衰落的原因是什么？这又会对西方世界造成怎样的影响？

1. 传统文化的式微与少数族裔的冲击

旅法学者龚克指出，在巴黎圣母院尖顶倒塌的背后，是法国主流文化的逝去。近三十年来，法国民众的宗教信仰比例大幅走低。1986 年 82%的法国人是广义基督徒，15.5%的人没有宗教信仰；2016 年基督徒比例缩减至 51.1%，而无信仰者则增至 39.6%。在这种背景下，无论对法国人还是外国人而言，巴黎圣母院越来越失去了它本身的宗教意义，而变成了单纯的旅游景点。

有人认为，巴黎圣母院的失火就像美国的“9·11”事件，会成为民族凝聚的动力，但这不符合事实。龚克接着指出，“9·11”事件的罪魁祸首是显而易见的外部恐怖势力，但法国面临的威胁则是内生性的。美国人可以通过“9·11”事件来区分“我们”与那些宗教极端势力，但法国人没有办法通过巴黎圣母院的失火来区分“我们”和“他们”的群体界限。它非但不可能像“9·11”事件那样激发出一种同仇敌忾的社会凝聚力，反而容易构成一种无法排遣的内在创伤，加剧法国的内部分裂和社会危机。[2]

王达菲也把巴黎圣母院的失火视为欧洲分裂的象征。英国脱欧只是一幕序曲，传统欧洲文明的更大挑战来自于越来越庞大的伊斯兰少数族裔。这些

---

〔1〕 王达菲：《仅仅作为历史和文化象征的圣母院，在大火前已经“倒掉”了》，载微信公众号：探索与争鸣，2019 年 4 月 17 日。

〔2〕 龚克：《巴黎圣母院大火，燃烧在“政”与“教”的交汇点上》，载《澎湃新闻》“思想市场”专栏，https://www.thepaper.cn/newsDetail_forward_3299389，最后访问日期：2019 年 5 月 21 日。

少数族裔在国籍上可以是法国人、德国人或英国人，但他们不会共享法兰西、德意志或英格兰的光荣传统。相反，对于这些来自西亚、非洲的少数族裔而言，欧洲的光荣历史恰恰是他们的屈辱。总之，传统的民族主义在欧洲越来越不起作用了。西方人将如何构建新的身份认同？

中国社科院欧洲研究所助理研究员孔元指出，上述事实构成了今天西方“身份政治”兴起的背景。他追溯了西方身份政治的起源，即第二次世界大战之后在左翼力量的领导下，西方出现了大规模的去殖民化运动。这些政治运动认为，经济剥削已经不是当前帝国主义国家的焦点，文化压迫才是其核心内容。或者说，文化压迫是经济剥削的前提。左翼学生运动以身份政治作为抗争的手段，强调少数族裔和亚文化群体的自我认同，推动黑人、女性和同性恋的平权运动。

不难看出，“身份政治”在诞生之初是有反抗西方帝国主义霸权和解放全人类的积极意义的。从这个意义上说，它与马克思主义的革命精神同源，在斗争领域则相互弥补。但事实上，“身份政治”也很快引发了左翼内部的分裂：传统马克思主义者批评“身份政治”不关心全社会的物质基础，只是一种宣泄而已；主张“身份政治”的文化左派则批评传统马克思主义是宏大叙事，好高骛远且无视社会内部的多元性。

孔元接着指出，随着时间的推移，今天“身份政治”已经成为西方政党用来争取少数族裔选票的工具，在西方宣传机器的运作下俨然成为“政治正确”。这又使得本来反对霸权主义的“身份政治”成了新的霸权模式。“身份政治”本身也越来越成为一种政治姿态、一门行为艺术，不断地禁锢着人们的头脑，稀释种种政治变革的可能。[1]

更重要的是，“身份政治”作为一种强制性的“政治正确”引发了西方社会底层白人的强烈不满。他们既是现行体制的受害者，又在这种“政治正确”的压力下不能正当地表达自己的诉求。特朗普的上台和欧洲民粹主义的复兴正是底层白人群众不满的直接结果。一边是凝聚起来的底层白人群众，另一边是少数族裔和鼓吹“身份政治”的社会精英，西方社会正在遭受一场

---

〔1〕 孔元：《身份政治与世界秩序的演变》，载《国际经济评论》2019年第4期。

前所未有的撕裂。

2. 黄马甲运动和欧洲政治的创伤

许多学者认为，巴黎圣母院失火事件之所以引发了全世界的关注，还有赖于当代媒介技术的发展。网络媒体行业不断炒作这次事件，目的是以其带来更多的点击率和更多的利益。例如南京大学哲学系教授蓝江就指出，现代法兰西给世界带来的真正冲击是法国大革命和五月风暴，而巴黎圣母院只是旅游景点和宗教象征，它的失火并不能代表法国精神的堕落，这仅仅是因为新兴媒介技术放大了这次事件的象征意义。蓝江还以此次事件对比 1936 年伦敦水晶宫的失火，后者的损失远远超过了巴黎圣母院，但当时没有技术条件做到图像即时传播，也就没有多少人空发牢骚、宣泄不满。

华东师范大学政治学系教授吴冠军更是借用了加拿大记者娜奥米·克莱恩（Naomi Klehin）“灾难资本主义”的概念，指出资本主义媒体正在把灾难变成某种“激动人心的市场机会”。这些媒体人通过视觉图像传播放大了失火事件，造成了法国理论家鲍德里亚（Jean Baudrillard）所说的“过度真实”（hyper-real）。其作用在于把一些严肃复杂的事实变为简单的情绪宣泄，从而抑制了真正的社会变革的冲动。

蓝江和吴冠军两位教授都认为，真正的欧洲危机不是基督教的衰落，而是难民潮、穆斯林的冲击，是“黄马甲运动”，甚至是特朗普退出巴黎协定。巴黎圣母院失火，不过是一场新媒体制造出来的舆论事件，是互联网时代特有的媒介“灾难叙事”。[1]

也许，相较于巴黎圣母院的失火，持续不断的法国“黄马甲运动”才是当前欧洲政治的缩影。北京大学国际关系学院教授许振洲指出，这场运动不是传统意义上的民粹主义运动，而是西方代议制民主的危机。从人员构成上看，“黄马甲们”并非极左或极右分子，亦非种族主义者或排外分子。他们是真正的社会底层劳动群众，是最低工资领取者、非全职工作者、社会救助金受益者、退休者，还包括相当一部分自由职业者乃至小型企业的经营者。从

---

〔1〕 蓝江、吴冠军、张锦、王佳玘、叶祝弟、李秋祺：《巴黎圣母院大火事件“微座谈”》，载微信公众号：探索与争鸣，最后访问日期：2019 年 4 月 18 日。

运动方式上看，“黄马甲运动”也不是暴力行动，大多数参与者都不是“打砸抢”分子，尽管其中偶尔会出现暴力现象。

“黄马甲运动”更像是一场政治危机、体制危机。它标志着民众已经开始怀疑西方的代议制能不能真正代表普通群众的意志，标志着民众已经不相信他们的利益诉求能够得到政治精英或中介团体的认同和代表。西方代议制民主模式诚然不会因为这一两次运动就告以终结，但它确实正在面临严峻挑战。这有可能为新的民主模式提供崭露头角的机会。

可以说，“黄马甲运动”远不是孤例，它只是近些年来西方反体制运动的一个组成部分。正如清华大学公共管理学院、苏世民书院教授、香港中文大学荣休教授王绍光所说，随着代议制民主的危机愈演愈烈，抽签作为代议民主的补充或替代方案越来越受理论界关注。[1]

3. 中东地区的新乱象

一场内部危机不可能仅仅停留在国境线以内，它很可能会溢出为国际危机，反过来说，国际危机也会有国内之根源。特朗普打着“反对建制派”的旗号登上美国总统的宝座，这本身就是代议制危机的一个表征。为了兑现竞选承诺，他又每每以激进的态度推翻美国之前的外交成果，从而引发了新一轮的国际危机。伊核问题就是显著的例子。

北京大学外国语学院阿拉伯语言文化系教授吴冰冰指出，中东地区复杂的教派斗争和外部大国势力的频繁介入造成了该地区长期不稳定的局面，使得那里的“安全”议题总是压倒“发展”议题。为了尽可能地掠取中东丰富的石油资源，西方国家长期在中东推行“去工业化”政策，造成了海湾国家经济结构的高度单一。伊朗却由于长期受到西方制裁，反而脱离了对西方霸权的依附地位，发展出较为独立的工业基础，这为伊朗成为地区性大国提供了物质基础。

伊核协议为原本受到西方大国孤立的伊朗提供了一个难得的机会，使其可以改善与西方的关系。所以目前伊朗的主要政策目标是维护伊核协议，在

---

〔1〕 王绍光：《抽签与民主：释放对民主理念实现方式的想象力》，载《经济导刊》2019 年第 2 期。

此基础上与欧盟、俄罗斯和中国保持合作关系，反过来孤立特朗普政府。欧盟和俄罗斯在伊朗也有着重要的经贸能源利益。其中欧盟在中东的能源供应受到了“阿拉伯之春”的严重负面影响；俄罗斯则希望趁着海湾地区的权力真空谋求一席之地，双方在伊核问题上具有合作空间。

总之，对于伊朗而言，主要任务是要打破孤立状态，对于其他海湾国家而言，则是推动经济体系的多样性，改变单纯依赖能源出口的现状。伊朗离不开中国的政治支持，其他海湾国家则离不开中国的技术和资金支持。因此，它们都非常关注中国的“一带一路”倡议，期待能将自身的发展与“一带一路”对接。中国的发展对于中东来讲，同样是一个改变自身的重要机会。[1]

上海国际问题研究院西亚非洲研究中心副研究员金良祥提出，伊朗若想反制美国就需要在国际支付体系上绕开美元，这将为国际支付体系的多元化注入新动力。尽管现有的贸易本币结算通道未能满足伊朗突破经济制裁的需要，但其符合国际社会关于国际贸易支付体系多元化的强烈要求，未来可望能够发挥越来越大的作用。[2]

（三）小结：超大型政治体与世界秩序的重建

近年来，“帝国”这个概念重新得到了中国学者的重视，这显然与当前的国际环境紧密相关。例如北京大学法学院教授强世功指出，当今学术界更倾向于剥去“帝国”一词的褒贬色彩，将“帝国”视为普遍存在于历史中的超大型政治实体。帝国或者超大型政治实体内部包含紧密复杂的统治秩序，对外追求普遍主义的政治目标。国际法的有效性需要靠帝国的力量加以支撑，不单“半主权国家”或“超主权国家”不能脱离于帝国的逻辑，即便是主权国家的存续，也需要以帝国秩序作为担保。

因此，我们不妨改变国际关系研究的视角，不以民族国家而以帝国作为基本分析单位。强世功指出，早在人类文明的轴心时代，欧亚大陆就已经形成了各个“区域性文明帝国”，比如波斯帝国、亚历山大帝国、古中华帝国等

---

〔1〕 吴冰冰：《现代世界格局变迁中的“伊朗问题”》，载《文化纵横》2019年第4期。

〔2〕 金良祥：《评估伊朗对于美国极限施压的反制》，载《现代国际关系》2019年第11期。

等。随着近代西方殖民主义的扩张，又兴起了全球性殖民帝国，诸如西班牙帝国、法兰西帝国等等。总之，人类历史舞台上的主要竞争不是发生在各个单一民族之间，而是发生在各个复杂帝国之间。

帝国竞争到了19世纪晚期，逐渐出现了一种以英美为主导的新型帝国模式，帝国的扩张不再仅仅依赖对领土的占领，而且依赖科技霸权、金融控制和国际法制定。冷战实质上就是美苏两种“世界帝国”模式之间的竞争，其内容不仅是争夺政治和经济上的支配权，更是争夺道德和价值上的领导权。

如今，维系当今世界秩序的英美帝国正在面临失效的危机。中国作为世界性大国，其历史任务不仅在于复兴本民族的传统，更要耐心地消化其他人类文明，尤其是西方文明建构世界帝国的技艺和成就，并在此基础上重新构建中华文明与世界秩序的联系。

就此而论，“百年未有之大变局”也可以理解为主导近现代世界秩序的英美海洋性帝国出现了前所未有的危机。中国也有超大型政治实体的潜质，不可能在这场大变局中置身事外。中国在其中的命运很大程度上取决于我们能否推动建立一套新的、更加平等的国际政治经济秩序。当然，再高远的理想也必须脚踏实地地落实，必须从我们内部的改革做起，使我们自身的政治经济结构能够更好地适应当今世界的形势。

二、历史传统与中国实践

（一）百年“五四”

五四运动是中国近代史上一场影响深远的群众运动，它既是工人阶级第一次独立登上历史舞台，从旧民主主义革命到新民主主义革命的历史转折点，又是一场深刻的文化运动，是当时世界新思潮的试验场。五四运动是一场爱国主义教育运动，也是一场追求解放全人类的思想启蒙运动。2019年是五四运动一百周年，受到了学术界、思想界的关注。

北京大学中文系教授贺桂梅指出，长期以来，主要存在三种关于五四运动历史意义的阐释：第一，毛泽东等共产党革命力量的政治运动阐释，他们以“无产阶级登上历史舞台”作为五四运动最根本的标志。第二，蒋介石等国民党保守派力量所确立的文化保守主义阐释，他们肯定五四学生运动是一场爱国主义运动，却否定新文化运动，认为后者败坏了中国优秀的传统文化。第三，部分自由派知识分子的文化启蒙阐释，例如胡适等人一度认为，新文化运动是一场了不起的思想启蒙运动，不幸被五四政治运动打断了。[1]

要之，除了第一种解释外，后两种解释形异而实同。他们都把五四运动与新文化运动对立起来，把政治运动与思想启蒙运动对立起来，区别只在于蒋介石肯定政治运动而否定思想启蒙运动，而胡适则肯定思想启蒙运动而否定政治运动。

这三种或两种解释究竟孰对孰错？各自有何理论意义？这一直以来都是学术界争论的焦点。

1. 文化启蒙与政治解放

清华大学人文学院教授汪晖是研究五四运动的著名学者之一，几乎每逢五四周年纪念日，他都会重新思考这场运动的历史意义，2019 年当然不会例外。他在接受《东方杂志》的访谈时指出，类似胡适或者蒋介石那样把新文化运动和五四运动对立起来的做法并不符合历史事实。从思想启蒙的角度看，五四以后，新文化运动也没有被打断，“整理国故”运动、科学与玄学的论战、从新文化运动中逐渐成长起来的对民间文化的收集整理，都是新文化运动的绵延。

从政治运动的角度看，五四运动意味着新一轮政治分化的开始，意味着在此分化基础上的历史转折。五四运动不仅为中国共产党提供了思想上和组织上的准备，也为国民党和其他政治派别提供了思想上和组织上的资源。

不仅如此，汪晖强调，我们看待五四运动需要有一种长时段的世界史视野。前些年他就专门强调过“短 20 世纪”的历史视野。所谓“短 20 世纪”，最初由英国马克思主义史学家霍布斯鲍姆（Eric Hobsbawm）提出，在霍布斯鲍姆看来，真正意义上的 20 世纪是从 1914 年第一次世界大战爆发开始，至

〔1〕 贺桂梅：《五四与当代中国：三个时期三种阐释》，载微信公众号：保马，2019 年 5 月 13 日。

1991年底苏联解体结束。如果说19世纪的主线是资本主义在世界范围内的全面扩张，那么20世纪的主线就是共产主义与资本主义两个世界的对立。

不过汪晖教授指出，霍布斯鲍姆的划分很有启发性，但缺陷是他仍然带有太浓厚的欧洲中心论色彩。其实20世纪的革命浪潮并不起源于欧洲，而是起源于亚洲，起源于列宁所说的“亚洲的觉醒”，是亚洲反帝反封建运动反过来促成了欧洲的革命浪潮。我们只有在“亚洲觉醒”的框架内才能真正把握五四运动的世界史意义。它不是一个孤立的存在，而是和朝鲜“三一运动”、越南民族解放运动、印度非暴力不合作运动、伊朗革命、土耳其革命紧密地联系在一起的。并且第二次世界大战以后的殖民地解放浪潮也是“亚洲觉醒”的延续和扩展。〔1〕

纽约大学东亚系、北京大学中文系教授张旭东同样强调五四运动与新文化运动不可割裂，强调文化启蒙本身就具有政治解放的作用。他特别选取了五四时期的“白话文”作为案例。白话文首先诞生于文学改良运动，但它真正推广开来并起到思想解放作用，还有赖于政治运动的推动。正是“白话文革命”起到了前所未有的群众动员效果，使得文学不再仅仅停留于少数精英内部，而扩展至普罗大众的头上。

胡适的《文学改良刍议》、陈独秀的《文学革命论》、鲁迅的《狂人日记》等文学改革主张正是后来毛泽东在延安整风运动时期《反对党八股》的先驱。正如张旭东教授所言，《反对党八股》是对五四新文化的强有力的回应和继承，在社会革命历史运动的内部证明了白话革命基本原则的深远意义和长期有效性。毛泽东自觉地将五四新文化运动和白话革命的“极大的功绩”作为一个根本性的历史参考系，《反对党八股》就是在新文化运动基础上的“继续革命”。在中国社会和中国文化前进的总方向上，革命不是对“启蒙”的否定，而是对它的继承。〔2〕

2. 爱国主义与世界主义

除了思想启蒙和政治运动之争外，爱国主义与世界主义同样是一个争论

---

〔1〕 汪晖：《再谈“五四”：以文化运动为方法》，载《东方学刊》2019年第1期。

〔2〕 张旭东：《五四新文化的深层结构性转换——浅论白话革命的伟大意义》，载观察者网，https：//www.guancha.cn/zhangxudong/2019_05_04_500148_4.shtml，最后访问日期：2019年5月15日。

的焦点。相较于清末时期的思想启蒙运动，五四新文化运动更有了种普世主义的关怀。清末知识分子大多强调民族达尔文主义，主要思考本民族应当如何在弱肉强食的世界民族丛林法则当中生存下去。五四新文化运动则开始反省这种民族达尔文主义的竞争学说，更多地探讨全人类的合作与解放。

例如，华东师范大学历史系教授许纪霖就把五四运动中的世界主义思潮视为一种“新天下主义”。“新天下主义”之不同于传统天下观之处，在于其不主张“华夷之辨”，而强调世界民族平等。用许纪霖教授本人的话说，“到五四之后，新天下主义转化为现代的世界主义情怀，不以中西为沟壑、古今为壁垒，而是追求全人类的普世文明。世界主义看起来似乎是反民族主义的，但其背后又是一种最宽阔的民族主义胸怀，即借鉴全人类的文明成果建构现代民族国家”。[1]

这种普世主义关怀在五四运动中往往表现为“国家”与“社会”的对立。四川大学历史系教授罗志田就指出，杜威曾把五四运动描述为“一个民族/国家的诞生”，傅斯年评价中国“算有了‘社会’”，国家与社会的复杂关系是五四运动的一个重要内容。[2]

韩国延世大学荣誉教授白永瑞便认为，五四运动后国家主义思想衰退，“社会改造”成为时代潮流，“社会改革的自我”取代了国家或政党政治。[3]台湾“中央”研究院特聘研究员王汎森同样认为，五四时期中国人的政治抱负从“民族帝国主义”转变为“世界大同”和普世主义（universalism）。[4]

与之有所不同，华东师范大学历史系讲师王锐则认为，五四的言说中固然具有民族主义和世界主义的两歧性，但民族主义情感仍是占据主流的概念工具。或者可以这么说，世界主义抱负仍然是建立在民族主义感情基础之上

〔1〕 许纪霖：《什么是新天下主义》，载腾讯网“思想报道”，https：//cul.qq.com/a/20150427/020813.htm，最后访问日期：2019年12月27日。

〔2〕 罗志田：《天下、国家与社会：我们怎样看“五四”》，载《探索与争鸣》2019年第5期。

〔3〕 白永瑞：《活力东亚的1919：作为革命起点的“五四”与“三一”》，载《探索与争鸣》2019年第5期。编者按：社会改革的自我（the selfhood for social reformation）指的是当时的知识分子致力于社会的自我改革，而不把希望寄托于国家强权手段。

〔4〕 王汎森：《启蒙是连续的吗》，载《探索与争鸣》2019年第5期。

的。[1] 王锐以李大钊在 1917 年 2 月发表《新中华民族主义》为例，指出五四一代的马克思主义者多将“中国的民族革命理解为具有世界意义的革命”。这意味着在他们的政治视野里，中国自身的解放与改造离不开世界其他地区革命所带来的全球政治经济体系的变化。

李大钊也正是在这个意义上，运用他所理解的马克思主义理论，将中国的民族主义运动与世界革命联系起来。此处所谓的“世界革命”，就是要创造一个新的世界体系，民族主义固然是中国革命的主要动力，但其结果并不仅是让中国国内的境况有所改观，而且是以此为出发点，让中国革命具有世界意义，成为突破 19 世纪东西方列强所形塑的世界体系的重要起点。总之，五四一代革命思想家所提倡的世界主义，非但不排斥爱国主义，反而是爱国主义的升华。[2]

除去上述分歧以外，五四新文化运动给今天的中国带来的最大争议莫过于传统和现代的关系。五四时期激烈的反传统思潮在今天还有没有价值？五四青年在激烈“反传统主义”的皮相之下，还有没有对优秀传统文化的继承？我们应当如何处理古老传统与现代价值之间的关系？这才是今天争议最大的地方。

（二）现代性困境下的中国出路

从 19 世纪后半叶开始，技术理性对人的多方宰制就渐渐成为西方思想家关注的焦点。一个半世纪过去了，相关讨论非但没有过时，反而进一步演变为全球性的议题。中国思想界不能自外于此潮流，尤其是在现代性危机已经充分暴露的今天，中国传统思想将为人类社会提供何种不同的视角，越来越成为我国学者关心的问题。2019 年，复旦大学哲学系丁耘教授的《道体学引论》和北京大学哲学系吴飞教授的《生命的深度》相继出版，引发了学术界的热烈讨论。

---

〔1〕 王锐：《寻找“新的政治”——“五四”前后陈独秀对于国家问题的思考》，载《探索与争鸣》2019 年第 5 期。

〔2〕 王锐：《锻造“政治民族”——李大钊“新中华民族主义”的理论意涵》，载《开放时代》2019 年第 2 期。

很明显，中国没有自发地经历过技术理性时代，当然不会有成系统的技术理性批判。当代中国哲学界检讨现代性危机，往往需要西方思想家作为中介，德国哲学家海德格尔就是最重要的中介。

在海德格尔看来，现代性的实质是种种对于意识确定性的追问遮蔽了对于存在本身的追问。通俗地说，技术理性总是倾向于在经验范围内寻求确定的知识，它使人们遗忘了对于生命的思考才是更为本己的问题。

为此，海德格尔区分了自然和技艺这对范畴。在古代人那里，好的技艺是要以自然为目的的。就好比中国成语以“浑然天成”形容人的技艺水平之高，仿佛自然生成的那样。但在现代人看来，自然世界只不过是一堆无意义的质料，人的技术越高明，就越能使事物脱离于自然，打上人类意志的烙印。一句话，人的技艺与自然世界之间的和谐关系消失了，二者逐渐成了相互对立的东西。

列奥·施特劳斯修正了海德格尔的观点。他指出，对于古人而言，自然不是事物的流变，不是生命的涌现或绽出，而是一套固定的层级秩序。在古代人那里，人类秩序总是在模仿自然秩序，政治秩序越接近于自然秩序就越好。而到了现代人这里，政治秩序不再与自然秩序发生关系，而变成了纯粹人造的产物。这意味着任何人都可以凭借自己的意志推翻旧的政治原则，建立新的政治原则，从而使得世界走向无序。

所有这些思考都在提醒当代中国的哲学家们，中国传统思想中对于自然有着更为本源的探讨。丁耘、吴飞等学者就是以此为框架，开启了他们对于中国传统哲学的诠释，并通过中国哲学的资源修正和补充了海德格尔对于自然的讨论。就像中山大学陈少明教授指出的那样，在技术宰制的背景下，哲学思考的出发点应该是恢复人性本来拥有的东西，丁耘、吴飞提出的“生生”就是这样的尝试。

丁耘本人则强调，所谓“道法自然”，对于自然秩序的思考就是对于“道”的思考。“道”不应理解为海德格尔意义上的“存在”，而应理解为“一”，“一”的内涵远比“存在”丰富。“一生二，二生三，三生万物”，“一”有存在涌现的意思；“定于一”，“一”又有柏拉图理念的意思。中国传统概念的丰富之处在于，它可以同时包含海德格尔和列奥·施特劳斯对于自然的理解。

如果说丁耘仍试图回应西方哲学中的“存在”概念，那么吴飞教授就主张索性抛开“存在”这个议题，回到中国传统的“性命”当中去。清代礼学家阮元曾说：“哲愚授于天为命，受于人为性，君子祈命而节性，尽性而知命。”〔1〕“性命”不仅是指人的生死，更是指人之本性和天命。

相比之下，丁耘教授着重于直接由形而上学入手，而吴飞教授则主张先从礼乐政教等形而下的层面做起。用丁耘本人的概括，此即“判摄之学”与“判析之学”的分歧，所谓“摄”即统摄纲要，所谓“析”即分析条缕。但无论是统纲摄要，还是条分缕析，都是意在通过中国传统资源重启对于自然意义的讨论，克服技术理性对于自然的遮蔽。正如李猛教授所论，真正的中国哲学要在根本处思考，不管是性命论，还是道体学，都需要回答这个世界的自然秩序到底是什么。〔2〕

通过上述讨论不难看出，“百年未有之大变局”给新世纪儒学的发展提供了广大的空间。儒家学者不能仅仅像过去一样论证自己多么符合西方人的价值观，不能仅仅阐述自己与西方政治学说多么“本质相同”。中国的传统文化有其独特的价值，其世界意义恰恰在于它能够补足西方政治思想的盲区，思考西方理论家所未曾思考的问题，解决西方实践家所不能解决的困难。这已经渐渐成为当代中国学术界的理论自觉。

例如中国人民大学国际关系学院教授张广生就明确指出，摆在中国人民面前有两条路：一条路是照搬西方模式，建立由“主权、领土、人民”为基本要素的“民族-国家”；另一条路是发扬中国传统文化，并吸收西方“民族—国家”的战略结构和战略能力，建立独特的“文明-国家”，给未来的国际关系提供新的可能。

张广生教授本人显然站在后一种立场上，他强调要理解中国的发展道路，就必须重新审视中国儒法文明一直以来是如何回应西方挑战的，就必须在此基础上重新理解中国近代思想史和制度史。首先，中国的儒法文明在近代遭

---

〔1〕 阮元：《性命古训》，载邓经元点校：《揅经室集》上册，中华书局1993年版，第211页。

〔2〕 丁耘、吴飞等：《生生：技术统治的时代如何做哲学?》，载微信公众号：三联学术通讯，https：//mp. weixin. qq. com/s/wk8tPjEZGEmUBb_ aHy046Q，最后访问日期：2020年4月19日。

遇了思想层面和制度层面的双重危机。在思想史层面，西方基督教的扩张不断冲击着华夏文教。但“革命政党”最终以全新的形式延续和发展了儒法文明的传统。在制度史层面，西方式的学校教育和选拔机制取代了中国传统的科举制度。儒家文明精英教育的意义则在于，它在西方基督教之外找到了一条具有中国特色的社会动员道路，为重新整合中国政治发挥了关键作用。

其次，当代中国的发展道路既需要从传统中发扬“文明-国家”，也需要从西方“民族-国家”中汲取战略能力，这就意味着一方面要提高自身的科学技术水平，另一方面要加强自身的伦理政治素养。中国的崛起不仅仅是当代世界最重要的地缘政治事件，而且是最重要的文明史事件。中国的崛起不仅关系到传统“文明-国家”在当代的进一步发展，更关系到为人类命运共同体贡献“中国智慧”和“中国方案”。[1]

综上所述，当前儒家学者的关怀主要集中在如何为当代中国提供一个坚实的伦理基础，这个伦理基础既内在于中国传统文化，也发展于新中国的政治实践。随着中国国力的日益增长，学者们现在正逐步扬弃1980年代“《河殇》热”的偏激心态，更加从容地评判中国优秀传统文化和社会主义建设实践道路。与郭齐勇和廖晓炜所述的儒学复兴道路相类似，学术界对新中国前三十年社会主义实践的评判也更加全面和积极。

（三）新中国的现代化实践

自1990年代以来，国内许多学者受到新自由主义或新古典经济学的影响，喜欢把市场与计划、放任与干涉二元对立。按照这种教条化的理解，新中国成立以来的经济建设以1953—1978年为一个阶段，1978—1992年为一个阶段，1992年以后则为另一个阶段。第一个阶段是单纯的计划经济时代，最后一个阶段是与之截然不同的市场经济时代，中间则为由计划到市场的过渡阶段。新自由主义批判计划经济时代缺乏市场激励和企业监督机制，走了一条低效率高耗费的弯路。1992年全面推进市场化改革之后经济发展才慢慢走

〔1〕 张广生：《在历史与理论之间：西方冲击、儒法传统与中国发展道路》，载《中国政治学》2019年第1期。

上正轨，但仍然受到计划经济的干扰，市场化、私有化得不彻底，还没有充分发挥出资本市场的调节作用。

这种前三十年、后三十年相互对立的思维长期以来支配中国经济学界，直到今天仍然有很大的影响力。然而自2008年美国金融危机以来，放任主义经济学受到了全面冲击。许多学者开始重新思考市场与计划、资本与权力、放任与干涉之间复杂的关系，开始反省将两者对立起来是否符合基本事实，进而开始讨论能不能笼统地将新中国前三十年的经济归结为单纯的计划经济。

美国得克萨斯大学奥斯汀校区历史系教授李怀印指出，新中国前三十年的经济发展战略并非像某些新古典经济学家想象的那样一成不变，而是根据地缘战略形势的变化随时调整自身，这与亚洲四小龙的发展道路截然不同，很难简单地用“计划经济”一言以蔽之。

李怀印认为，亚洲四小龙经济腾飞有两个前提，一是美国军事霸权的庇护，二是地缘条件使其在世界贸易格局中享有得天独厚的位置。1950—1970年代的新中国与之截然不同。新中国需要长期面临战争的威胁，其经济建设的基本方向是建立具有自我持续能力且部门齐全的现代工农业体系。因此衡量“国家工业化”战略的指标不是今天习以为常的“国内生产总值”或“国民生产总值”，而是“工农业总产值”。应当说，中国在这一阶段的经济建设大体上是成功的，在工业制造能力、大规模农田水利设施、现代交通运输网络、基础教育和公共卫生等方面都取得了不小的成就。没有这些基础，后来的市场化改革就无法推进。市场与计划的二元对立不足以解释新中国前后三十年的历史。[1]

李怀印教授的观点也得到了其他一些学者在不同方面的印证。他们或是以农业为例，指出新中国乡村治理对于传统的批判性继承；或是以工业为例，指出前三十年工业化道路对于后来经济建设的奠基性作用。他们的论述丰富和深化了我们对于传统和现代不能相互否定、“两个三十年”不能相互否定的看法。

---

〔1〕 李怀印：《历史地认识新中国前30年的经济发展战略——与“比较优势”论者商榷》，载《开放时代》2019年第5期。

1. 中国特色的基层治理

加利福尼亚大学洛杉矶分校历史系教授黄宗智指出，中国道路是中华帝国治理传统的延续。第一，中国具有集权的简约治理传统：一方面行政权力高度统一，因而是集中的，另一方面行政权力只渗透到县一级，因而是简约的。因为财政收入有限，各地县政府采用“行政发包”的方式委托当地有名望的人领导基层自治。第二，各个自治的条块又都对县令一人负责，由县令统筹治下各个区域的治理，因而基层治理呈现块状分布而非科层制的条状分布。第三，基层治理既非单纯依靠国家行政权力，亦非单纯依靠社会自治，而是国家权力与社会自治的结合。两者之间的中介是“乡保”。“乡保”在乡村和政府之间上通下达，凭借处理非正式纠纷而增强民间与县衙的互动。

鉴于此，中国模式与西方模式不同，中国不存在西方人那种国家与社会（市场）二元对立的思维。“发包”和“承包”构成了中国基层治理的关键模式。这个传统一直影响到了今天。

村长、村支书等职位就是今天国家政权或党组织沟通基层民众的中介。中共十九大提出，乡村振兴需要结合“法治、自治、德治”，既要加强党的领导，又要发挥群众在基层的能动性，所以不能以西方那种国家与社会二分的自由主义理论来理解中国的实践道路。

黄宗智认为，探索未来的国家-社会-市场图景应当符合中国现代转型的实际需求和现实条件。这些需求和条件包括：第一，发展国家与社会（市场）的二元合一模式。西方新自由主义模式的本质是扩大社会资本体系，压缩国家干预的空间，中国不存在国家与社会的二元对立，中国的发展道路应该重视国家在市场中的作用，使国家和市场相互依存、相互促进。

第二，发展和完善在国家和市场之外的“第三领域”。西方福利国家强调“第三条道路”，即在不违背私有制至上的前提下扩大国家的福利政策。而中国则需要在维护公有制基础地位的前提下平衡国家与社会的关系，使社会组织积极参与重大公共决策，以实现政府高度领导和群众高度参与的有机结合，使得“政党-国家”与“市场-社会”两者相互弥补，互相促进。[1]

2. 国有企业对工业化的贡献

黄宗智强调发挥中国乡村治理的传统优势，而王绍光则强调发挥国有企业对中国城市工业发展的基础作用。王绍光教授把国有企业对于中国工业化的贡献分为两个历史阶段。

第一阶段为1949—1984年，国有企业的贡献在于推动中国从农业国转型为工业国。新中国成立之初，中国的工业水平，尤其是基础工业水平极为落后。在美国经济咨商局（Conference Board）的数据库收录的126个国家中，中国的人均GDP水平位于倒数第7位。从地域分布来看，中国当时的工业主要集中在占中国国土面积不到12%的东部沿海地区，内地和边疆少数民族地区很少有现代工业。无论用什么指标衡量，当时中国的工业都远远落后于西方国家。

到新中国成立前夕，中国的产业资本中，帝国主义在华的工业占11.2%，本国产业资本占88.8%；在本国产业资本中，官僚资本占64.1%，民营资本占24.7%，可见官僚资本占据了当时中国经济的主导地位。新中国通过没收官僚资本和帝国主义在华资产为后来国有企业的发展奠定了物质基础。1957年社会主义工商业改造完成后，国有经济在国民经济中的比重占到了三分之一。

尽管长期以来，国企单位的数量、国企职工的人数在全民总量中占比不高，但对工业化的贡献非常之大。在这个时期，政府对国企实行“统收统支”的管理办法，即国企利润全部上缴，国企亏损国家弥补，扩大再生产费用由财政部门审核拨付。国企实现的利润与缴纳的税金为国家财政做出了巨大贡献。工商业社会主义改造完成后，财政收入的八成以上均来自于全民所有制企业，这种情形一直持续到1984年的城市体制改革。

经济增速方面，无论放在哪个历史阶段，与其他经济体进行比较，国有企业在新中国成立前三十五年的经济表现都十分显著，它促使新中国的经济

---

〔1〕 黄宗智：《国家-市场-社会：中西国力现代化路径的不同》，载《探索与争鸣》2019年第11期。

结构由农业主导变为工业主导。

然而从就业结构与收入水平看，中国的现代化依然任重道远。1984 年，第二产业、第三产业的就业总和约为 36%，农业或第一产业的从业人员占就业总人口的比重仍高达 64%。从人均国民收入来看，1984 年只有人均 500 元，仍然属于穷国的行列。虽然经过几十年的艰苦努力，但直到 1980 年代初，中国也才刚刚解决温饱问题。

第二阶段为 1985—2019 年，国有企业的贡献在于推动中国由工业国变为工业大国。这个过程中有两项改革至关重要。第一项改革是增加国有企业的自主性，具体措施是将国家“统收统支”改为“拨改贷”“利改税”。“拨改贷”是指企业的投资、技术改造等所需的经费，由国家财政无偿拨付改为由银行贷款，企业还本付息。“利改税”是指企业无须上缴利润直接作为政府财政，而是依法纳税，剩下的利润归企业自主支配。不过这项改革很快导致了一种意想不到的后果：全社会固定资产投资的分布迅速偏向东部沿海地区，造成经济发展的区域性不平衡，这是市场选择的结果。

第二项改革是国企改制和“打破铁饭碗”。生产力水平提高后，中国告别短缺经济，随之而来的便是竞争加剧、盈利困难。亚洲金融危机爆发后，国外市场购买力下降，加剧国内生产过剩。在国际国内双重压力的叠加下，公有制企业（包括集体所有制企业）利润下滑，亏损面扩大，破产案增多。国有工业企业单位数、国有职工人数大幅减少。国企铁饭碗时代宣告终结。

1990 年代中期以后的十年中，全国近半数公有制企业工人失业或者提前退休。如此巨大的代价换来的是国有企业的浴火重生。在 1998 年跌入谷底后，国有企业的盈利水平开始快速回升，越来越多的国企进入《财富》世界 500 强排行榜。到 2018 年，已有 120 家中国企业进入世界 500 强，远超日本，仅次于美国的 126 家。

现代世界，工业弱则经济弱，工业强则经济强。以壮大起来的工业为支撑，今天的中国已成为世界数一数二的经济体。中国经济整体增大了，受惠的是全体中国人。按照世界银行的划分，2010 年，中国进入更高的“中高收入国家”序列。目前，中国目前正在向高收入国家的目标迈进。[1]

（四）中国话语和中国道路

随着中国的崛起，东与西、古与今、中国与世界的复杂关系日益为学者所重视。一方面，西方理论学术殖民给今天的中国带来了许多困境；另一方面，中国也在反省古今之变的历史转折，试图从中寻求适合自身的法权秩序，以此培养群众的“国家认同”，并创造中国的主体价值，以免沦为失去伦理价值关怀的冰冷国家机器。因此，如何构建不同于西方文明的“中国话语”，如何走上一条不同于西方模式的“中国道路”，就越来越受到学者的重视。

2018 年 11 月 3 日至 4 日，武汉大学社会学系承办了第十六届“开放时代”论坛。邀请了 22 位人文社科领域的学者专门讨论“中国话语”。

1. 从中国实践到中国话语

武汉大学社会学系教授贺雪峰指出，构建“中国话语”的过程就是西方社会科学理论与中国实践相结合，并且建立有主体性的中国社会科学的过程。所谓的“主体性”，用中国人民大学农业与农村发展学院教授温铁军的话说，就是一个将现在的话语体系去殖民化的过程。

武汉大学社会学系研究员杨华更直接指陈，西方话语强大的问题意识和分析工具使研究脱离了本土群众工作。复旦大学政治学系教授王正绪也指出，西方自由民主概念已成了一种霸道和压迫的话语权。发挥中国的主体性就需要主动联系群众，增强群众对国家共同体的认同。

（1）从历史连续到现实经验。构建“中国话语”存在两条路径：第一种是以传统中国的历史连续性为着眼点，第二种是以中国当前的现实经验为出发点。华东师范大学中文系教授罗岗认为应兼顾二者，他指出，“中国话语”关系到“中国”的整合和统一，因此必须结合历史和现实，从时间维度和空间跨度把握“中国”这个概念。

站在历史的角度，罗岗表示，“中国”是核心政治精英集团利用强有力的政治组织力和军事实力，将遍布无数农业村落和其他族群的广阔土地组织起

---

〔1〕 王绍光：《新中国 70 年：工业化与国企》，载《经济导刊》2019 年第 10 期、第 11 期。

来，最终构成有广泛基本政治和文化认同的一个共同体。从历史连续性上，他进一步反思流行于北美及中国香港和台湾地区的“新清史”研究，指出“新清史”的本质是割裂清朝历史与中国历史之间的关联，看不到清朝对于今天中华民族的巨大贡献。只有在长时段的视野中，新中国和清朝历史联系才能建立起来，才能有效地反击“新清史”把清帝国分裂出中国的图谋。

北京大学法学院教授朱苏力同样从大国整合和统一的角度出发考察“中国话语”，但他更多关注乡村建设如工农联盟在工业化和现代化历史进程对整合中国的历史意义。北京大学国际关系学院教授潘维则一针见血地指出“话语”（discourse）就是“史观”，“史观”就是用立场、价值观和重要概念串联起来的关于历史变迁逻辑线索的认识。

以上学者都认同，从历史脉络构建“中国话语”，需要我们不能简单地对历史平铺直叙，似乎陈述完某个历史事实就算万事大吉，而需要我们结合现实经验，从当今“问题意识”出发回溯历史。这些“问题意识”既包括对国内政治现实和社会乡村等一系列现实经验的反思，也包括对全球贸易战的思考。北京大学新闻与传播学院助理教授王洪喆认为，贸易战和特朗普帮助中国人回溯自力更生、独立自主的历史，也让我们重新反思中国在 20 世纪所走过的道路。可以说，贸易战促使我们去追问“中国话语”，去发掘“中国话语”的巨大作用。

武汉大学社会学系研究员吕德文则更注重从国内社会治理的实践经验出发反思历史。当今典型的“新民权运动”，例如“钉子户”抗争事件，仍是中国政治语境中的群众问题，但今天的人文社科学者却喜欢撇开中国既有的话语体系，而移用西方的“公民”概念。这种做法削弱了具有中国本土色彩的群众逻辑，使得中国学术脱离了中国实践。杨华同样重视群众在“中国话语”中的位置，他强调基层干部的作用，认为新时代存在大量需要基层干部与群众打交道才能解决的工作，比如党委政府的制度、政策、精神、项目等落地的事情。

武汉大学社会学系研究员桂华认为，“中国话语”的现实经验必须有扎根于农村的素材，他提倡以贺雪峰的“饱和经验法”作为乡村研究方法，这是一种通过长期浸泡村庄，从而自然形成厚重的经验质感的方法。他鼓励学者亲身参与并获得对具体的村庄、具体的人和事的材料。

对此，北京大学国家发展研究院教授姚洋持保留态度，他认为，不一定只有到农村下面看才是正确构建“中国话语”的方式。他以韦伯为比方指出，虽然韦伯没有看过下面的村庄，但今天仍把他当成“神”来“供着”。因此，构建“中国话语”的关键在于中国学者有立足于当下问题和设定研究议程的能力。吕德文深表赞同，他强调，中国话语的关键不在于具体的知识形态是否和西方一样，而在于到底是谁生产的、生产体系是否是独立的。

（2）从现实问题到学术理论。上述学者致力于以历史关照现实，再从现实回溯历史，在历史与现实的循环阐释中构建“中国话语”。这些讨论主要集中在理论层面。对此，杨华表示，还应该重视理论与实践的相互促进。理论思考需要反映经验和回应经验，经验也需要检验理论，理论来自于对经验的逻辑抽象，又不限于经验。

复旦大学哲学系教授丁耘进一步指出了从经验到理论的过程：首先要有问题意识，最大的问题意识来源于现实；其次是问题的学术化，为问题的提出和回应找到学术方法，而非大而化之的阐释和空想；最后是实现学术的自我批判与整合化。

除了上述讨论外，学者们纷纷对自己所处学科的“中国话语”提出了看法。

吕德文首先指出，在改革开放初期，社会学和政治学虽然以马克思主义理论和方法的名义恢复重建，但其实质是引进美国的专业化学科体系，这就导致了过去中国共产党关于知识生产的自主性的一整套论述渐渐失去了市场。

朱苏力反思，法学从一开始基本就在研究法条和规范所隐含的问题，认为要发展中国的学术和理论不能一直固守所谓正确或高大上的抽象语词、概念和命题。同样是反思法学，华东师范大学法学院教授田雷指出了现在宪法学理论框架的不合理性，同时赞扬此次修宪中对中国共产党是社会主义的本质特征的论断，“这是现在法学界兴起与党规党法对接的潮流”。中南财经政法大学法学院教授陈柏峰则具体反思法学学科中的法学理论，认为今天法学理论所讲的司法被动性和中立性无法覆盖中国法治的实际运行。尽管纲领性文件中以法治政府、法治国家、法治社会的方式推进法治，可法理学教材仍停留在立法、司法、执法的理论框架。王正绪指出，政治学受西方自由民主的话语体系霸权限制，以是否直接选举来区分政体类型实际是对非选举类政府进行污名化、非法化。

中国人民大学马克思主义学院教授张旭则考察政治经济学的三个话语革命给“中国话语”的启示。首先，术语革命是指术语从日常社会经济现象转化为政治概念的过程；其次，逻辑方法革命是指马克思通过物的关系和物之间的社会关系研究人之间关系的方法；最后，体系革命是指关注马克思分析资本主义制度的整个理论史过程，而不必急于搞新的体系。

中国社会科学院文学研究所研究员贺照田表示，社会学和人类学应继续发展从经验聚焦到学科研究的“民族志”方法。贺雪峰更认为，从当前乃至未来20年，中国社会科学的重点不是规范化，而是在深入的田野调查基础上的野蛮成长，主张“大开大合，大破大立”。[1]

2. 国家能力与中国道路

王绍光教授认为，改革开放的成功，必须具备两类大前提条件。第一类条件是坚实的基础，包括政治基础（独立自主、国家统一、社会稳定、消除“分利集团”）、社会基础（社会平等、人民健康、教育普及）、物质基础（水利设施、农田基本建设、初具规模且较齐全的产业体系）。过去四十年，中国的改革开放之所以能够成功，是因为新中国前三十年打下了坚实的基础。

第二类条件是有效政府，即具备基础性国家能力的政府。每一项改革都必然导致既有格局和利益的重组；越是激烈的改革，重组的广度、深度和烈度越大，翻船的可能性也就越大。要应付这种局面，就要有一个有效的政府，能够掌控全局，采用各种方式来缓和、减轻相应的冲击，克服各种各样的抵制和阻碍，由此改革才能成功。[2]

强世功教授也肯定了王绍光的全球视野、跨学科思维与学人素养。他指出，我们还应当关注全球秩序的道德基础和正义基础。在当下的中美贸易摩擦中，美国高举“美国例外”的旗帜，却很少有人考量此举是否具有道德性和正当性。这说明美国人的一大优势是掌握了国际话语霸权。

---

〔1〕 以上讨论内容摘自罗岗、潘维、苏力等：《中国话语》，载《开放时代》2019年第1期。

〔2〕 王绍光：《国家能力与经济发展》，载《经济导刊》2019年第8期。

强世功教授进一步指出，如果把马克思对资本主义或殖民主义的批判，与清代中国的闭关锁国和当今美国的“美国优先”放到一起思考，就会变得非常具有启发性。他深刻批评了西方资本主义以“自由法治”为外衣的“吃人”制度，并进而提出，到了20世纪以后，资本主义对全球的控制逐渐从赤裸裸的殖民主义掠夺，转为更加精巧的帝国统治，即依靠金融操纵、知识产权保护、文化教化的话语权等手段来控制全球。在这样的背景下，法律技术的运用，已经成为一种独特的国家能力。

因此，推进国家治理现代化，就要充分认识现代法治的抽象建构能力。在资本主义发展的历程中，从西班牙、葡萄牙的衰落，到美帝国的崛起，法律的建构作用扮演了重要的角色。早在15—16世纪，一套关于金融、证券乃至后来的知识产权法律，就建构起资本的无形价值，即由抽象的法律技术建构出抽象的公民身份乃至抽象的财富——资本和知识产权等。

在全球资本主义霸权不断转移和扩张的过程中，法律建构能力也随之不断提升。从早期殖民主义的“军事-财政”国家，转向了用科技、金融、法律和文化观念编织起来的更为复杂的自由帝国体系。强世功指出，王绍光教授所说的军事能力和财政能力固然是国家能力重要的支撑性力量，但巧妙地运用法律技艺、提升法律治理能力却可以放大这些军事和财政力量。强世功教授以“爱国者法案”和“云法案”为例，揭示了美国是如何以“长臂管辖”建构全球法律帝国的。

从中美贸易战的现实来看，中国和美国之间的最大差距就在这种抽象的能力之上。从经济领域的角度讲，如果中国未来要发展为真正的全球性大国，必须将“经济指标”与“法律技艺”结合起来，提升管理和驾驭抽象财富的能力，加强法律技术的建构。[1]

与上述王绍光教授和强世功教授的观点类似，新加坡国立大学东亚研究所的郑永年教授也强调，基于中国本土的政治经济学对于中国道路具有很大作用。郑永年指出，就中国政治经济学的起源来看，经济始终是国家治理的有效手段，其中三层市场共存的大结构是中国政治经济体制的根本。这三层

---

〔1〕 强世功：《国家法治能力建构：法律治理能力和法治技艺》，载《经济导刊》2019年第8期。

市场包括，从顶层的国家资本到底层的自由民间资本和中间上下互动的合作部分，三者相互协调，使政府和市场间的平衡得以良好维系。

不同于西方经济学理论中靠市场调节供需关系，中国重要的经济文献《管子》强调“轻重”调节的角色只能由政府扮演。近代中国经历了从“国家与革命”到“国家与发展”问题的变化，这是因为只有政治秩序稳定后才能更好地发展经济。中国道路的选择既不同于西方的市场经济，也不同于苏联和东欧社会主义国家的计划经济，而是政治权力与资本市场相互嵌套。中国政治经济体制中的三层市场结构虽然使得一些经济部门的效率低于西方市场经济，但总体而言，它还是显示出了西方市场经济无可匹敌的巨大优势。

例如中华文明衍生出来的东亚经济模式成功地逃避了大范围的经济危机，创造了“东亚奇迹”。而那些效法西方模式的经济体却陷入了政府无力推动经济持续发展的困境，这是很值得深思的。[1]

综合上面的论述，我们可以发现，不是任何过去的事件都会成为历史研究的对象，历史学是研究那些对于今天有价值的过去。史学家在探讨过去，却总是关注当下和未来，理论家探讨当下和未来，却总是以过去为资源。中国道路和中国话语正在当下形成，人类命运共同体则是中国人对未来的美好设想，这两者却都不可避免地要从中国历史中寻找资源，有时不可避免地会变为一个历史学问题。

上述学者或是在讨论“五四运动”“儒家传统”“新中国前三十年实践道路”等历史问题，或是在讨论“国家能力”“中国实践”“中国话语”等现实问题，其领域不同，观点有别，却都不约而同地回到了这个根本出发点：一个崛起的中国对于全人类应该发挥什么样的作用？

结语：中国与人类命运共同体

这些年来，学术界、思想界关于“人类命运共同体”的论述层出不穷，他们或是直接阐发“人类命运共同体”的内涵，或是借用别的术语或资源论

〔1〕 郑永年：《国家与发展：探索中国政治经济学模式》，载《文化纵横》2019年2月。

述与“人类命运共同体”类似之事。2019 年也不例外。例如，中国社会科学院哲学所研究员赵汀阳就提出了一种被称为“新天下”的观点。

赵汀阳借由黄帝与尧舜的“垂衣裳而天下治”，进一步将传统儒学的“天下”解释为世界规模、普遍合作的“新天下”体系，以共识代替强制，以认同代替暴力，去建构新的世界秩序。他指出，“天下”虽然是种理想，但不是乌托邦（utopia）而是“共托邦”（contopia）。“天下”关于世界制度的设想是以现实世界为立足点，在此基础上构建一个中庸状态的共享世界，可称为“理想的现实主义”或“现实主义的理想”。

这种中庸状态指的是优先考虑风险规避，并且力求在特定约束条件下达到最优，是一个动态的优化点（optimizing point）。因此“天下”体系虽是普遍主义，却是兼容的普世主义（compatible universalism），它不排斥体系内部的多元文明，不追求以某种单一的价值观强加于人。“天下”体系也不否定国家，而是在国家之上增加一个共享世界系统，同时承认国家的本土管理。总而言之，“天下”体系不排斥内部的差异，只追求差异之间的相互认同，这是天下体系远远胜过西方基督教文明的地方。〔1〕

北京大学哲学系教授干春松对这种“秩序”做了进一步的说明。他认为，“天下”作为一种秩序观念，与人伦秩序上存在的“差序格局”相一致，在地理上也存在以王畿的距离远近所确立起来的权利和义务关系的差等性结构；然而儒家“内外、夷夏”的等差结构，并非绝对的“等级”上的差异，亦非取决于种族身份——也就不同于当前国际秩序的殖民霸权历史——而是取决于文明发展程度的差异，并且这种差异仍置于儒家的“王道”价值之下。作为文明发展的“国家利益”不能遮蔽超越国家的“天下”目标，由此达到儒家所向往的大同世界，一个“天下为公”“王者无外”的世界。〔2〕

美国洛杉矶罗耀拉大学哲学系终身教授王蓉蓉、湖南女子学院教育与法学系讲师周山东都认可秩序性是“新天下”体系的本质特征，天下是“相互包含又相互转化的秩序共同体”：一方面，世界主权秩序主宰着各国的秩序，

---

〔1〕 赵汀阳：《天下：在理想主义和现实主义之间》，载《探索与争鸣》2019 年第 9 期。

〔2〕 干春松：《儒家“天下观”的再发现》，载《探索与争鸣》2019 年第 9 期。

并转化为各国的秩序；另一方面，只有各国遵守以世界公共利益为准的世界主权秩序，才能“有希望建立起一个普遍共享的世界秩序”。在人文学意义上看，王蓉蓉与周山东亦同干春松观点一致：古人的夷夏之辨，辨的并非族群，而是文明教化。因此“新天下”体系的秩序并非各国地位不平等的秩序，而是一个“多样呈现又本质相通的文化共同体”。[1]

综上所述，“人类命运共同体”既源自于中国的传统，又不局限于中国的范围。它是一种关于全世界、全人类的更高文明追求，既属于中国道路，又属于人类共同价值。“人类命运共同体”之所以能应运而生，得益于西方殖民掠夺和帝国扩张的模式已经不可避免地显露出衰败的迹象。西方资本主义文明的衰落和中国东亚文明的兴起，西方普世价值的瓦解和中国人类共同价值的提出，正是“百年未有之大变局”的重要表现。

2019年的思想界围绕着“大变局”展开，学者们分析了当前国际冲突的根源，即跨国金融资本脱离本国群众的需要；反思了西方社会衰退的症候，即高收入群体与普通群众之间的阶级矛盾不可调和、少数族裔群体与本国历史传统的文化矛盾不可调和。更重要的是，学者们指出，特朗普政府悍然发动贸易战并不是美国强大的表现，而是美国及其主导的国际秩序衰退的表现。在这样一个国际矛盾日益突出、逆全球化浪潮甚嚣尘上的时期，中国该何去何从？

2019年3月，中共提出稳就业、稳金融、稳外贸、稳外资、稳投资、稳预期的“六稳”方针，表明越是全球经济衰退，越是国内经济下行，就越要稳健从事，做到少犯错误，争取不犯错误。学者们普遍意识到，“稳”不仅是国内经济和行政体制改革所要遵循的原则，更是对外关系所要遵循的原则。只要中国不犯错误，就能在全球衰退的压力下逆流而上，建立一套新的国际政治经济秩序。

（撰稿/傅正）

---

〔1〕 王蓉蓉、周山东：《天下归仁与万物互联：如何建构新天下主义的理论地基》，载《探索与争鸣》2019年第9期。

如何认识和理解百年大变局

[编者按] 2018年6月，习近平总书记在中央外事工作会议上提出了“世界处于百年未有之大变局”的论断，中国目前的发展时期与“大变局”二者同步交织、相互激荡。这一对世界秩序的总体判断引发了社会各界持续的讨论。2019年1月15日，国务院发展研究中心亚非发展研究所与南京大学中国南海研究协同创新中心在北京联合主办“世界政治发展新趋势、新特点、新未来”专家研讨会暨《亚太安全与海洋研究》选题策划会。与会的多位知名专家围绕“百年未有之大变局”下的世界大势和国际关系格局的特点、趋势及我国对外方略进行了深入探讨，讨论内容经摘编后以《如何认识和理解百年大变局》发表于《亚太安全与海洋研究》2019年第2期。

一、如何认识百年大变局之变

中国社会科学院学部委员、山东大学特聘人文一级教授张蕴岭首先回顾了上一个百年。20世纪的前五十年主要是动荡期，而后五十年则呈现为稳定治理期。中国以新中国成立为标志终结了前五十年衰落的下行线。张蕴岭进一步指出，进入新千年之后的有些百年大变局趋势已经很明显。一是力量对比格局。总的趋势是，发展中国家力量到21世纪中期将占主导地位，经济总量将占世界的60%。二是大国力量对比。原来的所谓大国大部分衰退了，非西方大国群体崛起。三是地区力量对比。世界的力量与发展重心从欧洲转向亚洲，亚洲集中在大东亚。在力量转换的过程中，守成大国与新兴大国之间的矛盾处理是关键问题。传统的西方导向到非西方导向、霸权的衰落、全球化导致的超国家力量增强、现代化发展范式出现的问题都对国际秩序的变化产生了巨大影响。前五十年的战略定位是实现中华民族复兴，成为完全的发达国家。提出的“人类命运共同体”就是和平与发展的秩序，而这不仅需要中国自身，也需要动员包括西方发达国家在内的国际社会共同努力。

二、如何理解“百年未有之大变局”

中国人民大学国家关系学院院长杨光斌从三个角度对这一问题进行了解读。一是财富权力的转移。西方在发展过程中通过“一进一出”化解了国内的阶级矛盾。“进”是战略掠夺，而“出”是移民。这两者在当前财富权力转移的过程中都发生了反向变化，西方的社会矛盾都是在这一大背景下发生的。工业经济脱实向虚的财富权力转移规律导致了霸权衰落，而从历史上来看这具有不可逆性。二是财富转移带来的文化权力的变化。自 2008 年财富转移后，自由主义民主的号召力使西方开始让位给自发性的意识形态：民族主义和民粹主义。三是世界向何处去。杨光斌将中国国内的问题界定为“财富权利与政治权利”之间的张力。而从世界政治的角度来说，中国作为“历史上最大规模的参与者”如何参与到世界秩序的重组之中是最重要的问题，中国无论从文明系统还是制度上，都与西方不同。世界的领导权将归属于率先走出世界秩序“无人区”的国家。

三、百年变局下的中国与国际体系

外交学院周恩来外交研究中心主任魏玲认为，中国是在演进的国际体系中谋求正当地位的国家，并从体系、制度和规范三个维度对此进行了简要分析。第一，“实现中华民族伟大复兴”话语中的国际体系应该是一个改良的体系，与变化的国家实力结构相匹配、在界定性规则和利益分配方面依据“代表性”的国际体系。无论是维持现状国家还是修正主义国家，都不能准确地描绘百年变局下中国与国际体系的关系。魏玲认为，威斯特伐利亚体系实际上也是一个次级体系，具有内在的地方特性，是随着欧洲全球扩张而扩张的，而不具有天然的普适性。第二，中国塑造和引领国际制度的实践是软性制度主义，具有很强的务实性，与民族国家与国际制度之间存在着相对较大的张力。亚投行是中国与国际体系互动和共同演进的结果，是议价和相互协调适应的结果。第三，人们要思考如何将东方地方规范和话语体系与西方主导的国际规范和话语体系进行接近和融合。总之，如何实现中国与国际体系的共同演进，是中国在“百年大变局”中要解决的核心问题。

四、国际关系发展新周期的特点

南京大学中国南海研究协同创新中心执行主任朱锋认为，“百年大变局”的新格局体现在两个层面，世界在变，中国也在变。朱锋将世界的变化总结为四点：一是权力结构的东西方平衡，二是传统政治路径的选择，三是身份认同的危机，四是治理机制的危机。现在是一个新周期的开始，而新周期有三个非常重要的显著特点。一是再全球化。原来全球化依赖的好的积极的东西，现在正受到巨大的挑战和否定。二是再意识形态化。世界的主流意识形态出现前所未有的多元化，发展中国家不再简单地依照西方模式和东方模式，而是在寻找适合自己的模式。三是再国家化。全球治理和区域治理在明显延迟，各国开始重新依赖民族主义和政治强人。朱锋最后指出，大国崛起既是荣誉也是风险，我们应关注大国崛起可能面临的风险挑战。

五、世界形势的不确定性和第四次工业革命

中国人民大学国际关系学院副院长金灿荣认为，从英国脱欧、美国选出特朗普开始的 2016 年，世界形势进入了比较长的不确定期。在这个不确定期，贸易保护主义、民粹主义、强人政治、大国博弈重新成为国际政治的主体这四点是比较确定的特征。金灿荣认为，维也纳会议的大国协调体系是稳定不确定期的一个好办法。而进入不确定期的原因有以下几点。一是新自由主义市场化导向所导致的贫富分化。二是西方内部矛盾导致外部主导力下降。三是以中国为代表的新兴经济体群体崛起。四是第四次工业革命正在到来，

西方主导世界的生产力基础难以确保。第四次工业革命现在还没有完全到来，目前美国属于第一梯队，而中国处于第二梯队。金灿荣指出，未来十年，中国很可能从第二梯队脱颖而出，大变局就是中美之间围绕第四次工业革命展开的竞争。

六、从民粹主义的崛起到历史的回归

北京外国语大学英语学院副院长谢韬认为，从 20 世纪 20 年代末以来，西方民主国家的发展经历了三个阶段：第一个阶段从 1929 年大萧条持续到 20 世纪 60 年代，第二个阶段从 20 世纪 70 年代开始持续到 2008 年金融危机，第三个阶段从 2008 年金融危机开始持续到现在。在这个过程中，西方各国在社会平等方面的重视度不断下降，同时民粹主义开始抬头。目前右翼的民粹主义完全压倒了左翼民粹主义，其原因之一是社会财富分配不平等的加剧。而另一个原因则是身份政治的崛起，这是对所谓“后物质主义价值观”的强烈反弹。普通老百姓更关注切身的经济利益，而不是自我表达和要求得到尊重的诉求。谢韬认为，中国与西方面对的问题并不相同。西方的一系列挑战似乎是由于有效国家的缺失，而中国的问题则在于发展欠缺现代化。中国、俄罗斯、印度和土耳其在世界舞台上的重新崛起并不意味着“文明的冲突”，而是一种“历史的回归”，历史涨落的周期律没有例外。

（整理/高天宇）

从新结构经济学看世界经济新动向

[编者按] 北京大学国家发展研究院名誉院长、新结构经济学研究院院长林毅夫 1 月 23 日在 2019 腾讯冬季达沃斯论坛以“世界经济新动向”为题发表了主旨演讲。林毅夫在演讲中谈及世界经济增长放缓的三大原因，以新结构经济学为分析框架，把焦点落到国家的要素禀赋结构的构成上。相关内容刊于《经济导刊》2019 年第 2 期。

一、新结构经济学的提出

林毅夫曾在一次主题为“中国改革开放四十年与新结构经济学”的演讲中提出，不同于推行“自由化”“市场化”的“华盛顿共识”，也不同于片面强调政府而忽视市场作用的结构主义，新结构经济学在市场和政府之间寻求着发挥二者积极作用的结构平衡。

传统的结构主义将产业结构视为外生变量，认为通过引入高新技术产业，改变农业、制造业和服务业三大产业的结构比例即能拉动经济增长，实现持续发展。然而，产业结构本身实际上也被更深层次的结构嵌套决定，这就是涵盖土地、劳动力、资本、技术等在内的要素禀赋结构。因此，为了区别于第一代结构主义理论，我们将其取名为“新结构经济学”[1]。通过引入禀赋结构传导出的因果链条，新结构经济学揭示了经济发展过程实际上是结构变

〔1〕 林毅夫:《中国改革开放四十年与新结构经济学》，载爱思想网，http: //www. aisixiang. com/data/114476-4. html，最后访问日期：2019 年 3 月 25 日。

迁的过程，也是现代经济发展的本质。[1]

新结构经济学的核心主张认为，每一个时点构成的生产力和产业结构是由该时点的要素禀赋结构决定的。只有一个国家、一个地区的产业结构与自身要素禀赋相适应，发挥相应的“比较优势”，在生产力推动下“比较优势”会往“竞争优势”方向连续变化[2]，才能实现产业升级。与旧的结构经济主义的非连续特征相比，新结构经济不意味着忽略技术革命的突变和创造性毁灭的可能。实际上，要素禀赋结构决定产业结构，与之相适应的产业结构水平反过来改变要素禀赋结构水平，通过不断循环、动态反馈的因果链条强化一个国家和地区的竞争优势，实现经济发展从量变到质变的历史性转变。

因此，在林毅夫看来，“有效市场”在于引导企业家按照要素禀赋的比较优势来选择技术和产业，如此才能最低化要素成本，获取企业利润，创造最大剩余和资本积累。然而这样的迅速响应体系仅在充分竞争的市场中才会存在，“实际上现在少数几个维持稳定和快速发展的，都采用了渐进的双轨的这种被认为最糟糕的转型方式”。[3] 因此，林毅夫强调，当企业面临着结构变迁过程中的不确定性时，“有为的政府”必不可缺。在技术创新和产业升级过程中，政府需要给予“吃螃蟹的企业家一定的激励”，提供软硬基础设施和激励补偿创新型企业[4]。

因此，“产业政策”并非存废之争、需不需要之争，而是需要何种产业政策之争。新结构经济学认为，“产业政策”本身即是被要素禀赋结构水平内生决定的，因此产业政策之争应是讨论何种产业政策是与要素禀赋结构相一致的产业政策。

总而言之，经济发展模式本有无善恶之辨，并非西方发达国家的资本密

---

〔1〕 林毅夫：《中国改革开放四十年与新结构经济学》，载爱思想网，http：//www.aisixiang.com/data/114476-4.html，最后访问日期：2019 年 3 月 25 日。

〔2〕 林毅夫：《新结构经济学》，载爱思想网，http：//www.aisixiang.com/data/101592.html，最后访问日期：2019 年 3 月 25 日。

〔3〕 林毅夫：《中国改革开放四十年与新结构经济学》，载爱思想网，http：//www.aisixiang.com/data/114476-4.html，最后访问日期：2019 年 3 月 25 日。

〔4〕 林毅夫：《资源是如何从有利条件变成负担的?》，载思客网，http：//sike.news.cn/statics/sike/posts/2017/02/219513982.html，最后访问日期：2019 年 3 月 25 日。

集结构就是“好”的标准，或者劳动力密集型就是无可厚非的“不好”的标准。在新结构经济学视野中，只有放置在一个具体国家的语境中，考虑一个具体国家的各类要素禀赋结构水平，在“产业政策”引导下发展与之相协调的产业结构，才是一个国家经济发展的存续之道。

二、世界经济新动向

“经济新动向”一直是林毅夫的核心关注点。致力于改善全球状况的达沃斯论坛今年依然邀请了林毅夫发表主题演讲。林毅夫在演讲中表示，今年达沃斯论坛出现了一些新的变化，其中包括经济增长速度的持续下滑，这些变化主要是由经济危机、逆全球化和中国这三大原因引起的。

林毅夫首先指出，第一个原因是发达国家尚未从经济危机中恢复。2008年国际经济危机以来，美国、欧洲等国家经济增长持续乏力，即使在量化宽松的货币政策下，发达国家的经济水平也难以复苏到危机前的年均增长速度。他进一步分析，这是缺乏经济结构性改革导致的。缺乏政府引导下的结构性改革将带来两种结果。第一，发达国家把从宽松政策下的获取的廉价资金投注于虚拟市场而非实体经济，因此依靠实体经济带动的就业机会无法得到支撑。第二，一旦出现风吹草动，市场像惊弓之鸟一样起伏波动大，“一下子跌个几百点，复苏一点，又跌个几百点”,[1] 市场难以维持稳定。

第二个原因是逆全球化。林毅夫表示，民粹主义者和保护主义者的反全球化逆流近年来十分突出，如英国脱欧、美国特朗普新政、法国黄马甲抗议和中美贸易摩擦等事件的发生。西方世界一直存在全球化是发达国家收入分配问题的罪魁祸首的说法。然而林毅夫指出，把经济疲软归咎为全球化不过是政客煽风点火的说辞。实际上，由于工人工资水平高，发达国家的企业不得不用自动化替代工人，并最终削减就业机会；而收入分配的恶化则与发达国家内部中产阶级比重的下降密切相关。总体而言，收入分配问题仍是结构性问题的突出表现。

---

〔1〕 林毅夫：《世界经济新动向》，载《经济导刊》2019年第2期。

第三个原因是中国经济增长减速。2008 年以后，中国是全球经济稳定和发展最重要的动力来源，而中国在 2018 年经济增长出现了下行的压力。

三、中国要做好自己的事情

林毅夫早在 2017 年达沃斯论坛上就把经济下行压力归因于经济危机和逆全球化。他认为，金融危机后寻找新的经济增长动力，以及重新反思贸易保护主义带来的逆全球化至关重要〔1〕。而今年，林毅夫突出了新结构经济学作为分析框架对世界经济动向的理解，强调了如何用新结构经济学的眼光看待中国经济走向与世界经济的关系。林毅夫认为，世界经济增长速度缓慢的前两个原因是结构性改革缺乏的负面效应，最后一个原因则是中国经济结构性改革的阵痛。在这样的背景下，中国做好自己的事情就是对世界做了最大的贡献。

林毅夫指出，中国经济加速下滑的主要原因是中国主动进行了供给侧结构性改革。中国的结构性改革内容包括去产能、去库存、去杠杆、降产能与补短板。其中，去产能、去库存、去杠杆三项都是压低经济增长的压缩性手段。但林毅夫预测，未来几年，在供给侧结构性改革“三去”基本取得阶段性成果的背景下，中国的供给侧结构性改革会有所调整，政策会向“降产能”与“补短板”两项倾斜。而中国要做好自己的事情，就要在这一过程中稳增长、稳就业。林毅夫认为，中国在 2019 年很有可能通过政策手段，实现经济的高质量增长，进而为世界经济的发展做出新的贡献。

（整理/陈韵仪）

---

〔1〕 林毅夫：《逆全球化对各国都不利，也包括中国》，载思客网，http：//sike. news. cn/statics/sike/posts/2017/01/219512738. html，最后访问日期：2019 年 3 月 25 日。

金融资本与产业资本的较量是未来主要冲突

［**编者按**］ 国际关系格局正处于百年未有之大变局之中，未来五至十年的世界主要冲突究竟是什么？一种观点认为是处于“修昔底德陷阱”的中美冲突，另一种观点认为是以“文明”“人种”划界的新冷战冲突，还有一种观点认为世界只能陷入危机而束手无策。然而，未来的冲突点仍是上述意识形态、价值观或国家利益？对此，春秋发展战略研究院研究员郑若麟在2019年11月“北京论坛”上发表主旨演讲，认为以上三种观点都只把目光局限于中国，而我们应该把视野集中在全球化上，跨国金融资本与西方内部产业资本间的较量，才是未来五到十年的主要冲突。

世界目前存在四个力量板块和三大冲突，一是西方产业资本，二是跨国金融资本，三是伊斯兰世界，四是崛起中的中国。这四大力量板块形成了三大冲突，一是西方内部产业资本与跨国金融资本之间的冲突，二是伊斯兰世界与非伊斯兰世界之间的冲突，三是西方与中国之间的冲突。

一、“伊斯兰世界”和“中国崛起”并非西方的主要挑战

伊斯兰世界存在战争状态和力量优势，但目前仍属于“局部化”力量，尚无法对世界历史进程产生决定性的影响。伊斯兰世界作为一种以宗教为核心凝聚力的力量板块，其势力已经深深地渗透到世界各国内部。然而，从全球化的角度来审视，伊斯兰力量板块总体上仍处于“碎片化”和“局部化”状态，无法对世界的历史进程产生决定性的影响。

同时，中国和平崛起不构成西方主要挑战。必须承认，中国崛起是全球

性重要力量，因为文明不同和激烈的贸易战，中美利益冲突正在引发。但是，由于中国遵循“人类命运共同体”的平等尊重逻辑，因此，并不追求挑战美国的霸权，希望实现“合作共赢”，携手构建“人类命运共同体”。中国希望美国接受自己快速崛起的现实，在平等和相互尊重的基础上，协调合作。对于美国产业资本力量板块而言，中美之间的冲突，只是一种利益争夺过程中的冲突，冲突到达一定程度时，双方将会找到一个妥协的方式。所以，中美冲突目前不构成对西方的主要挑战。

二、跨国金融资本与内部产业资本的较量是主要冲突

西方内部的“大变局”主要指的是西方分裂成两大力量板块，即民族产业资本和跨国金融资本的尖锐对立。产业资本以国为界，反对全球化；而金融资本跨国联手，支持全球化。两大力量板块利益冲突，进而导致西方国家内部的政治危机，也主导着世界格局的动向。

1. 历史上两大资本力量板块争斗从未平息

金融资本从服务于产业资本，变为主导控制产业资本，并在新一轮全球化中占据上风。过去，金融资本服务于产业资本。两大力量板块在过去全球化进程中多处于利益一致的状态，特别战争爆发时军工产业、制造产业和金融资本就会联手成为不可或缺的支柱。后来，金融资本主导控制产业资本。这是源于 1920 年代股权融资交易对产业资本的控制，以及 1970 年代取消金本位后，金融市场走向缺乏监管的混乱。

2. 现实中新一轮全球化之争源自中国的崛起

一方面，产业资本难以应对中国竞争，开始转向反对全球化，另一方面，跨国金融资本继续在全球化中获利，二者利益分野形成新的冲突源。中国在短短十几年里，快速成长为西方产业资本在全球市场上最有力、最直接的竞争者。于是，全球处于同样困境的产业资本开始逐渐转向反对全球化，并对政治生态产生深远影响。

在美国产业资本开始转向全面反对全球化的同时，跨国金融资本却继续在全球化中获利。西方内部形成了两大力量板块，一方是以金融资本为核心

的金融、石油、医药、粮油等跨国国际财团，另一方是以军工、航天航空、汽车、房地产等实业资本为核心的民族财团。金融跨国财团因为需要资本在全球自由流通，需要廉价劳动力，所以支持全球化，支持打破国界的限制，支持移民，也支持欧盟一体化。实业资本民族财团因为利益关切不同，在以上领域都与金融跨国财团持相反的立场。这形成了美国和西方的产业资本反对全球化，而跨国的金融资本继续支持全球化的格局，两者利益分野，形成新的冲突源。

3. 金融资本占据上风引发一系列社会和政治危机

一是产业资产阶级和金融资产阶级的激烈对立和斗争，这也是产业资本主义的空洞化造成的社会问题。一方面，产业资本要将生产基地转向劳动力更为便宜的国家和地区；另一方面，金融资本也需要廉价劳动力，导致出现大规模雇用移民，以外来廉价劳动力取代本国劳动力。最终后果是失业率持续升高，而失业现象也带来了移民潮、购买力下降、公共和私人债务危机等社会经济问题。

二是极右翼势力的急剧上升，引发西方内部政治色谱出现巨大变化。西方极右翼和极左翼在反对全球化立场上形成统一战线，美国右翼甚至极右翼的产业资产阶级，与美国中下层左翼劳动阶层共同联手反对跨国金融资产阶级。因此，过去以左、右翼政治意识形态划界，演变成以“支持还是反对全球化”来划界。

三是金融资本扩张削弱国家权力。金融资本是无国界的，国家权力越是被削弱，金融的获利就越能得到保障。然而在产业资本中，部分产业如军工产业，在全球化背景下，越是得到国家权力的支撑，就越能盈利。因此特朗普得到美国军工产业的全力支持并非偶然。

总而言之，这是对守成大国美国和大国集团欧盟提出的挑战。以美国为代表的产业资本力量板块，与跨国金融资本力量板块之间日趋激烈的冲突，很可能成为今后5—10年内最重要的国际冲突。

（整理/陈韵仪）

资本主义工业化、生产者剩余国际分配与政治转型

［编者按］ 肇始于美国的国际金融危机不仅给世界经济带来了一次灾难，而且对现代民族国家的民主政体造成了不可忽视的负面影响。这种负面影响可以从两个方面说明：一方面是很多第三世界国家的民主政体遭遇了结构性危机的尖锐挑战，甚至在挑战面前崩溃；另一方面则是欧美国家的民主政体也受困于一系列治理难题，甚至出现了治理危机，民主政体呈现出明显的衰败趋势。民主政体在21世纪遭遇的困境，同它在几十年前向东欧、亚非拉地区的迅速扩张形成了鲜明的对比。如何从理论上解释20世纪后期汹涌的民主转型浪潮以及民主政体在21世纪的败退，成为社会科学研究的一项重要议题。华东政法大学政治学与公共管理学院教授汪仕凯在《世界经济与政治》2019年第4期上发表的《资本主义工业化、生产剩余国际分配与政治转型》一文，以经济发展同政治转型之间的关系为切入点，认为财富是民主政体的基础，资本主义工业化是实现财富增长的基本方式，故而一个国家能否建立和巩固民主政体将取决于它能否从资本主义工业化创造的全球生产剩余总额中获得足够支付民主政体经济成本的份额。份额的多少取决于该国家在现代世界体系中的位置，因此处于支配地位的欧美国家能够更好地巩固民主政体，而第三世界国家的民主政体则显得风雨飘摇。中国崛起必然会改变生产剩余国际分配的结果，这将使自由民主体制面临很大的变数。[1]

〔1〕 汪仕凯：《资本主义工业化、生产剩余国际分配与政治转型》，载《世界经济与政治》2019年第4期，第129—153页。

一、现代民族国家、民主政体与经济成本

第二次世界大战后世界经济的繁荣发展为“第三波”民主化浪潮奠定了基础。20世纪70年代以降的30年里，有近100个国家实现了从非民主政体向民主政体的转型，从而在人类历史上首次出现了实行自由民主体制的国家占多数的局面。在如此迅猛的民主浪潮的支撑下，民主政治转型成为比较政治学研究的主导范式和第三世界国家的政治发展主题。研究者大多认同民主政治是一种体现世界历史精神而将被任何地方的人民都广泛接受、视为珍宝的普世价值。但是，民主政体在21世纪的复杂经历已然暴露了其在经验归纳上的有限性，民主政体不仅会建立、巩固，也会崩溃、衰败。衰败不仅会在第三世界国家发生，也会在欧美国家发生。仅凭一种精神观念或者政治价值已难以让人确信民主政体的神圣与永恒。

在华东政法大学政治学与公共管理学院教授汪仕凯看来，财富是民主政体的基础，民主政体必须不断回应公民对于社会与经济权利的要求，这种回应决定了民主政体的稳固需建立在高水平的经济发展之上，这一经济成本也自然会成为民主政体不稳定的根源。

汪仕凯指出，政治平等与经济不平等始终是民主政体的结构性冲突，以政治平等制约和降低经济不平等就始终是民主政体的内在要求。公民行使政治权利参与政治生活只是第一步，借助政治权利影响公共政策从而改善社会与经济权利才是最终目的。这就意味着民主政体能够得到收入水平不高但规模巨大的社会阶级的支持。他们既是民主政体的支持力量，又是造成民主政体产生越来越高的经济成本的根源所在。一旦收入不高的社会群体获得了政治权利，那么他们就将行使政治权利以利用民主政体提供的机会，促使国家制定和推行旨在保障和改善公民的社会与经济权利的公共政策，去不断提高自身的经济与社会权利，从而尽可能地改善自己的物质生活处境。

因此，民主政体极大程度地提高了现代国家必须承担的经济成本，并且这种经济成本随着经济发展和社会进步水涨船高。公民对社会与经济权利的要求不断攀升，福利制度及为了满足公民权利而不断膨胀的政府机构都给现

代国家的财政造成了巨大的压力，甚至有引发巨额债务危机以致国家破产之虞。

二、现代世界体系、生产剩余国际分配与政治转型

资本主义工业化使人类社会迈入财富快速增长的时代，大卫·兰德斯将工业化比喻成“解除束缚的普罗米修斯”，工业化给西欧创造的财富和权力震慑了世界，并发挥了巨大的示范效应，吸引其他国家进入工业化的进程中。[1] 为了保持财富的快速增长，资本主义走遍全球从而使得工业生产逐渐变成世界范围的现象。

当国家权力推动资本主义工业化开始在世界范围内寻找原材料和商品销售市场时，现代世界体系在这一过程中逐渐由工业生产联系起来的世界经济体和支撑这一进程的民族国家体系共同形成。

汪仕凯认为，在这样的现代世界体系中，一个国家能够获得多少财富取决于它在现代世界体系中的位置，而民主政体的经济成本则需要由资本主义工业化创造的财富来填补。欧美国家通过国际贸易与国际投资实现了不平等交换，实现对第三世界国家的剥削，获得了大部分的财富。如同萨米尔·阿明所分析的，欧美国家在技术、世界金融市场、全球自然资源开发、媒体和通信、大规模杀伤性武器五个至关重要的领域保持着垄断，而这五大垄断力量共同规定了全球化价值规律的运行框架。具体到生产剩余国际分配，则是“阻碍了外围国家工业化的对外影响，降低了其生产性劳作的价值，却高估了能从中心区国家获利的新垄断力的运作中所带来的预期附加值”。[2] 而当第三世界国家试图借助组织化的国家力量限制国际不平等交换时，欧美国家则借助跨国公司，通过直接在第三世界国家进行投资以抵消第三世界国家为争取等价交换的努力。

---

〔1〕 大卫·兰德斯著、谢怀筑译：《解除束缚的普罗米修斯：1750 年迄今西欧的技术变革和工业革命》，华夏出版社 2007 年版，第 11 页。

〔2〕 萨米尔·阿明著、丁开杰等译：《全球化时代的资本主义》，中国人民大学出版社 2013 年版，第 3—5 页。

生产剩余国际分配的此种剥削性质使得全球收入在国家之间的分配愈发不平等，欧美国家在国际收入分配中不仅获得了巨大的份额，而且份额不断增长。生产剩余国际分配的不平等决定了欧美国家能够率先建立并巩固民主政体，只有当资本主义工业化创造的财富在经过了欧美国家的剥削之后，生产剩余仍然能够为第三世界国家提供足够的财富时，第三世界国家才可能建立民主政体。而一旦国家在生产剩余国际分配中获得的份额出现了下降，那么轻则使得民主政体发生衰败，重则导致民主政体走向崩溃，这一点欧美国家也不例外。

三、世界霸权、大国竞争与自由民主体制的兴衰

无论是民主政体的改革浪潮，还是资本主义工业化的全球扩张，都依赖于一个相对和平的环境，而世界霸权恰是现代世界体系中安全与秩序的提供者。汪仕凯认为，世界霸权在四个方面对民主政体产生了影响：世界霸权在提供有利于资本主义工业化全球扩张环境的同时，也协调了欧美国家之间的关系，界定其共同利益，巩固欧美国家作为一个集体在现代世界体系中享有的支配地位，从而保障现代世界体系可以按照霸权所指引的方向运转。不仅如此，当自由民主政体同世界霸权的全球利益相契合时，霸权国家又会采取行动支持其他国家建立自由民主政体，而自由民主体制的兴盛又成为世界霸权建构正当性的资源。最后，世界霸权利用国际信贷机构协助第三世界，即便推广自由民主体制的行动超出了第三世界国家所能承受的经济成本的限度，也能使发生债务危机的国家在出现政治衰败的情况下，至少在制度形式上维持民主政体。

但是，美国的世界霸权正在经受由中国全面崛起带来的挑战。中国全面崛起将对生产剩余国际分配的不平等性质产生冲击，也将对欧美国家在现代世界体系中的支配和剥削地位进行抵制和消解。在逐渐改变国际不平等交换机制，为人类通向美好未来提供新选择的同时，也必然减少欧美国家所能获得的生产剩余。那么作为早已是成熟和发达经济体的欧美国家，是否能够依靠本国经济的活力来填补从生产剩余国际分配中获得的份额减少所导致的不

足呢？

在汪仕凯看来，美国在经历几十年经济繁荣的同时，经济不平等也从20世纪70年代开始迅速恶化，中产阶级对国内消费市场的支撑只能依靠信贷来维持。这种经济不平等的恶化正在逐渐侵蚀政治的平等，在事实上造成了越来越明显的政治不平等，美国自由民主体制出现了严重退化。

据此，汪仕凯指出，中国全面崛起有助于巩固本国的人民民主体制，从而不断提升这一制度的正当性和有效性，这就同美国霸权所支持的自由民主体制的危机形成了对比。从这一角度看，中美两个世界大国之间的竞争实际上也是一种政治体制之争。如果说中国作为一个非西方国家全面崛起是现代世界体系形成以来从未出现过的新鲜事，那么中美两个世界大国之间的竞争聚焦于政治体制上，同样也是现代世界体系中的历次霸权转移所从未出现的新特征。

换言之，世界大国之间的竞争确实触动了自由民主体制衰败的开关。但自由民主体制的衰败并不等于民主体制的衰败，人类政治生活通过民主体制组织起来是历史大势所趋，自由民主体制只是民主体制的一种形式而已，不同的国家可以有不同的民主体制。所以，西方自由民主体制的衰败将解开其施加于第三世界国家的政治枷锁，从而打开西方世界之外一些有条件的国家探索适合本国实际情况的民主体制的空间。

（整理/王闰）

数字化重塑全球金融生态

［**编者按**］ 当今时代是一个数字化时代，技术革新和数字化经济的全面兴起，让科技由最初的工具角色转变成驱动金融变革的中坚力量。数字化的五全基因与金融业不断碰撞融合，不仅改变了个人间、企业间、国家间的清结算方式及主权货币发行机制，还大幅提升了产业链运营效率，带来了整个经济社会的发展和人类的进步。展望未来，量化投资和智能投顾、人工智能定价和理赔核算、金融云服务、区块链存证等新金融业态正不断进化，将引领金融业进入一个全新的时代。对此，本文整理了中国国际经济交流中心副理事长黄奇帆在2019年10月28日首届外滩金融峰会上发表的题为“数字化重塑全球金融生态”的演讲。

数字化主要包含大数据、云计算、人工智能以及区块链技术。数字化平台在区块链技术的帮助下，基础功能和应用将得到颠覆性改造，从而对经济社会产生更强大的推动力。数字化拥有能够颠覆传统的五全基因：全空域、全流程、全场景、全解析和全价值。“全空域”指打破区域和空间障碍；“全流程”指关系到人类所有生产、生活流程中每个节点的信息积累；“全场景”指跨越行业界别，把人类所有生活、工作中的行为场景联通；“全解析”指通过人工智能的收集、分析和判断，预测人类行为信息，产生异于传统的全新认知、全新行为和全新价值；“全价值”指打破单个价值体系的封闭性，整合与创建出前所未有的、巨大的价值链。数字化具有的五全基因可以与任何一个传统产业链结合起来形成新的经济组织方式，从而对传统产业产生颠覆性的冲击。黄奇帆认为数字化拥有的五全基因与金融碰撞，重塑了全球金融生态。这主要体现在以下四个方面。

一、颠覆全球个人支付方式

在数字化浪潮来临之前，我国个人支付主要通过纸币、储蓄卡、信用卡来完成。随着我国移动互联网领域的技术进步与应用普及，支付宝、微信等基于手机的支付方式走进生活，新的支付已经占据主流地位。移动支付使得个人的资金往来信息沉淀成为信用数据，使得企业在业态层面有了极大的创新——所有权与使用权分离。这就是共享单车、共享办公等共享业态能够出现并蓬勃发展的基础。随着区块链技术在金融领域的逐步渗透，个人跨境转账底层技术实现变革。现在跨境汇款中的多方可以通过区块链技术将汇款报文传递给各参与方，从而实现多方协同信息处理，将原本机构间的串行处理并行化，提高信息传递及处理效率。

但是，在新的支付方式高速发展的同时，也要尊重人对支付方式的选择性。随着移动支付的普及，部分商家开始热衷于“拒收现金”。拒收现金的行为不仅损害消费者的合法权益，从长远看还会危及金融安全。同时，由于移动支付的基础是电力设施、数据中心、网络系统，一旦发生意外如地震、断电、人祸导致移动支付无法使用，将会给社会带来严重后果。

二、重塑贸易清结算体系

在数字化时代，企业间、国家间的支付结算方式也需要进行重塑。企业在开展国际贸易外汇结算时，面临用两国货币直接支付结算，还是以美元为中间价结算的问题。在人民币跨境支付系统（CIPS）上线之前，人民币跨境清算高度依赖 SWIFT（环球同业银行金融电讯协会）系统和 CHIPS（纽约清算所银行同业支付系统）。这存在一定风险。一是 SWIFT 和 CHIPS 正逐渐沦为美国行使全球霸权、进行长臂管辖的金融工具。美国财政部通过对 SWIFT 和 CHIPS 的数据库进行分析，通过对使用其系统的其他国家银行施加压力，实现操纵金融机构行为、影响他国经济的目的。二是 SWIFT 已成为技术更新缓慢、效率低下、成本极高的支付系统。大额汇款通常需要纸质单据，难以有效处理大规模交易。同时，SWIFT 通常按结算量的万分之一收取费用，凭借垄断平台获得了巨额利润。

在大数据平台、区块链技术的驱动之下，构建形成一个新的清结算网络已经成为当前许多国家的共识。区块链技术具有去中心化、信息不可篡改、集体维护、可靠数据库、公开透明五大特征，在清结算方面有着透明、安全、可信的天然优势。目前，越来越多的金融机构和区块链平台正在通过区块链试水跨境支付，以规避 SWIFT 和 CHIPS 全球支付体系。

三、改革全球货币发行机制

20 世纪 70 年代布雷顿森林体系瓦解后，货币发行以国家信用为基础，与国家主权、GDP、财政收入密切相关。美国凭借强大的军事、经济，通过美元垄断了全球石油美元结算和大部分国际贸易结算，美元成了事实上的“全球货币”。然而，依赖主权信用发放的货币面临货币超发等问题。尤其是近十年来，美国为摆脱金融危机，通过国债投放货币刺激经济发展，导致政府债务总量飙升至超过美国一年的 GDP，带来全球性金融危机的风险。黄奇帆认为，在数字货币兴起背景下，对主权国家来讲，最好的践行货币国家发行权的办法是由政府和中央银行发行主权数字货币。在全球央行发行主权数字货币的过程中，除了要提高便捷性、安全性之外，还要制定一种新的规则，使得数字货币能够与主权的信用相挂钩，与国家 GDP、财政收入、黄金储备建立适当的比例关系，通过某种机制，遏制滥发货币的局面。

目前我国央行推出的数字货币（DCEP）是基于区块链技术推出的全新加密电子货币体系。DCEP 将采用双层运营体系，即人民银行先把 DCEP 兑换给银行或者是其他金融机构，再由这些机构兑换给公众。DCEP 的意义在于它不是现有货币的数字化，而是 M0（流通中现金，即在银行体系之外流通着的现金）的替代。它使得交易环节对账户依赖程度大为降低，有利于人民币的流通和国际化。

四、提高产业链运营效率

5G 时代，数字平台将进一步进化为万物互联平台，带动人类互联网产业从 to C（customer）型的消费类互联网发展为 to B（business）型的产业类互联网。其中，科技金融可以连接数据平台、金融企业、产业链上下游，帮助各方优化配置资源、提高运行效率以及降低运行成本。

科技金融的发展形式有两种。一种是“互联网+金融”，有条件的数字化平台公司，围绕自身产业链筹建非银金融机构，独立发展金融业务。另一种是“金融+互联网”，金融企业根据产业链发展需要构建数字化平台。黄奇帆认为未来数字化平台下的非银金融机构最合理的发展模式是实现二者有机结合，形成数字金融体系。数字化平台连接产业链上下游企业，掌握真实交易信息，与各类金融机构合作，为供应链上成千上万的原材料、加工、分销企业提供融资、贸易、资产交易等金融服务。在此过程中，只要数字化平台把控好资金来源、杠杆比率，就能大幅度降低风险，获得合理的利润，还能有效发挥普惠金融功能。

（整理/黄歆然）

巴黎圣母院大火：政教“倒塌”与灾难叙事

［编者按］ 2019年4月15日法国巴黎圣母院发生火灾，矗立于法兰西大地长达850年的教堂尖顶就此倒塌。然而一场席卷社交媒体的哀悼和随之而来的批评已经让这场火灾的象征意义超越了火灾本身。巴黎圣母院的大火如何与法兰西文明乃至欧洲文明的崩溃相连，如何通过全球媒体的即时介入重构了灾难叙事？残损的巴黎圣母院需要借助《刺客信条：大革命》游戏中的复刻来参考修复工作，这场古典神圣符号与现代赛博化技术的互动又具有何种符号学上的意义？“探索与争鸣”公众号、《澎湃新闻》“思想市场”专栏刊载了相关讨论。

一、外在尖塔与内在尖塔的倒塌

作为天主教巴黎总教区的主教座堂，同时也是法国大革命、两次世界大战的见证者，并通过雨果的小说成为经典的文学意象，巴黎圣母院耸立在宗教、历史、政治、美学的交汇点上，而具有双重意涵：外在尖塔的宗教信仰与内在尖塔的政治文明。尖塔的倒塌亦在内外两个维度上隐射着信仰与文明的倒塌。

就外在尖塔的倒塌而言，清华大学哲学系博士王达菲认为，哥特式的教堂尖顶代表了人与上帝“接近”的超越性的神圣渴望，教堂作为超越现世的、代表永恒与彼岸的慰藉与温暖，用以填补人生来的有限与孤独。然而伴随着新教改革，作为以天主教为信仰统一体的欧洲实际已经不复存在；而古典的欧洲人对于信仰的哲学探讨、对真理的寻求业已淹没在现代化的琐碎之中。圣母院来自天堂的神圣召唤已经成了欧洲的过去，神、天堂、真理再也无法激发年轻人投入其中的渴望。因此圣母院尖塔的倒塌是欧洲在精神上所发生的一切再恰当不过的感性象征。[1]

龚克同样认为，圣母院的大火昭示着法国教会前所未有的危机，其来源不仅在于整个天主教会近年来频繁曝出的娈童丑闻及体制性缺陷，[2] 更是以世俗化为核心的现代性本身。近三十年来，法国民众的宗教信仰比例大幅走低。1986年82%的法国人是广义基督徒，15.5%的人没有宗教信仰；2016年基督徒比例缩减至51.1%，而无信仰者则增至39.6%。在这种背景下，无论对于法国人还是外国人而言，巴黎圣母院越来越失去了它本身的宗教意义。[3]

就内在尖塔的倒塌而言，上海大学外国语学院副教授吴攸认为，“巴黎圣母院的熊熊大火背后，反映出法国捉襟见肘的财政实力、江河日下的政府治理水平及其文化理念所面临的危机”。[4] 南京师范大学马克思主义学院讲师徐亚清、南京大学哲学系博士研究生姜凯宜同样认为，此刻的法国正验证着托克维尔在《旧制度与大革命》中关于“法国失落”的预言。现代法国已经进入“激进—消沉—纵欲”的死循环，埋葬了路易十四与拿破仑时期的辉煌与荣耀。巴黎圣母院的火灾不过是这失落记忆的“刻写”。[5]

龚克则将视线放在被大火打乱的“大辩论”上。自2018年11月以来，深受“黄马甲”运动抗议之苦的马克龙从2019年1月15日发起一场全民大讨论，议题集中在“生态转型”、“税收制度”、“民主体制”和“国家与公共服务重组”四个方面，希望能借此机会修复中央—地方关系，汲取施政新思路，并从抗议运动中“解套”。然而巴黎圣母院的大火迫使马克龙不得不将原

---

〔1〕 王达菲：《仅仅作为历史和文化象征的圣母院，在大火前已经“倒掉”了》，载微信公众号：探索与争鸣，2019年4月17日。

〔2〕 2019年3月7日法国教会的前任里昂大主教菲利普·巴尔巴林因为庇护涉嫌性侵的神职人员，被世俗法庭判决有罪，处以6个月徒刑（附缓刑）。

〔3〕 龚克：《巴黎圣母院大火，燃烧在“政”与“教”的交汇点上》，载《澎湃新闻》“思想市场”专栏，https://www.thepaper.cn/newsDetail_forward_3299389，最后访问日期：2019年5月21日。

〔4〕 吴攸：《烈火与重生：见证法兰西历史的巴黎圣母院归向何方》，载微信公众号：探索与争鸣，2019年4月18日。

〔5〕 徐亚清、姜凯宜：《失落的传统与破碎的语言：论巴黎圣母院火灾中的“群像”》，载微信公众号：探索与争鸣，2019年4月17日。

定于4月15日晚8点针对这场辩论的全国讲话推迟了一天。“大辩论”与失火时间点的意外重合构成了法国当前政治困局的微妙图景。[1]

这场政治文明的崩坏不仅限于法国国内。王达菲认为，这场因精神同盟瓦解引发的政治文明的危机已然波及整个欧洲。英国脱欧是“分裂的欧洲”的序曲，欧洲文明更面临着坚固的伊斯兰文明的破坏性力量。[2]

然而宗教信仰和政治文明的倒塌并不全然是负向的，或者说，作为倒塌象征的巴黎圣母院的失火反而能成为翻转“倒塌”的力量。中国人民大学人类学研究所教授赵旭东认为，人从一种负向乃至灾难性的生活处境之中习得对于人自身的理解，从不幸和负面意象之中去获得人独特的体验和觉悟。在这其中，人们学会了一种彼此可以团结在一起、彼此可以相互理解和同情的新途径。如同圆明园的废墟意象易于激发中华民族“团结一致向前进”的精神力量，巴黎圣母院的大火或许同样可以激发法国乃至世界人群的自我觉醒和启蒙。[3]

不过，龚克对此持保留意见。他认为与“9·11”事件相比，后者的威胁是显而易见的外部恐怖力量，而法国面临的威胁则是内生性的，难以区别“我们”和“他们”的群体界限。这使得巴黎圣母院的失火并不能和“9·11”事件一样激发如同当年美国一般同仇敌忾的凝聚力，反而易于构成一个无法排遣的内伤，加剧法国危机。[4]

总的来说，巴黎圣母院尖塔的倒塌从内外两个维度映射着天主教宗教信仰及人对神性追求的倒塌，和以法国政局为代表的、面临欧洲共同体及难民危机的欧洲文明的倒塌。

---

〔1〕 龚克：《巴黎圣母院大火，燃烧在“政”与“教”的交汇点上》，载《澎湃新闻》“思想市场”专栏，https：//www. thepaper. cn/newsDetail_ forward_ 3299389，最后访问日期：2019年5月21日。

〔2〕 王达菲：《仅仅作为历史和文化象征的圣母院，在大火前已经“倒掉”了》，载微信公众号：探索与争鸣，2019年4月17日。

〔3〕 赵旭东：《巴黎圣母院需要重建吗：废墟是文明构成的重要一环》，载微信公众号：探索与争鸣，2019年4月17日。

〔4〕 龚克：《巴黎圣母院大火，燃烧在“政”与“教”的交汇点上》，载《澎湃新闻》“思想市场”专栏，https：//www. thepaper. cn/newsDetail_ forward_ 3299389，最后访问日期：2019年5月21日。

不过，亦有学者认为，巴黎圣母院起火的象征意义被社交媒体放大了，它不过是互联网时代媒体“灾难叙事”的产物。

二、媒介的灾难叙事

南京大学教授蓝江同样比较了巴黎圣母院的失火与美国9·11事件。但他认为，失火是很平常的意外事件（accident），无法与9·11事件改变了世界格局相提并论。法国给世界带来冲击的是法国大革命和五月风暴，巴黎圣母院只是旅游景点和宗教象征，其失火并不能代表法国的堕落，只是迅速传播的媒介放大了失火的象征意义。他还比较了1936年伦敦水晶宫的失火。那场大火的损失远超今天巴黎圣母院的损失，但彼时尚未有图像的即时传播，火灾的意义受制于传播媒介的有限。

中国社科院外国文学研究所副编审张锦认为“刷屏”的大火消息是一场媒介对灾难的消费；华东师范大学教授吴冠军借娜奥米·克莱恩的“灾难资本主义”概念，说明资本主义下的媒体如何把灾难变成“激动人心的市场机会”。更为悲剧性的是，新媒体通过视觉的放大化把失火变成一个媒体事件，但也造成了鲍德里亚所谓的“过度真实”（hyperreal），反而弱化了真实，缩减了失火具有的政治想象的潜力，使对火灾的反思流于碎片化。

蓝江和吴冠军均认为，真正的欧洲危机是难民潮，是穆斯林冲击下欧洲自由主义和民主圭臬的价值观沦为空壳，是“黄马甲运动”，甚至是特朗普退出巴黎协定。从这个意义上说，巴黎圣母院失火以铺天盖地的方式席卷社交网络，不过是一场新媒体介入所制造的事件，是互联网时代特有的媒介的“灾难叙事”。〔1〕

三、符号学意义：赛博时代不朽的巴黎圣母院

在讨论巴黎圣母院失火的象征意义之余，余一文、潘易植还将目光聚焦

〔1〕蓝江、吴冠军、张锦、王佳玘、叶祝弟、李秋祺：《巴黎圣母院大火事件“微座谈”》，载微信公众号：探索与争鸣，2019年4月18日。

在了与修复工作链接的“哀悼圣母院”的符号学意义。

火灾发生后，法国游戏公司育碧宣布捐助50万欧元用于重建巴黎圣母院，并将旗下的游戏《刺客信条：大革命》免费开放下载——这款游戏高度复刻了巴黎圣母院，并将成为修复工作的重要参考。这引发了学者的思考：数字建模下永恒的巴黎圣母院与此刻这个残损的巴黎圣母院存在何种互动？在崇高理念和现代技术带来的赛博化进程之间，人们又该怎样理解巴黎圣母院以及人类自身？

余一文和潘易植认为，建筑因其实在性代表宗教权力的神圣与权威，与此同时，在宗教与政治的千年博弈中，政治已然吸收宗教的言说方式用于构建民族国家，因此巴黎圣母院在符号意义上不仅象征宗教，更象征法国。然而诚如雨果所说，“文学将杀死建筑”。文学的多义性和暧昧性打碎了符号与意义之间的联系，神圣符号被“祛魅”，作为符号的巴黎圣母院也不断与神性意义松绑。然而人依然需要坚固的符号确保世界的可理解性，确保我们的在世变得可以忍受甚至值得一过，因此人们在神圣世俗化的同时也在世俗神圣化，这也就不难理解圣母院起火引发世界性的哀悼——无论这是否“刻奇”(kitsch)。

然而当通过游戏建模保存巴黎圣母院后，人们迎来了新的问题：永恒的巴黎圣母院还是巴黎圣母院吗？在“文学杀死建筑”之后，数据又有可能杀死文学——以不朽的方式。数字化几乎是人类可以做到的离永恒最近的方式，这堪称是人类对于神圣的“教科书式的亵渎”。赛博化的巴黎圣母院是坚固的、不朽的、永恒的，但或许在数字技术彻底成熟之后，我们会怀念那个万物终将终结的时代。

从这个意义上说，我们对“真实”的圣母院的哀悼或许是对已经不存在的大写历史的一种呼唤，而人类尚未准备好进入真正的赛博时代。[1]

(整理/刘祎佳)

---

〔1〕 余一文、潘易植：《巴黎圣母院的“数据不朽”：赛博时代我们如何崇敬神圣?》，载《澎湃新闻》“思想市场”专栏，https：//www.thepaper.cn/newsDetail_ forward_ 3324274，最后访问日期：2019年5月21日。

身份政治的历史叙述

［**编者按**］ 肇始于少数群体争取公民权的“身份政治”运动正经历嬗变：席卷欧美的“#Me Too”运动被批评是男版“猎巫”，特朗普却带着“白人-男性-基督徒”的身份标签卷土重来。这场波及全球的、群体性的身份重申，实际暗含世界秩序已经偏离普世主义和文化多元主义的轨道。《国际经济评论》2019年第4期刊载中国社科院欧洲研究所研究员孔元的《身份政治与世界秩序的演变》一文，将身份政治放入具体的历史进程，诠释了其如何伴随殖民历史而兴起，如何因全球化而蜕变，又如何发展成当前与民粹主义互为表里的白人身份政治。藉由身份政治，可以反思如何重新定义世界政治格局。

身份认同指的是个体要求他人对自己人格的承认。福山认为，这种承认来源于个人内心尊严没有得到外部规范世界的充分承认，从而产生了承认自我身份的要求；泰勒（Charles Taylor）认为，浪漫主义瓦解了普遍主义，后浪漫主义进而强调自我表现，个体试图通过身份认同重新获得超验真理；吉登斯（Anthony Giddens）则认为，现代性迫使人们不断根据知识信息进行阶段性修正，个体不得不重新解释自己以创造连贯的自我叙述，因此自我认同是盛期现代性社会的必然结果。

但无论何种解释，身份的政治均与历史的政治同步；围绕身份政治（Identity Politics）的历史就是世界秩序演变的思想和政治史。

一、身份政治的兴起：殖民史

现代身份政治是反抗西方殖民统治的产物。19 世纪的帝国扩张伴随着殖民历史和种族歧视；两次世界大战期间，为了反思欧美殖民帝国，身份政治成为被白人殖民主义边缘化的少数群体捍卫自我正当性和尊严的武器。

不同于马克思主义经济社会决定论用“阶级”解释殖民压迫，在法国哲学家萨特（Jean-Paul Sartre）看来，“我们”的身份概念是由共同的第三者创造的，“阶级意识”不过是一个特殊的“我们”。因此相较于马克思，萨特发掘出了身份认同的非经济维度，从而解释了反犹主义的出现。他认为，反犹主义建构了两种群体身份认同，第一种是法国的小资产阶级、无名公务员、办公室雇员和小商贩，通过建构法国社会的“他者”建构出自己的“主人翁地位”；第二种便是经由此种建构而形成的犹太人身份。在萨特看来，没有祖国、没有历史的犹太人本身没有本体论意义，把他们联结起来的唯一纽带是周围人的敌意。反犹者在建构自己的同时建构着犹太人的身份。

为了摆脱这种身份困境，犹太人分化出两个立场，一种是极力摆脱犹太人身份，甚至成为反犹者的“不真实犹太人”；另一种是坚持普遍主义，反对一切基于族群和国别来界定身份的“真实犹太人”。然而第二种犹太人迫于现实生活中身份的差异而不得不放弃普遍主义，通过选择成为犹太人来与现实妥协。

相较于犹太人面对被建构的身份仍有退路，黑人身份却是一个无法抹去的真实存在。萨特认为，犹太人可以选择隐匿或普遍主义来对抗身份，黑人却永远无法摆脱肤色对身份的定义，种族压迫比阶级压迫更难破除。黑人必须在心理上解放自己，在否定白人身份的同时建构出一种积极的身份，通过诗性的创造工作唤醒黑人性（negritude），从而塑造自我的主体性。

比起萨特，黑人文化批评家法农（Frantz Fanon）将黑人的身份抗争延展至群体性层面。他认为，黑人是经由白人界定的“他者”而来的身份，黑人以白人为身份想象，只有通过群体性斗争，通过追求独立的、有尊严的民族文化，才能剥除黑人对白人的依附。

大规模的去殖民运动如火如荼，这场以身份解放为目标的政治运动不仅奠定了现代身份政治的话语形态，也深刻地影响了 20 世纪中期的美国。社会达尔文主义式微，个体被视为和社会互动与建构的产物；经济剥削不复为焦点，文化压迫成为中心。通过强调白人社会内部的族群、性别等差异，通过发展专属于特殊群体的身份认同，身份政治成了群体性抗争的政治形式，成了美国黑人、女性和同性恋者的口号。

因此，起源于去殖民运动的身份政治驱使着亚非国家追求民族独立，改造了美国过度个人主义的社会科学方法，是瓦解白人帝国主义文化、实现人类普遍解放的工具。从这个意义上说，它与马克思主义的革命精神同源，但目标从经济结构转向了文化结构，也因此引发了左派的分裂：经济左派批评身份政治不关心物质基础，是宣泄、佯装的政治；文化左派则诉诸“文化领导权”的概念，主张通过民主程序掌握国家政权，通过对大学、传媒和教会的文化渗透发动深远而又不易察觉的文化革命。

从如火如荼的“转型正义”运动来看，文化左派无疑是成功的。通过扶植边缘群体的族群意识和次国家认同，身份政治不仅被用来瓦解美国种族帝国主义，实现从白人男性群体向边缘群体的权力转移，甚至通过灭国去史将美国文明彻底虚无主义化。

二、身份政治的蜕变：全球化

吊诡的是，身份政治一方面成了民族解放运动的话语，动摇了欧美帝国体制，但另一方面，同样借由身份政治，老牌欧美国家再度获得了霸权。

迫于第三世界的民族解放运动，欧美殖民帝国放弃了旧式的种族优越论，放弃了白人和基督教的显性身份歧视，转而通过挖掘启蒙主义，以民主、自由等概念宣告自身与世界的和谐。普世主义的历史宣教不断稀释着民族国家的特性，从而实现了民族国家和世界历史的同构，打造出建立在普世主义基础上的“世界公民”身份。

对以民族性为依托的第三世界来说，“世界公民”的身份不过是殖民歧视借尸还魂的高级版本；但对美国而言，通过宣扬普世价值已然实现了美国史与世界史的统一。日裔美国政治学家福山在《历史的终结》一书中提出，冷战结束意味着美国体制的大获全胜，美国通过构建一个自由民主国家，实现了经济和认可上的双重平等；经由普遍的人类平等，达成人类历史的终结。对美国的政治认同已经不再需要共享同种文化和历史，而仅仅依靠“自然理性”和“个人主义”的观念优势就能实现。

但如果将视野从世界秩序拉回到国家内部，自由民主方案未能彻底同化身份政治，它所提供的普遍而空洞的认同标准并没有完全消除群体差异，而只是将这种差异地方化为民族国家内部的文化战争，表现为文化多元主义和本土保守主义的战争，引发出诸如女权运动、同性恋平权运动。但随着社会革命的完成，可供抗争的身份议题越来越少；与此同时，世界秩序的普世主义不断稀释着国内身份政治的革命要素，使得身份政治发展为仅具抗争性姿态却已没有实质抗争内容的表演政治。

美国政治学家马克·里拉批评新左派“个体即政治”的口号被过度泛化，使得身份政治蜕变为只关注自我变现的伪政治（Pseudo-Politics）。例如塔那西斯·科茨（Ta-nehisi Coates）因出版《在世界与我之间》一书而声名鹊起，在书中他以写信的形式，向自己 14 岁的儿子讲述身为黑人的边缘生活。然而哈佛大学公共哲学教授康奈尔·韦斯特猛烈地批评科茨，认为他狭隘的种族部落主义完全无视了华尔街、美国帝国及黑人精英对贫穷的漠视；科茨单纯以肤色为标准的黑白对立无助于解决美国黑人的贫困。左翼的身份政治沦落为一场赚取眼泪、自我欣赏的政治表演。

三、白人身份政治与民粹主义

“世界公民”身份是空洞的普世主义，国家秩序中身份成为泛滥的左翼权力斗争的借口，加之全球化下本土产业工人的赤贫化和文化荒漠化，身份政治在 2008 年金融危机后嬗变，至 2016 年特朗普当选美国总统而发展出自身源头的对立面——民粹主义。

民粹主义抨击精英和文化多元主义，反对少数族裔对欧美白人的“反向歧视”，反对全球化造成的贫富差距。这场旧保守主义的复活实质上就是白人的身份政治。由于生育率下降和移民入侵，白人产生了对异质文明侵袭的恐惧（埃里克·考夫曼），族群的生存焦虑激发了白人种族主义的反动政治（reactionary politics）。对白人工人阶级的想象仍然是美国政治文化的核心，特朗普的当选实则证明了白人仍旧把控着美国的权力要素。但阿什利·贾丁认为，白人身份政治可分为白人种族主义和白人民族主义，前者固不可取，后者却是白人基于族群身份认同的正当要求。

必须强调的是，这场白人的生存危机并不仅限于美国。2000年初欧洲新右翼就发展出强劲的认同主义运动（Identarian Movement）。欧洲对地中海世界穆斯林移民的恐惧，更甚于美国白人对黑人的恐惧；而这种全球性的、白人作为主体身份的政治主张，既反映出国际体系的重大演变，又再次将均等化社会结构的对峙，转化为两种文化族群的对峙，从而导致民主政治向部落政治蜕变。继亨廷顿的“文明冲突论”后，福山认为，世界政治已经超越了以文明来界定冲突类型的范畴，新一轮的全球秩序演化的核心将围绕身份认同的问题来展开。这场族群对立极有可能使得世界政治“部落化”：民族国家秩序回归引发全球冲突，从而打破后冷战时代的进步幻想，将世界政治重新拖入一场大幻灭的黯淡前景之中。

如同哈佛大学历史学教授吉尔·莱波雷指出的，当学者们不再试图为一个民族书写一部共同的历史，民族主义并不会自然消亡；相反它会通过吃掉自由主义继续生存。如何面对身份政治的当代变奏，如何避免世界政治沦落为部落政治，是亟待思考的命题。

（整理/刘祎佳）

“黄马甲运动”：民粹主义泛起还是精英政治危机

[编者按] 2018年11月17日，法国爆发了一场轰轰烈烈的民众抗议活动。示威人群身着醒目的亮黄色马甲，因此这场运动也被称为“黄马甲运动”。怎样看待这场运动？这究竟只是一场普通的抗议活动还是一场深刻的政治变革？运动的主体是谁？发生的根源是什么？怎么评价这场运动以及它将给法国带来怎样的影响？运动爆发52周以后，《国际政治研究》2019年第5期刊载了北京大学国际关系学院教授许振洲的文章：《法国的“黄马甲运动”：民粹主义的泛起还是精英政治的危机》。该文通过比较方法，分析运动的缘由与意义，探讨了法国代议制民主体制面临的危机和出路。

许振洲认为，“黄马甲运动”反映的不是法国民粹主义的泛起，而是代议制民主的危机：作为这个制度支柱的各传统政党、工会、主流媒体等政治中介物，未能及时体察民意、整合民意，将民众的诉求引导到正常的代议制机制中进行回应处理。“黄马甲运动”是否标志着法国政治生活的一种新形式、代议制民主的一种补充乃至替代，仍有待观察。

一、“黄马甲运动”始末

作者关注了“黄马甲运动”以下三个方面：

一是“黄马甲们”的社会构成和政治倾向。“黄马甲们”并非一群极左或极右分子，或是种族主义者、排外分子。真正的主流是那些最低工资领取者、非全职工作者、社会救助金受益者、退休者，还包括相当一部分自由职业者乃至小型企业的经营者，换句话说，是“人民”。

二是如何评估运动中的暴力行为。从总体上看，“黄马甲运动”的基色不是暴力，参加者的主流也不是打砸抢分子，尽管其间确实有暴力的片段。是传统主流媒体的渲染让这场运动看起来充满了暴力。

三是“黄马甲运动”延烧的原因。燃油税只是导火索。它的真正根源是法国下层阶级普遍的绝望、不满与愤怒。同时，法国又充满酷爱平等的独特政治传统与政治文化。因此，在燃油税的问题解决后，运动反而愈演愈烈。

二、政治意义——代议制民主的危机

“黄马甲运动”标志着法国的代议制民主在整体制度上出现了危机；传统的政党和政治团体失去了影响力，失去了人民的信任，尤其是不能再正常发挥其政治功能，代表民意，引导民意。

代议制民主在本质上仍是一种精英政治，只不过是经过民众批准、选择的精英制，或者说是一种精英-民主的混合政体。它并没有改变政治即权力的本质，即统治/被统治、支配/被支配。现代政治在本质上是一种政党政治。政党是政治体制中的次级权力，理应是体制中的轴承、润滑剂和传送带，沟通着统治者和被统治者。

作者从政治学的角度观察，比较 1968 年的“五月风暴”和如今的“黄马甲运动”，得出一个共同点：两场运动均脱离了传统政党、政治组织、工会、政治领袖的影响，政治精英严重缺位。“黄马甲运动”是一场危机，而且带有制度危机的色彩：民众已开始怀疑现行的政治体制，不再相信他们的诉求与利益能够得到政治精英、政治中介团体的体察、整合与代表，进而在决策层面进行体质内博弈，使问题得到解决。

但这还谈不上法国代议制民主的终结或政党的终结，代议制民主在短期内也不会被取代。但它确实受到了挑战。与之平行或至少是其补充的新的民主因素与形式已崭露头角；新的次级权力的出现或干脆是次级权力的退场亦不再不可想象。不过这还不是意识形态、合法性基础的危机。“黄马甲们”追求的是真正的民主。

三、思想内涵：叶公好龙式的民主主义者不可取

在对“黄马甲运动”的诸多批评中，最为常见的是批评其为民粹主义。但作者认为，民粹主义的概念值得人们认真定义。是民意没有通过“正确的”途径加以表达构成了民粹主义？是“后果”不好的群众运动意味着民粹主义？还是民粹主义本身构成了民粹主义？不顾民主的含义而简单笼统地批评民粹主义，实际上反映的经常是精英对民众的蔑视。

人类政治史上的一条主线是平民与精英的力量与利益的博弈，而强调和谐、平衡的中庸原则为正道。法国现行的代议制民主体制也符合这一原则。但在发展过程中，不仅行政权始终为精英牢牢掌握，议会、政党也逐渐精英化，并且精英们一直在追求强化自己的优势地位。精英和大众的隔膜日益加深。政治机制出现了问题，上下阻隔，政治中介失灵。人民只能通过其他途径提出自己的诉求。

作者指出，我们不应以批评民粹主义为借口批评法国民主。人们在批评民粹主义的同时，也应当警惕法国政治中的寡头化危险，警惕“精粹主义”倾向。在代议制运行良好的时候，也应该拓宽平民意志的表达渠道。而在政治中介团体失灵时，真实民意的反映受阻，政治精英化的倾向加剧，便意味着更应着意设计其他的向平民倾斜的机制，而不能成为叶公好龙式的民主主义者。

（整理/张翩翩）

评估伊朗对于美国极限施压的反制

［**编者按**］ 特朗普政府将极限施压作为推行其外交战略的主要政策工具，并将伊朗作为该政策的重点对象，意图通过极限施压迫使伊朗妥协。面对特朗普政府的极限施压，伊朗积极反制，努力在政治外交上化解孤立、在经济上反击制裁并在军事和战略上突破遏制。上海国际问题研究院西亚非洲研究中心副研究员金良祥在《现代国际关系》2019 年第 11 期上发表文章《评估伊朗对于美国极限施压的反制》，分析了伊朗采取的反制措施及其缘由，提出伊朗对美国的反制不仅关乎双边关系，也将对其他受压对象产生积极影响，并有助于国际支付体系的多元化。

一、极限施压与强硬反制

作者将美国对伊朗的极限施压与伊朗的积极反制分为三个方面：一是在政治外交领域，伊朗通过多边机制外交活动，争取到国际社会对伊核协议的支持与对伊朗遭受制裁的同情。二是在经济领域，伊朗力争扩大石油出口，并探索独立于美元体系的贸易结算通道，与多个经济体达成了不同形式的本币结算协议。三是在战略领域，伊朗通过在叙利亚、伊拉克等地加强军事存在和经济参与扩大影响力，并利用其地理优势在霍尔木兹海峡进行了一系列的军事和外交行动，试探出美国没有对伊使用军事手段的政治勇气和决心。通过一系列积极反制，伊朗化解了被孤立的压力，一定程度上缓解了美国经济制裁的影响，反映了伊朗应对霍尔木兹海峡复杂形势的能力。

二、伊朗反制的必然性

伊朗对美国的极限施压进行全面反制的行为并不是偶然选择，而是基于历史与现实因素作出的必然选择。作者认为伊朗强硬反制有三个方面的原因：一是伊朗独特的战略文化，波斯帝国的辉煌过去、漫长的屈辱历史，以及什叶派反抗强权、追求公正的宗教文化，塑造了伊朗独特的民族文化，这注定了现代伊朗将大国雄心、受害者心理和反抗强权文化集于一体，构成其反制极限施压的情感动力和思想源泉。二是伊美历史恩怨的教训，自伊朗伊斯兰革命以来，受美国国内反伊势力以及犹太社团等利益集团影响，每当伊美关系即将转圜之际，美国对伊政策便会急剧逆转。特朗普政府退出伊核协议使此前双方改善关系的努力前功尽弃，这使伊朗更多的政治精英进一步丧失了对改善伊美关系的信心。三是特朗普政府追求的目标超过了限度，特朗普政府对伊政策的许多要求没有国际法基础，美对伊朗在一些方面进行绝对化限制的企图远远超过了主权国家所能接受的限度，在实践中也不可能行得通。不同于商业谈判中的相互妥协，国家在交往中涉及主权和安全等国家核心利益时是无法让步的。

三、伊朗反制的战略影响

作为地区大国的伊朗对全球性超级大国美国的反制必然造成多方面的深刻影响，包括打击奉行单边主义政策的美国在中东地区的威望、加速作为地区大国的伊朗的战略转向等，其中关涉美国的影响更具有深层性且牵涉面较广。

1. 伊朗的反制增强了国际社会抵制美国极限施压的信心

特朗普上任以来，美国屡次使用极限施压作为推行外交政策的手段，这对国际秩序产生了重大的破坏性影响。伊朗的反制作为国际社会抵制美国极限施压的重要组成部分产生了一定示范作用，尤其让一些中小国家看到了抵制美国极限施压的积极前景，有利于国际社会形成抵制极限施压的政治氛围。

2. 伊朗的反制增强了欧洲相对于美国的独立性

伊朗加强对欧外交，可以利用欧美分歧，将落实伊核协议的压力转嫁给欧洲国家，促进了欧洲国家以及欧盟对美国盟友的独立性。这有利于欧盟和欧洲国家作为一支独立的力量在国际上发挥建设性作用，也有利于国际社会共同抵制美国的单边主义行为。其影响不仅体现在伊核和伊朗问题上，也将外溢到诸多其他国际问题上。

3. 伊朗的反制为国际支付体系的多元化注入了新动力

美国长期将美元及其独特地位工具化，时常以切断美元的结算通道作为手段服务于其政治目的，对现行国际经济秩序造成了极大伤害。伊朗是美国利用美元霸权地位实施制裁的最大受害者之一，为此伊朗把建设独立于美元的对外贸易支付手段作为反制措施。尽管现有的贸易本币结算通道未能满足伊朗突破经济制裁的需要，但符合国际社会关于国际贸易支付体系多元化的强烈要求，未来可望能够发挥越来越大的作用，其探索本身便是对全球贸易支付体系多元化的贡献。

伊朗不是唯一遭遇特朗普政府极限施压的国家，却是作出最强硬反应的国家之一。伊朗的强硬反制能够奏效的原因，既在于伊朗的主动积极应对，也在于特朗普政府的单边主义政策在国际上触发了众怒。特朗普政府以一己私利和单边主义为基本出发点的极限施压，在道义和法理上是脆弱的。同时，对多个国家实施极限施压能否成功取决于各个国家的应对方式，如果极限施压的对象都选择妥协或者消极应对，那么它们将会被各个击破；相反，如果极限施压的对象都选择强硬反制，那么极限施压的对外战略将会彻底瓦解。因此金良祥认为，伊朗强硬反制政策的积极意义值得肯定。

（整理/桑英轩）

伊朗与现代世界格局

[编者按] 2019年5月以来，海湾地区局势持续紧张。美伊冲突升级是引发海湾地区不稳定的主要根源。美伊关系以伊朗伊斯兰革命作为转折点，因此分析伊朗伊斯兰革命对于解释美伊关系及美国的对伊战略至关重要。“自由与独立”是伊斯兰革命文化中最为主要的因素。要取得自由和独立，就必须对内摆脱独裁主义、对外摆脱霸权主义势力的枷锁。显然，对外摆脱枷锁的过程让伊朗正持续付出沉重的代价。但毫无疑问，1979年是中东历史具有关键意义的一年，它预示着宗教开始以积极的形态回归中东政治。宗教是伊斯兰世界现实政治问题中的重要变量，亦成为中东地区政治中不可忽视的要素。当前中东地区内部复杂混乱的竞争局面及大国对地区安全问题的频频介入，使得中东地区的“安全”议题总是压倒“发展”议题。在西方国家长期在中东实行“去工业化”政策的影响下，很多中东国家缺乏工业化战略、工业化实践和积累。所以，中东国家要真正走出动荡的泥淖，需要大力发展劳动密集型的制造业。然而，发展制造业需要相当的资金、技术和经验，中东的人口大国往往缺乏这些条件。因此，中东的很多国家对中国的“一带一路”倡议非常关注。本文从《文化纵横》期刊中摘取了王宇洁、吴冰冰和唐志超三位学者撰写的文章，首先探究伊核问题的由来，其次分析导致美伊冲突的一个关键的历史性原因，最后通过分析博弈各方的利益诉求，试图寻找中东国家走出泥潭的可行路径。

一、伊朗核问题本质上是美伊关系问题

伊朗在伊斯兰革命前处于巴列维王朝统治时期，属君主专制政体。那时巴列维国王致力于建立一个以西方国家为样板的世俗国家。由于该时期伊朗的政治逻辑与西方社会相同，加之伊朗拥有当时中东地区最好的武器、庞大的军队和巨额的石油收入，这个中东国家便被美国视为海湾宪兵。20 世纪 50 年代，伊朗开启核能源开发活动，并得到了美国及德国的技术支持。然而，1979 年伊朗伊斯兰革命后，美伊关系由盟友转向了敌对，美国对伊朗核发展计划的态度也随之发生逆转。冷战后，伊朗重启核计划，引发美国强烈关注。“9 · 11”事件后，伊朗问题及其连带的大规模杀伤性武器问题在美国国家安全战略中的地位持续上升，伊朗核问题开始上升为美伊关系中的主要矛盾。此后的美伊关系可谓一波三折。〔1〕

奥巴马时期，为加速美国全球战略调整，积极实施“亚太再平衡”战略，美国政府开始缓和与伊朗的关系并加速伊核问题谈判，以便摆脱“中东泥沼”，将精力聚焦于中国及亚太地区。2015 年伊朗核问题全面协议（JCPOA）的生效标志着困扰中东地区多年的伊朗核问题终于告一段落。然而，在 2017 年特朗普总统上台后，美国对伊政策重回强硬路线。2018 年美国退出伊核协议并全面恢复对伊制裁，这使得伊核问题再度升温，中东地区局势再度紧张。

美伊关系从巴列维王朝时期的盟友转变为伊斯兰革命后的敌人，究其原因，需要从伊朗伊斯兰革命这个重要的时间段中寻找答案。

二、伊朗的另类现代化路径

20 世纪后期以来，伊斯兰复兴运动的发展给人带来的误解是“伊斯兰世界的大多数现代国家在建立之初就天然倾向于具有强烈宗教色彩的发展道路”。事实上，推动这一地区社会变革的动力通常是部落贵族或军事寡头的政

〔1〕 唐志超：《伊朗核问题的大国博弈及其影响》，载《文化纵横》2019 年第 8 期。

治需要。这种需求与穆斯林大众的群众性运动、穆斯林知识分子的现代主义主张相结合，外加大国的默认或干预，综合促成了中东现代民族国家的产生。由宗教领袖组织和领导的宗教力量不同程度地参加了中东地区各民族国家的建立过程，但并没有发挥主导作用。现代伊朗国家的建立过程亦是如此。[1]

1921 年，伊朗哥萨克师将领礼萨汗（Reza Khan）在英国的支持下发动政变。1925 年底伊朗立宪会议宣布礼萨汗为国王，礼萨汗以古代波斯的强盛王朝巴列维作为自己家族的姓氏，巴列维王朝就此开始。在巴列维王朝 50 多年的统治时间里，国王均致力于建立一个以西方国家为模板的世俗化国家。这使得影响伊朗地区上千年的伊斯兰教的社会影响力逐渐弱化。然而，正如亨廷顿所言，在现代化过程中，君主制国家的政治体制往往会陷入一种“根本性困境”，一方面必须集权于君主以推进社会与经济改革，另一方面集权却使得扩大传统政体的权力和吸收现代化所产生的新集团变得更为困难。这便是巴列维王朝面临的困境。最终，该王朝在经济下滑和社会自由化的过程中走向了终结。

在很多人看来，世俗化是现代性不可避免的结果，宗教影响逐渐淡出历史舞台似乎已是人类社会默认的发展趋势。但是，被美国视为海湾宪兵的巴列维王朝却被一场以宗教为旗帜的革命推翻了。这场从世俗到宗教的革命，不同于 20 世纪中期中东地区频频出现的政变，因为它与 20 世纪西方社会的政治逻辑和政治推断完全相悖——这场革命撕裂了似乎早已注定的历史脉络和惯常认知的因果链条。1979 年，伊朗伊斯兰共和国，一个“纯粹伊斯兰”的政体在中东确立。《伊朗伊斯兰宪法》以宪法的名义确保了伊斯兰原则对国家的指导，并宣布伊斯兰教是共和国的基础，绝对主权属于真主。该宪法还确立了三权分立制度，不同于西方的是，该制度由宗教学者领导、宪法监护委员会监督，本质上是伊斯兰的民主体制，是宗教性的民主——“它让人民根据宗教思想参与国家的建设，决定国家的未来命运，在这一思想体系中，人民就是国家的主人”。

“自由与独立”是伊斯兰革命文化中最主要的因素。要取得自由和独立，

---

〔1〕 王宇洁:《另类现代化：伊朗革命四十年》，载《文化纵横》2019 年第 4 期。

就必须对内摆脱独裁主义、对外摆脱霸权主义势力的枷锁。显然，对外摆脱枷锁的过程正让伊朗持续付出沉重的代价。西方学术界的“伊斯兰例外论”再次获得广泛的认同，在这种观点看来，伊斯兰世界诸多国家缺席民主化浪潮，原因就在于伊斯兰教。因此，从20世纪末到21世纪初，一方面，美国在伊拉克战争后推行大中东民主计划，但即使被解读为“民主反对独裁”，2011年以来所谓“阿拉伯之春”的系列政治动荡使得中东局势至今不稳定，这显示出民主转型方式在该地区的不适应性。另一方面，奉行伊斯兰式民主的伊朗政权一直在“伊斯兰”民主制度的道路上不断探索完成了革命后的过渡，实现了政治稳定，并开始以自己的方式推动社会发展。随着中东时局的变化，对于伊朗革命及其实践的评价也在悄然发生变化。越来越多的人开始反思西方的社会政治发展模式是否是唯一正确的选择。

1979年是中东历史甚至是世界历史中具有关键意义的一年，它预示着宗教开始以积极的形态回归中东政治。宗教似乎没有按照人们的预想，从当代人的政治视野中消退，相反，却成为伊斯兰世界现实政治问题中的重要变量，亦成为中东地区政治中不可忽视的一股旋律。

三、现代世界格局变迁中的“伊朗问题”

中东地区内部复杂混乱的竞争局面及大国对地区安全问题的频频介入，使得中东地区的“安全”议题总是压倒“发展”议题。在西方国家长期在中东实行“去工业化”政策的影响下，伊朗仍以极强的韧性和自主性，坚持推进工业化，建成了较好的工业基础，成长为地区不可忽视的政治、经济力量。[1]

中东地区存在多层竞争结构，且伊朗在其中处于特殊地位。伊朗和土耳其是中东地区两个最具潜力的大国，构成该区域内部第一层次上的竞争，以争夺伊斯兰世界的第一大国为主题。但这种竞争是有限的和非对抗性的，土伊双方在保持外交互动、贸易往来的状态下，将竞争主要集中在叙利亚危机

〔1〕 吴冰冰：《现代世界格局变迁中的“伊朗问题”》，载《文化纵横》2019年第4期。

上。伊朗与沙特的竞争构成第二层次上的竞争。此为全面的对抗性竞争，并非单纯的教派间的矛盾。第三层次的竞争发生在亲穆斯林兄弟会力量和反对穆斯林兄弟会力量间。其中，土耳其、伊朗、巴勒斯坦等国是支持穆斯林兄弟会的一方，而沙特、埃及、阿联酋等国则是反对穆斯林兄弟会的一方。两个阵营间的竞争在利比亚、叙利亚的冲突中都有体现。第四层次的竞争发生在阿拉伯国家内部。2015 年萨勒曼国王上台后，沙特开始了比较剧烈的转型。在国内政治体制中，权力向萨勒曼国王和王储穆罕默德·本·萨勒曼集中；在对外政策上，出现了“萨勒曼主义”倾向，即主动出击，在地区问题上采取进攻性的外交政策。

地缘政治竞争构成大国博弈的中心议题，而这反映了“后美国时代”新的中东地缘政治秩序。当前背景下，伊朗核问题的解决不仅取决于美伊间的博弈，也与国际社会能否制定一个地区性集体安全解决方案密切相关。从美国目前对伊朗恢复全面制裁的行动来看，特朗普的伊朗政策与其全球战略及中东政策有着内在矛盾。因为美国并不希望再次陷入中东泥沼，但由于伊朗的强势态度，美国政府又不得不维持其强硬政策。从伊朗方面看，本质上伊核协议对其有利。因为该协议有助于改善伊朗的外部环境，缓和其与西方世界的关系，最终维护伊朗的发展利益。所以伊朗目前的政策目标主要是维护伊核协议，与欧盟、俄罗斯和中国保持合作，避免遭遇国际孤立和政权动摇。欧盟和俄罗斯在伊朗也有着重要的经贸能源利益，加之“阿拉伯之春”带来的动荡给欧盟造成了巨大的负面影响，以及俄罗斯希望在目前海湾地区存在权力真空时谋求一席之地，双方便在政治立场上倾向于与伊朗共同维护伊核协议的有效性。

中东地区当前处在剧烈而深刻的转型进程之中。在地区层面，是地缘战略格局的重构；在国家内部层面，是民族国家的建构和再建构过程。特朗普对伊朗采取的政策标志着美国又回到了一直以来的中东战略理念，即以“安全”为理由建立一种“集体安全”的区域秩序。但这种秩序以牺牲“发展”需求为代价。此外，西方国家长期在中东实行去工业化政策。此种长期延续的去工业化政策，使得很多中东国家缺乏工业化战略、工业化实践和积累。因此，维持中东国家基本的政治、军事和安全架构，制定符合国情的经济发展战略和切实可行的经济发展规划，是中东国家强有力的国家能力建设的两个基本要素。对中东国家而言，要真正走出这种动荡的泥淖，就需要大力发展劳动密集型的制造业来吸纳青年就业，这实际上是这些国家最迫切的诉求。然而，发展制造业需要相当的资金、技术和经验，中东的人口大国往往缺乏这些条件。因此，中东很多国家对中国的“一带一路”倡议非常关注，期待能将自身的发展战略和“一带一路”实现对接，因为这对很多中东国家而言，无疑意味着一个摆脱动荡泥淖、实现有序发展的重要机会。

（整理/张塽多）

中美关系中的竞争与合作

［编者按］ 2019年2月24日，第七轮中美经贸高级别磋商结束，中美双方同意继续延长磋商的时限，在该期限内，不提高关税的税率。本轮经贸磋商的最大看点是：中美从有限的对抗转向了真正的对话，从态度上的"相向而行"转向目标上的"积极争取"。中美关系向何处去，通往未来的线索常常就隐藏在历史和现实之中，正如丘吉尔所说："往回看得越远，往前才能看得越远。"针对中美关系的未来走向，王湘穗、郑永年等学者在《经济导刊》、"爱思想网"、"博客中国"等媒体发表了评论，认为应当结合中美建交后的40年历史及两国所处的现实环境，分析两国的区别与联系，在此基础上方能做出合理判断。

一、斗与合的变奏

首先，寻求合作是中美关系的开端与纽带。冷战时期，基于共同的安全关注，中美两国由敌对走向合作。第二次世界大战后，美国建立了由其主导的全球政治经济体系，20世纪后期，美国经济开始从实业转向金融，而中国开始实行改革开放的基本国策。当时，在美国主导的全球经济体系中，主要从事制造业的中国处于产业链低端，而美国则处于产业链的高端，这种由美国主导的因垂直分工而形成的互补型全球经济结构，成为40年来中美关系的基础。这种不平等的合作关系，是历史因素和两国力量差距所造成的现实。中美建交40年来，寻求合作一直是发展中美关系的重要目标。

其次，斗争与博弈是中美关系的基调。过去40年间，中美两国在经济上同属于美国主导的全球体系之中，中美之间是博弈式的共生关系，博弈的焦点在于美国是否尊重中国主权以及能否保持促进中国经济发展的利益分配。[1]

二、现实存在的冲突

当前中美关系面临的严峻挑战，一方面有经济与安全利益之因，另一方面也源于二者冲突的政治价值观。

首先，经济与安全利益是美国调整对华战略的基点。从当下的国际生态来看，2008 年金融危机爆发后，美国主导的全球虚拟资本主义体系遭受重创，美国的制造业提供的利润无法达到金融资本的需求水平，原有的美式全球化体系已难以为继。从内政上看，由于美式全球体系无法解决国内的利益分配问题，导致美国社会严重的两极分化。内政是外交的基础，“回归实业”便成为美国政府的重要政策。但恢复实业是一个漫长的过程，为了缓解国内严重的经济对立和政治冲突，向外特别是向中国转移国人怨愤与转嫁危机，成了美国政客的基本策略，因为中国是当今世界最大的工业制造国，也是世界实际财富增长的主要贡献者。[2]

其次，中美双方的价值观也存在巨大的不同，透过不同的价值观可以看出中美两国对国家核心利益的不同看法。从历史上发生的许多政治事件中，中国看到了西方世界以牺牲他国的政治秩序和稳定为代价干涉他国内政，强行推行民主、自由等所谓的普世价值观。因此，这实际上触碰到了包括中国在内的一些国家认为的核心利益，进而造成了分歧。

一旦利益分歧与难以妥协的价值观相结合，中国和美国更有可能变成长期的战略对手。[3]

三、对中美“性格”之分析

新加坡国立大学东亚研究所所长郑永年提出，美国社会是一个危机感驱

〔1〕 王湘穗：《斗与合的变奏——中美关系的历史、现实与未来》，载《经济导刊》2019 年第 2 期。

〔2〕 王湘穗：《斗与合的变奏——中美关系的历史、现实与未来》，载《经济导刊》2019 年第 2 期。

〔3〕 王缉思：《共同的利益，冲突的价值观》，载爱思想网，http：//www.aisixiang.com/data/115071.html，2019 年 3 月 14 日。

动的社会，而中国社会是一个危机驱动的社会。自从美国卷入世界事务、成为世界独一无二的领导者之后，美国一直充满危机感。美国的“威胁”并不局限于像苏联集团那样公开称自己为美国的“敌人”的国家，也包括美国的“盟友”。1980年之后，随着德日的崛起，美国意识到两国的制造业将对其构成“威胁”，于是便同德日进行了贸易战。而近年来，美国的国家安全报告公开地把中国和俄罗斯列为美国的主要对手，二者中对美国的真正“威胁”来自于前者。

美国的危机感可从如下几方面进行分析：首先，自独立战争胜利以来美国便一直具有征服感，这种征服感表现于向内包括西部开发、进步社会等，向外则转化为美国势力范围的不断扩展。其次，冷战结束后，美国成为世界上独一无二的霸权国家，保持经济力量最高端是稳定其国家实力的根基。最后，美国善于将其所认为的外在威胁转化为国内社会的危机感，从而为自身行动披上正当性的外衣。

与美国相比，中国的危机感没有如此强烈，这与中国的文化传统有关。郑永年认为，中国文化只有“变化”的观念，但不具有“进步”的观念，前者是适应外在环境，后者则是改变环境，这也是为何火药在中国被用来放烟花，指南针被用来看风水。对中国社会的大多数人来说，只要过得去，就没有去“折腾”的动力。除此以外，国家体量大与缺乏有效表达“危机感”的机制也是中国危机感不易表现出来之原因。由于中国国家大，一般小的、个别的危机难以影响到整个国家，且中国媒体对于新闻的选择恰好不同于美国媒体“不是负面消息就不是新闻”的观念。因此，从国家体量、国家传统及传递机制上分析，中国的危机感没有美国那么强烈。[1]

四、正确认识竞争是作出有效判断的前提

南京大学教授朱锋认为，国际关系中利益竞争是永恒的主题，而这种竞

---

〔1〕 郑永年：《美国人为什么有强烈危机感?》，载博客中国，http：//zhengyongnian. blogchina. com/819821711. html，2019年3月14日。

争的手段需要道义与规则的包装。单极体系是对霸权国家缺乏有效的外在权力制衡机制的国际体系，是国际系统中权力分配失衡的体现。从这个意义上说，霸权地位导致了美国在各种国际议题上的权力滥用。在这种国家体系中，霸权国家是所有国家崛起和强大的“天花板”。然而，在这一现实的基础上，还有一个发展规律必须明确，即国家间权力再分配所产生的新的权力结构，一定会带来国际体系和秩序的变更。

美国是中国崛起过程中将长期面临的、最大的国际体系性的限制因素，但并非中国的成长就不能跨越美国因素。如果一个国家是另一个国家发展的“天花板”，根本原因不是国际竞争和他国施压的存在，而是自身竞争能力无法及时和有效地成长与壮大。国家间的竞争是一个长期的、历史性的进程，需要战略耐心、战略意志和战略成熟，缺乏长期的、有效的、以自身进步和变革为导向的战略选择，才是一个国家成长期面临的“天花板”。将国家间关系视为三四十年就可以导致国际体系中权力的再分配，或有点实力就想“赶超”，都是战略上的短视。国际关系历史曾证明，战争是改变国家间权力变更的一种手段，但试图通过战争来改变“天花板”的国家努力，不仅会遭到历史的唾弃，而且绝大多数都会以失败而告终，更给本国人民、周边和世界带来沉重的苦难。

朱锋提出，竞争产生动力，竞争更产生活力，畏惧竞争和误对竞争，才是我们最需要突破的“天花板”。在面对美国开始把中国视为“同一级别的竞争者”时，我们面临的压力越大，我们自身调整与创新的内在动力就需要越发充沛和坚定。大国成长注定是在特定权力结构主导下、在国际体系内竞争与合作历程中的成长，这个过程注定漫长并充满煎熬。中美关系仍然需要竞争与合作的双向进程。[1]

（整理/张璵多）

---

〔1〕 朱锋：《国家发展的“天花板”究竟在哪？》，载爱思想网，http：//www.aisixiang.com/data/115084.html，2019年3月14日。

美国对华政策演变之动因分析

［编者按］ 近年来，美国国内持续进行着一场对华政策大辩论，辩论的核心议题是：自1972年中美关系正常化起，美国的对华政策是否失败了？这场辩论受到关注的原因是，中美两国的实力对比连同各自的战略选择出现了显著变化。总体而言，美国的对华政策一直以来都是地缘政治与国内政治两种逻辑共同作用的产物。自奥巴马政府执政起，中美两国关系便步入了战略竞争时代，地缘政治在美国对华政策制定中的重要性再次突显，并成为未来中长期中美战略互动的决定性变量。在这一宏观背景之下，从本质上讲：不同时期美国对华政策连同中美战略竞争的主题是由美国国内政治所界定的。因此，分析美国对华政策之走向，需要从宏观和微观两个层面展开讨论。本文选取了王浩和张一飞两位学者的文章，分别刊载于“爱思想网”和《国际经济评论》。首先，文章从国家核心利益的角度分析了目前中美关系竞争与合作所处的新环境；其次，从宏观角度分析了中美关系“压舱石”的演变，这是影响美国对华政策的外因；最后，从美国国内政治的角度分析了美国对华政策演变的内因。

一、战略竞争时代中美关系的新背景

1949年以来，美国对华政策主要经历了三个阶段的变化。从1949年到1971年，美国对华政策表现为遏制；从1972年到2008年，多边主义的国际规则约束成了美国对华政策的主题；而在特朗普总统执政后，美国对华政策的焦点开始从国际秩序议题转向双边经贸议题，其现实主义和反多边主义取向使得中美博弈的重心由多边制度竞争演变为双边经济竞争。[1]

促成美国对华政策变化的原因之一，是美国对自身国家核心利益的界定。在冷战时期，安全是美国首要的核心利益，此时，美国制定对华政策的核心逻辑来自地缘政治，其最终目标在于遏制苏联扩张带来的安全挑战，进而维护美国的全球战略优势。冷战结束后，经济取代了安全，成为美国最重要的核心利益，出于对中美经济互补关系的考虑，美国采取了接纳中国参与重建国际体系的政策，以增强自身的国际领导力和秩序的稳定性。简而言之，美国对华战略的基础，在冷战时期是地缘政治，在冷战后初期是其国内政治。然而，自2008年全球金融危机爆发以来，世界政治、经济和安全格局发生了深刻的变化，这使得美国很难再对自身核心利益进行明确和稳定的排序。这也是美国所面临的战略难题之一。中国在经济、安全与维护既有国际秩序稳定等美国最为关注的国家核心利益上，都与之形成了合作与竞争并存的关系，可以说，中美关系进入了战略竞争时代。

在战略竞争时代，中美关系的基本特征是：美国逐渐将中国视为其在各领域的战略竞争者。与此对应的是，地缘政治的战略制定逻辑又开始逐步取代冷战结束后占据主导地位的国内政治逻辑，成为未来美国制定中长期对华战略的出发点。

二、中美关系“压舱石”的演变及现状

所谓“压舱石”，指能够在危机中维持两国或多国关系稳定的某一问题领域中的国家间均衡关系。在中美关系中，经济关系是长期性压舱石，但目前正在国际结构作用下面临消解；与此同时，恐怖主义、金融危机等非传统安全的阶段性压舱石也早已在问题领域陈旧化和常态化的过程中不复存在。中美关系压舱石的演变及其现状是美国对华政策变化的外因。[2]

---

〔1〕 王浩：《从制度之战到经济竞争：国内政治与美国对华政策的演变（2009—2018）》，载爱思想网，2019年5月5日。

〔2〕 张一飞：《改革开放以来中美关系“压舱石”的演变进程、内在动力与未来走向》，载《国际经济评论》2019年第2期。

从客观方面讲，中美两国经济结构在很长时期内是互补的。在2008年以前，中美都在日益加快的经济全球化进程中获得了较多的国际分工利益。美国作为成熟的经济体和世界上最大的发达国家，在技术创新与应用方面始终走在世界前列，其比较优势多于中国；而中国的比较优势主要集中于低技术产品或高技术产品的劳动密集型环节上，在长期的经济互补关系中，中美两国发挥比较优势，带动了各自国内社会的深层次变化。从主观方面讲，中美两国世界观的变化很大程度上发生了重合。第二次世界大战后，美国不遗余力地从旧时代“帝国主义的美国”向新时代“世界主义的美国”转变，其希望将战略视角从“按照自己的构想改变世界”转向“根据世界改变自己”；与此同时，中国更是积极地从“孤立于世界的中国”向“积极融入世界的中国”转变。因此，在过去很长时期中，中美两国的发展目标在很多方面是同向的。然而，随着中美两国的进一步发展，经济关系这个“压舱石”地位的重要性开始逐渐弱化。经过四十多年的发展，中国已从农业国转变为工业国，其产业结构的调整使得中美两国的产业互补比例下降；同时，特朗普执政后，美国的世界观正从“世界主义的美国”向“帝国主义的美国”倒退，其所提出的“美国优先”的对外政策与中国构建人类命运共同体的当代世界主义格格不入。正是主客观方面的变化，使得经济关系这块长期性的“压舱石”地位在当下的中美关系中开始逐渐消解。

与维系长期性“压舱石”地位的原因不同，决定中美关系阶段性“压舱石”地位的主要是三种外部恐惧：国际结构发生变化引发的恐惧、国际安全中新生事物造成的恐惧以及全球化建构的恐惧。然而，随着这三种外部恐惧的消失或稀释，中美关系阶段性“压舱石”也就随之消解。首先，目前出现了国际结构向有利于中美某一方的方向倾斜的现象。苏联解体的客观结果使国际结构出现了“一超多强”的局面，美国的结构压力转变为结构优势，这使其在主客观两方面都失去了与中国合作的基础，进攻性现实主义取代防御性现实主义成为美国对华战略的主流。中国方面则继续保持其韬光养晦的一贯风格，在美国耗散实力的过程中不断积蓄实力。这种双方主观世界的动静状态是导致中美实力差距相对缩小的原因之一。其次，国际安全中的新生事物明晰化。随着关于恐怖主义的想象力被不断证明和证伪，恐怖主义威胁行动力的底线和上线逐渐被主要大国探明，各国反恐机制运转有力。尽管恐怖主义仍然猖獗，但就主观压力而言，已经远不如2001年之后的几年里那般巨大。最后，全球性恐慌常态化。2008年金融危机并不是新生事物，因为人类在此以前已经经历过多次金融危机，虽然这次金融危机给世界经济发展蒙上了巨大的阴影，但人们对于其产生原理和作用方式更加习以为常，各国政府深知不改变目前主要资本主义国家的经济发展模式和政治制度构成，经济危机必将周期性地出现，这种对经济危机规律的认知是造成当今世界大部分国家回归保守主义倾向的重要原因之一。当某种问题领域中的压力出现常态化趋势，且中美两国对该压力所产生的破坏力有足够心理预期和预备手段时，此问题领域的重要性便下降。

如此看来，旧的“压舱石”已经随着国际结构的演变而出现了消解的趋势，在有可能到来的“0压舱石”时代，美国很可能回顾上一个中美关系没有“压舱石”的时代，即20世纪五六十年代，也是中美因意识形态和地缘政治而冷战热战的时代。与美国不同的是，中国主要回顾的是改革开放以来中美存在“压舱石”的历史，并从中寻找合作型智慧，这不仅发乎中国的文化本心，也合乎人类历史进步的方向。

三、国内政治与美国对华政策的演变

国内政治之所以在美国对华战略制定过程中开始发挥日益重要的作用，一方面是源于冷战后国际体系和国际结构单极化，另一方面则是源于美国国内政治结构越来越趋向两极化。这两方面的因素使得民主、共和两党在包括军费开支、贸易政策、海外干预及国际合作等美国对外战略的各个主要领域中，都难以达成有效的共识和妥协，党争随之从国内公共政策领域扩展到对外政策领域。这一现象的出现，根植于两党政治精英所代表的政治联盟在对外战略方面截然不同的利益诉求，即在后金融危机时代，两党在“如何维护美国的全球地位”这一问题上给出了不一样的答案。[1]

就奥巴马政府而言，要维护美国的全球地位，就必须将主要资源用于国内建设，与之对应的便是降低对外战略成本，更多地运用自由主义、多边主义、盟友体系及国际制度的力量，维护既有国际秩序的稳定。这一战略取向本质上反映出民主党所代表的“东北部-太平洋沿岸”政治联盟的对外战略利益和意识形态诉求。就特朗普政府而言，其对外战略则根植于美国国内政治力量的重组，这一重组集中表现为：由民主党人构建的美国东北部政治联盟的重大分裂。一直以来，这一联盟都是由新英格兰、中大西洋与五大湖区的“铁锈带”三部分构成，但以白人蓝领阶层为主体、以传统制造业的“铁锈带”各州在2016年总统大选中几乎全部倒向共和党，这一现象使美国政治在冷战后两党极化的基础上出现了共和党内部的分裂和极化，即衍生为一种“双重极化”结构。

特朗普政府执政以来，其对外战略的整体取向——反全球化与经济民族主义，在对华政策中主要聚焦于双边层面的经贸议题。具体而言，特朗普政府致力于实现三方面的战略诉求：一是增加对华出口、减少贸易逆差；二是运用关税手段削弱中国制造业产品的竞争力，推动解决美国国内与制造业相关的白人蓝领阶层的就业问题；三是打压“中国制造2025”，延缓中国产业升级和技术进步的进程，维护自身霸权。从国内政治的角度看，特朗普政府以经贸议题为抓手的对华政策所追求的根本目标是通过稳固核心政治联盟的支持，强化自身国内政治地位，最终推动完成一次有利于共和党的政党重组。为了实现上述目标，特朗普政府自执政起便不断力推以所谓“公平贸易”为旗号、以实用主义和结果导向为理念的对华经济民族主义政策。

（整理/张墺多）

---

〔1〕 王浩：《从制度之战到经济竞争：国内政治与美国对华政策的演变（2009—2018）》，载爱思想网，http：//www.aisixiang.com/data/116172.html，2019年5月5日。

美国研究视角下的当代中美关系

[编者按] 中美建交40年来，双边关系因实力消长发生了结构性变化。进入21世纪，中国的发展已经外溢出亚太周边，具有全球效应。中国和平崛起引起了美国各方高度关注。面对亚太地区存在所谓的“安全困境”，美国战略学界对于中国和平崛起的认知开始趋向多元化。在应对中美经贸摩擦研究中，美国学者对特朗普政府造成中美关系的恶化表示担忧，提出应对中国崛起和中美贸易摩擦的“巧竞争”战略。强调通过谈判解决关键争端，建立美国优势，与中国进行有效竞争，使其更好地符合美国建立的全球秩序。同济大学政治与国际关系学院教授仇华飞在《中国社会科学评价》第3期发表文章《美国学者研究视角下的当代中美战略关系》，带我们从美国内部视角来观察当前的中美战略关系，有助于我们了解美国学者的观点和主张。本文主要分为三个部分，第一部分总述美国学者对中国和平崛起态度的转变，第二部分是关于美国学者对中国提出的“构建新型大国关系”方案的看法，第三部分是对美国学者提出的“巧竞争”战略的解读。

一、对中国和平崛起的认知转变

纵观世界历史发展进程，不同于历史上既有大国的崛起，中国的崛起为国际社会提供了全新的发展模式，它不是通过传统的军事扩张、争霸或称霸，而是通过和平、渐进的方式，在与经济全球化紧密相连的进程中因势利导，走出了中国特色的富民强国的现代化之路。中国崛起对国际秩序的影响，已成为美国政界及中国问题专家们关注的重要话题。[1]

随着国际格局的不断演变，中国在世界事务中的作用日益凸显，西方世界对于中国的认知也趋于多元化，单纯遏制中国的战略选项已经受到根本性的质疑。这两年来，关于西方世界主动接纳中国崛起、考虑中国崛起对于世界的建设性意义的研究和观点越来越多。美国普林斯顿大学政治学教授约翰·伊肯贝里（G. John Ikenberry）认为，中国崛起并不一定会引发一场令人痛苦的霸权转变，美中权力交接可能与过去非常不同，因为中国面临的国际秩序与既往崛起国家面临的国际秩序有着根本性差异，中国不只是面向美国，它所面对的是一个以开放、一体化和规则为基础的西方中心体系，具有广泛而深刻的政治基础。在面对崛起的中国时，美国应记住，美国对西方秩序的领导恰恰在于能够提供影响中国作出重要战略选择的环境。如果华盛顿想保持这种领导地位，就必须努力加强支持这一秩序的规则和制度，使其更容易加入，甚至更难改变。

二、对“构建新型大国关系”的态度

总体上，无论是“知华派”还是“保守派”学者、美国中国问题研究专家对“新型大国关系”的话语表述都采取了比较谨慎的态度。美国中国问题专家对“新型大国关系”存在三种不同的观点：一是兰普顿、韩磊（Paul Haenle）等人认为，“新型大国关系”可避免中美陷入“修昔底德陷阱”，“中美通过增进在共同利益方面的合作来建立更具有建设性、更为积极的双边关系符合美国国家安全利益”。二是克罗宁等人对这一概念表示疑虑，认为“虽然这一概念有可能无法真正实现，但中美两国可能会更接近于一种合作大于冲突的双边关系”。三是卜大年、迈克尔·奥斯林（Michael Auslin）等人建议美国不要接受“新型大国关系”，认为美国无法确定中国是否会在崛起过程中始终秉承和平的理念，“新型大国关系只是中国安抚美国的举措”。

---

〔1〕 仇华飞：《美国学者研究视角下的当代中美战略关系》，载《中国社会科学评价》2019 年第 3 期。

美国学者从三个层面就如何构建新型大国关系进行了讨论。在全球层面，中国和美国应与其他国家一道，继续在目前缺乏规则的领域中寻求制订普遍公认的国际准则和指针，因为没有共同准则的领域更可能出现误解，这些领域包括海洋安全、网络空间和外层空间等。在地区层面，美国进步中心的约翰·波德斯塔（John Podesta）指出，美中应寻找机会协调地区活动。如美中应寻求与印度、日本或其他国家进行三边对话，这将有助于阐明各方意图以及建立亚洲各国间的信任。在国家层面，美中两国官员和专家需要就双边关系的重要性及实施新型关系，展开更为有效的对话，如双方应追踪“战略和经济对话”上的承诺并作出相应报告；美中应就朝鲜半岛无核化展开对话。朝鲜的核计划是一个重要和共同的安全挑战，这样的对话不是为了寻求对朝鲜核僵局的双边解决，而是要与六方会谈一道为确保朝鲜半岛长期和平与稳定的实用多边机制铺平道路。

三、“巧竞争”战略的提出

“巧竞争”战略（smart competition）是部分美国的中国问题专家提出的，强调应对美中经济关系的急剧变化需要一整套更广泛、更全面的规则来管理竞争。“巧竞争”战略的核心，是美国运用其全球的强大影响力，继续主导全球治理的各项规则和规范的制定，引导全球治理的各项议程朝着有利于美国的方向发展。

该战略提出，美中在贸易和工业政策方面的紧张关系已经持续多年，有两方面原因重塑了美中经济关系。第一，美中经济关系的基础正在发生变化。早些年，中国一般出口劳动密集型产品，从包括美国在内的合作伙伴那里进口技术和资本密集型产品，从而使两国成为复杂生产链的一部分。这种不同发展阶段的经济体之间的联系方式已被新的时代取代。这一变化需要加强规则以保障国际贸易和投资的公平性，并需要采取新措施确保美国国家安全不因技术能力的过度丧失而受到损害。第二，美中互为战略竞争对手。随着美国颁布新的法律，加强对中国和其他国家投资、出口尤其是敏感技术的监督，美中一些经济“脱钩”（decouple）现象已经发生。但是，虽然中国未来的增长速度不再像过去那么快，但另一个不太可能改变的因素是中国日益增长的经济实力。这种优势部分源于熟练的宏观经济管理和对基础社会、教育和研究及发展的有效投资；部分源于与全球经济的深度融合，使中国能够从国际市场和技术中受益。中国与世界其他国家的经济一体化将继续下去，因此，美国和中国经济的任何系统性“脱钩”都可能损害美国的国家利益。

此外，越来越多的经济问题涉及国家安全层面，导致美中经济关系中竞争“安全化”因素增强。美中之间日益增强的相互威胁感，可能引发任何一方的决定发展为公开的敌对。美国学者认为，没有一个简单的解决方案能够完全避免对有益中国的经济相互依赖性造成一些破坏，或对美国自己的创新生态系统造成一些损害。美国政府应采取一整套方法，寻求公私合作，并争取两党以一种明智态度提供支持，这种方法在维护国际安全和保持自己的经济和技术活力之间达到了平衡。

美国学者描绘了四个导致美国在全球体系中地位弱化的现象。第一，当今中国不仅全面参与现有的国际多边机制，而且正在创建许多新的多边机制，使其能够发挥前所未有的引领作用，并且作出积极贡献。第二，在特朗普政府的领导下，美国在国际体系中的作用比以前弱化很多，在某些领域，美国正在破坏现有的全球秩序。第三，当前的国际体系与不断变化的权力平衡之间存在着越来越多的脱节。第四，中国海外投资热潮在“一带一路”倡议的推动下，给中国提供了扩大全球影响的机会，增强了其塑造全球规范的能力。在某种情况下，基础社会投资会给美国带来直接的安全风险。

美国的中国问题专家在研究报告中称，他们有责任运用知识和经验帮助美中两国不至于走到敌对和对峙状态，美中在气候变化、健康、核扩散等全球重要领域解决具体争端和合作的大门不应关上。美中两国在发展水平、文化、价值观和政治制度方面存在巨大差异，但中国改革开放的道路和美国对中国改革的支持，“使两国建立并保持了相对和平的平衡”。未来美中关系的进程取决于两国能否恢复这种平衡，重新稳定在经济、外交和军事上既竞争又合作的双边关系，这是21世纪美中关系发展的合理取向。

（整理/张墺多）

超大型政治体的主体性“帝国”研究

［**编者按**］ 北京大学法学院强世功教授在《文化纵横》2019年第2期上发表文章《超大型政治实体的内在逻辑：“帝国”与世界秩序》。不同于以往的“帝国”研究，这篇文章是在新的超大型政治共同体与全球治理背景下重新对“帝国”和“帝国主义”进行讨论，并以此奠定新的跨区域、多元性治理和国际秩序新格局的理论基础。在超越旧有的“民族-国家”概念时，欧洲现代意义主权国家视野便不再适用。在探讨未来发展超大型政治共同体的可能性时，过去的历史与实践复杂性正是为今后的“世界帝国”建构提供了参照。作为人类必然的命运，迎接世界帝国时代的到来，我们需要考虑到帝国形态转换是一个漫长的历史过程。其中，中华文明重构与世界秩序重构更是一个相互促进的整体。

一、主权“话语”与帝国“实践”的悖论

当前，政治思想层面的主流话语存在着关于主权国家理论的“表达”与普遍的帝国政治“实践”之间的巨大鸿沟。这一鸿沟促成了对旧有“民族—国家”概念体系的反思，并提出了“帝国”概念来重新理解人类历史与现实政治。这里的“帝国”是指，普遍存在于历史中的超大型政治实体，既包含复杂的稳定秩序，也有追求普遍主义的哲学思想和政治努力。而今，从地方性文明到全球文明就是一部帝国形态的演变史。晚清时期，西方政治思想致力于构建“威斯特伐利亚体系”，将“文明国家”作为主权国家平等纳入国际秩序的建构中，从而形成了民族主义与国际主义的政治思潮。但问题在于，国际法维系的秩序始终按照帝国逻辑运行，不管是“半主权国家”，还是超主

权国家，围绕的都是帝国问题，即便是主权国家的活动，也是以帝国秩序为担保的。

二、人类文明的轴心时代：区域性文明帝国的形成

在历史演化中，小的地方性共同体向大的共同体演进，“同质性国家”与“多元一体帝国”展示了“国家”与“帝国”之间的辩证运动。此时，帝国涵盖了一种普遍主义思想观念，不仅是多元状态，也是构筑“一体”的动态过程。在帝国之下，军事征服、政治建构与文明秩序共同作用，维系着“区域性文明帝国”的形态。在地缘政治学家麦金德关于以草原游牧为枢纽心脏与以河流、平原和农业为边缘的划分中，儒教中华文明区域、印度教南亚文明区域、伊斯兰教阿拉伯文明区域与基督教欧洲文明区域的欧亚大陆区域性文明帝国在上千年的历史中，始终保持着相对稳定的空间地理和文明形态，展现着区域性文明帝国固有的韧性。

三、全球性殖民帝国的兴起：大陆帝国与海洋帝国的全球竞争

在帝国历史的第一个阶段，五个区域性帝国全部集中在欧亚大陆，而且全部是大陆帝国文明。当基督教帝国被迫走向海洋时，欧亚之外的领土文明被“发现”，“全球性殖民帝国”的新型帝国形态开始出现，世界历史也借此进入到西方帝国支配全球的历史阶段。同时，地理大发现也推动了基督教帝国内部的竞争，加速了西方文明整体的理性化进程，各个王国从基督教帝国向现代主权国家转型。然而，新兴的欧洲主权国家在进行海外殖民、建立殖民帝国的过程中，又建构出新型的帝国体制。不同于传统区域性文明帝国将征服的领土作为帝国内部的一部分进行治理，殖民帝国形成了主权国家与殖民地内外划分和身份隔离的新型殖民帝国模式。帝国中心采用共和政体，帝国边缘采用专制政体，构成了殖民帝国的一体两面。

实际上，欧洲帝国得以主宰世界最重要的原因就在于帝国文明内核的现代民族国家体制。欧洲各民族抛弃了传统基督教文明帝国的形态，在建构新

帝国时，整合殖民地法、国家法和国际法，使民族国家成为拥有国家与帝国两副面孔的复合体。在比较传统的区域性文明帝国与近代的全球性殖民帝国时，二者在帝国形态上的差异主要有四点：其一，区域性文明帝国地理区域基本上稳定，而新兴殖民帝国则不断扩张。其二，区域性文明帝国追求文明扩展，而新兴殖民帝国则将殖民地视为原料供给与市场输出地。其三，区域性文明帝国建构内部相对同质的治理体系，而新兴殖民帝国则严格区分内部主权国家与边缘殖民地。其四，区域性文明帝国致力于文明下的种族平等，而新兴殖民帝国的文明标准始终包含种族主义与公民身份隔离。

由于不同的地理条件，欧洲国家在迈向殖民帝国的争霸过程中，逐渐形成了海洋帝国与大陆帝国两种不同的国家治理与殖民治理模式。以全球贸易为核心的海洋帝国，对内采用共和政体，对殖民地实行在主权控制下开展自由商业贸易；而大陆帝国治理形式，则是内部采用君主制，殖民地采用专制形式进行掠夺。两者的竞争影响了两次世界大战中对建构称霸全球的“单一世界帝国”的血腥争夺，同时，不可否认地促进了欧洲现代文明在全球的传播。

四、“世界帝国”第一版：从英国到美国

帝国竞争到了19世纪晚期，逐渐出现了一种以英美为主导的新型帝国模式，帝国的扩张不再依赖领土的占领，而是依赖科技霸权、金融控制和国际法的维持。冷战实质上就是美苏两种“世界帝国”模式，以及两种帝国支配性力量——商业贸易与共同体道德的竞争。当前，对美苏“帝国”概念理解的局限，主要表现在：其一，将苏联帝国误认为传统帝国，忽略其共产主义理想包含革命与解放信念；其二，将英美缔造的货币、商业与国际条约体系视为平等的国际体系，忽略联合国是世界帝国建构和斗争的场域。

在世界帝国时代下，第一版的西方基督教文明所塑造的世界帝国模式无法解决经济自由化、政治自由化、文化自由化带来的困境，正面临着帝国内部的反叛、抗议或革命的巨大危机。如今，第一版世界帝国正面临失效并趋于崩溃，而第二版的构思还处于混乱、冲突和巨变之中。因此，在漫长的帝

国形态转换中，各个文明皆有构建第二版世界帝国的机会。中国作为世界性大国，其重要任务不仅在于复兴传统文明，更要耐心地消化整个人类文明尤其是西方文明建构世界帝国的技艺和成就，并在此基础上连接起中华文明与世界秩序的重构。

（整理/张圣泽）

南海共同开发困境的解决之道

［编者按］ 面对日益升级的南海局势和我国日益增长的战略需求，在保证南海安全的基础上实现南海共同开发是当务之急，但到目前为止，南海地区的共同开发并没有得到很好的实施。《亚太安全与海洋研究》2019 年第 4 期南海问题专栏对该问题进行了分析研究，中国南海研究院研究员洪农发表文章对南海共同开发面临的困境和瓶颈进行了分析并提出可行的政策建议，中国南海研究院院长吴士存和中国南海研究院助理研究员陈相秒则通过提出破解南海“安全困局”之道即营造一个稳定、安全的环境，对更好地实施南海共同开发提出了建议补充。

一、共同开发的提出及实践

共同开发是现代国家实践中涌现出来的一种和平解决领土争端的新思路，指在不具备彻底解决领土争议的条件下，先不谈主权归属，将争议搁置起来，进行共同开发。

我国最早在 1979 年针对中日钓鱼岛问题提出“搁置争议，共同开发”，1986 年我国同菲律宾达成搁置南沙争议、共同开发的协议，之后我国所倡导的“共同开发”得到了马来西亚、越南、菲律宾等国的积极回应。

基于经济动因和战略动因，南海沿海各国开始了南海共同开发的实践，除中越双方划定共同渔区和进行油气资源共同开发、中菲越三家石油公司协议在南海进行联合海洋地震工作、中海油与文莱国家石油公司签署合作协议等成功实践外，南海地区的共同开发没有得到更好的实施。

虽然目前南海地区的共同开发没有得到很好的实施，但 2019 年 5 月 27 日复旦大学国际问题研究院中国与周边国家研究中心发布的《南海共同开发六国学者共同研究报告》仍认为："这一概念本身仍然是一个具有吸引力和持久性的和平方案，共同开发是唯一可行的方案。"[1]

因此，分析南海地区实践共同开发的阻碍因素，找到南海共同开发困境的解决之道，仍是目前需要去做的。

二、阻碍共同开发的因素

中国南海研究院研究员洪农认为，南海地区共同开发难以得到很好的实施，并不是因为其他学者所称中国缺乏明确的共同开发计划，而是因为实现共同开发面临以下外部障碍。[2]

第一，域外大国的介入对域内国家实施共同开发构成了障碍。根据中国南海研究院院长吴士存和中国南海研究院助理研究员陈相秒对美国南海政策演变的分析，可以看出在日益深刻的中美力量对比与"新美国主义"的泛滥下美国的南海政策经历了三个发展阶段。[3] 2010—2014 年，美国主要通过舆论和外交两个渠道向中国施压，公开表明美国在南海有国家利益，宣示了其南海政策，并通过"选边站"表示会帮助菲律宾保卫海上（南海）边界。2015—2016 年，在经过"轰炸式"舆论和外交攻势后，美国开始用军事行动作为辅助和强化手段，实施南海"航行自由行动"表明，美国开始采取军事方式介入南海问题。2017 年至今，伴随特朗普政府开始采取对华"竞争"战略，美国转为奉行全面竞争的南海政策，不仅推动南海"航行自由行动"机制化，将海岸警卫队部署到南海，还开始加大力度支持和鼓动日本、澳大利亚、韩国等亚太盟友和北约盟国参与南海联合军事行动。吴士存和陈相秒认

---

〔1〕 参见《南海共同开发六国学者共同研究报告》，2019 年 5 月 27 日，http://www.iis.fudan.edu.cn/_upload/article/files/9f/21/992faf20465fae26c23ccce1ecc6/182e8776-45a6-4117-9906-b9797198a881.pdf。

〔2〕 洪农：《南海共同开发：困境中求新机——〈南海共同开发六国学者共同研究报告〉述评》，载《亚太安全与海洋研究》2019 年第 4 期。

〔3〕 吴士存、陈相秒：《中美南海博弈：利益、冲突与动因——兼论破解南海"安全困局"之道》，载《亚太安全与海洋研究》2019 年第 4 期。

为，随着美国南海政策的演变，中美南海博弈逐渐从舆论和外交向军事、规则和秩序层面升级，两国的博弈也变为中国与“美国+盟友和伙伴国体系”两个阵营间的较量。可以看出，美国作为域外大国对南海事务的深层介入，给实施共同开发需要的和平、稳定的地区政治环境带来了不确定性，导致南海争端进一步复杂化和国际化，对域内国家实施共同开发构成了障碍。

第二，南海地区高度重叠的主权和管辖权主张加大了域内国家共同开发的难度。以南海地区共同开采油气资源为例，域内国家或由于资金、技术的匮乏，或想通过满足域外国家利益拉拢其制衡中国，纷纷选择从域外国家聘请石油公司，来自美国、荷兰、英国、法国、加拿大、澳大利亚、俄罗斯等域外石油公司在争议海域投入大量资金和技术，在很大程度上限制了共同开发地点的选择，成为域内国家开展共同开发的一大障碍。

第三，对《联合国海洋公约》有关条款的解读以及国际法和国内法之间的矛盾是南海地区开展共同开发不可回避的关键难题。在国际法层面，以中菲开展共同开发可能性为例，由于“南海仲裁案”裁决支持菲方主张，导致菲律宾在处理南海争议和共同开发问题上以该裁决为重要依据，而我国是不可能接受“南海仲裁案”裁决结果作为双方谈判前提的。在国内法层面，若菲律宾同意与中国在争议海域进行共同开发，根据菲律宾宪法，则意味着菲律宾并不享有对其资源专属和完全的控制权。共同开发国之间对有关条款的不同解读以及国际法和国内法层面存在的矛盾成为双方开展共同开发的障碍。

三、共同开发的破局之道

针对共同开发实践面临的困境，洪农根据南海形势的现实背景提出以下政策建议，[1] 吴士存、陈相秒也对共同开发中如何克服域外干预，营造一个安全、稳定的外部环境提出了补充建议。

第一，政治意愿是开展共同开发的首要因素。《南海共同开发六国学者共

---

〔1〕 洪农：《南海共同开发：困境中求新机——〈南海共同开发六国学者共同研究报告〉述评》，载《亚太安全与海洋研究》2019年第4期。

同研究报告》指出，各国应充分考虑利用共同开发作为一种防止潜在冲突和促进双赢局面的临时手段，在进行共同开发与合作过程中作出政治承诺、增进战略信任，尽快达成“南海行为准则”，作为规范各国南海行为的约束性规则。

第二，选择在只涉及两个声索国的海域优先共同开发。国家实践证明，在海洋争端只是双边性质的情况下，达成共同开发协议则更为容易。以中菲为例，开展双边油气合作既符合中菲两国的利益，也可成为南海海上合作的新典范。

第三，从低敏感领域着手推动油气领域以外的务实合作。在不以政治或经济利益为目的的低敏感领域的多边合作更容易达成，海洋可持续发展等低敏感领域的合作既可以提升国家积极负责的形象，也可以为之后高敏感领域的共同开发打下良好基础。

第四，排除外部势力的插手和干扰。为了防止域外国成为域内国的保护伞，加剧域内国之间的有限冲突，中国可以通过加强与东盟十国“南海行为准则”的案文磋商，加紧建立海上危机管控机制和信任增进机制，减少域外国介入南海问题的可乘之机。

第五，营造和平、稳定的外部环境。南海实现共同开发需要和平稳定的外部环境，而美国与其盟国在南海进行的“航行自由行动”和颇具挑衅性的抵近侦察，都给南海地区的和平稳定带来了不确定因素。吴士存、陈相秒指出，破解中美在南海的“安全困局”两国需要通过建立高级别的磋商机制，并通过多次、反复的博弈建立两国海上安全困局治理合作制度。在宏观层面，减少战略上的竞争，保持中美总体关系的稳定；在中间层面，避免采取致使相互冲突升级或相互对抗的南海政策；在微观层面，建立行之有效的危机管控机制。[1]

第六，疏通共同开发国的民族主义情绪。洪农注意到，南海地区共同开发当事国之间也不可避免地存在着不和谐的声音，例如在中菲共同开发中，

〔1〕 吴士存、陈相秒：《中美南海博弈：利益、冲突与动因——兼论破解南海“安全困局”之道》，载《亚太安全与海洋研究》2019年第4期。

菲律宾国内存在着强烈的民族主义情绪，其国内部分政治势力会将原本不涉及任何争议区域的海洋科考合作渲染为对华“出卖”权益。[1] 有效疏通南海地区的民族主义情绪是保证共同开发实施的一个不可忽视的议题。

（整理/程诗天）

---

〔1〕 洪农：《南海共同开发：困境中求新机——〈南海共同开发六国学者共同研究报告〉述评》，载《亚太安全与海洋研究》2019 年第 4 期。

新发展知识：援助外交与海外铁路建设的演变

［**编者按**］ 国际援助作为一种外交工具，百年来都渗透着以选举式民主的政治制度和竞争性自由市场的经济制度为内容的西方发展知识。但随着金砖国家等后发国家兴起，新发展知识出现，第三世界国家力图摆脱西方的殖民与后殖民霸权，使得国际权力结构和援助外交的形式均发生了变化。《文化纵横》2019 年第 6 期特设“新发展知识”栏目，上海对外经贸大学国际发展合作研究院王钊和黄梅波撰文指出援助外交的形式经历了三个阶段，并论述中国援助外交应当作何选择；重庆大学人文社会科学高等研究院钟准则以海外铁路建设为例，梳理国际关系史上的铁路问题，并为当下中国的海外高铁建设提供启示。

一、援助外交的三个阶段

援助外交包括通过外交渠道争取或实施援助，以及通过援助实施外交政策两方面的内容，它的本质是实现援助国国家经济利益和安全利益。上海对外经贸大学国际发展合作研究院王钊和黄梅波认为，援助外交的实现形式可分为三个阶段。第一阶段是冷战时期“明火执仗”辅助大国竞争的传统阶段；第二阶段是“道德外交”路径，将援助国对外目标嵌入全球发展议程，以“非中性”国际制度和规范落实本国利益；第三阶段则是新兴援助国冲破“OECD 卡特尔垄断”，重塑全球援助外交结构的当下。

在上述三个阶段中，驱动援助外交形式不断演变的根本原因是国际权力结构的调整与变化，而中国应当抓住机遇，推动全新的全球发展规范。

1. 冷战时期：传统援助外交

第二次世界大战后的美苏争霸时期，权力政治与安全顾虑是大国援助资源分配的基本逻辑。对外援助可以是一种国家间的“贿赂”，以换取多边舞台上的立场变化，也可以是打压某一国家、援助其地缘政治对手国的“大棒”。

作为冷战的辅助手段，美国在1948年2月推出马歇尔计划，支持欧洲盟友的战后重建工作；苏联同样于1952年制定针对中间地带国家的新政策，扩大在亚非拉的影响。作为大国竞争的工具，对外援助也是资本主义阵营国家内部促进出口、进行经济竞争的工具。美国在1974年后出口产业竞争力相对下降，于是开始推动出台OECD限制出口信贷多边协定；反观日本，通过对外援助补贴出口以增加国际经济力，从而在1989年超越美国成为全球第一大援助国。

传统援助外交的方式兴起于冷战时期并延续至今。但自20世纪80年代中后期，援助外交转向了更为隐蔽、更占据道德高地的方式，通过受援国的国内政治，着手实现援助国的对外政策目标。

2. 良治援助与“道德外交”

苏东剧变后，官方发展援助（ODA）逐渐成为西方对外援助的主流，国际发展援助的指导思想也由华盛顿共识转向后华盛顿共识，强调受援国自身的政策环境、民主程度、治理水平。由此良治援助在20世纪80年代至21世纪初期成为西方最重要的对外援助形式，以经合组织发展援助委员会（OECD DAC）为代表的西方也垄断了国际发展事务，被称为“西方援助卡特尔”。

良治援助直接将受援国国内政治经济制度改革作为得到援助的条件。以世界银行国际开发援助协会（IDA）为例，一国能够得到IDA援助的规模是由其国家绩效评分决定的，而绩效评分包括92%的国际政策与制度分数及8%的投资组合绩效分数；这两项绩效评估完全依赖IDA制定的标准进行，包括经济管理、结构性政策、社会包容政策、公共部门管理与制度等。凭借良治援助的“胁持”，西方国家在两个层面上使对外援助服务于政治目标：一是受援国不得不在特定国际政治议题上妥协，二是受援国一旦按照要求完成了多党代议制民主改革，就很难再在外交立场上坚持一致对外，甚至会造成哪个政党能与世界银行达成新一轮借款协议，哪个政党就能在受援国内上台的情况。

与此同时，西方援助国的服务咨询业在对外援助中获得了巨大的经济收益。在后华盛顿共识和良治援助的背景下，援助大多要求受援国制定清晰的部门战略和实施政策，并形成正式报告。例如，全部门路径（SWAP）的援助方案会有多个援助方直接注入资金，支持受援国某一社会部门的运转，看似慷慨，却要求减贫战略文件（PRSPS）、阶段性披露数据、资金使用全透明等，这就让西方的审计和会计工作获得了大量订单。例如英国国际发展部 2017 年援助承建商中，排名第一的便是“普华永道”这一会计事务所。

借由以“帮助受援国实现长期发展”为旗号的对外援助，西方国家通过规范性、道德性的外交实践，以援助撬动受援国国内政治，更为隐秘地实现了外交目标。

3. 新兴援助国的出现

进入 21 世纪后，美国次贷危机和欧债危机相继爆发，金砖国家的崛起开始打破“西方援助卡特尔”，使得受援国再次获得了在援助国之间进行选择的权力，国际援助事业正在经历一场“寂静的革命”。王钊和黄梅波认为，中国应当着力融入、互动、塑造全球发展治理规范体系，坚持多边主义路径和国际规范的塑造，不仅应关注地缘政治，更着力推动全球发展治理的完善，寻求“一带一路”倡议与国际发展议程的融合，实现自己的援助规范和外交目标。

二、实例：海外铁路建设

1. 海外铁路建设的三种模式

重庆大学人文社会科学高等研究院的钟准总结出历史上大国海外铁路建设的三种模式：一是以英美为代表的私企主导国家保护模式；二是国家机构直接执行模式，国家机器修建铁路，以俄国的中东铁路为典型；三是国家领导企业联合模式，政府为扩大本国经济利益提出动议并提供补贴，通过辛迪加的垄断形式（银行财团加上工业企业）在海外修建铁路。此种类型以欧洲大陆的法德、比利时为代表，例如法国的“滇越铁路公司”和比利时通用公司与法国银行在中国共同修建的京汉铁路。

2. 殖民主义：西方帝国的外交博弈

上述三种模式不尽相同，但自19世纪始，海外铁路建设就是帝国主义国家掌握和控制殖民地的工具。例如，国家机构直接执行模式下日本成立的南满铁道株式会社（满铁）实际上扮演了殖民机构的作用，国家领导企业联合模式下在华修建胶济铁路和滇缅铁路的德国、法国、比利时均带有殖民性质。东道国被迫接受而无权参与管理，建设国则通过外交手段获得铁路修建合同及相关"特许权"。

其中，英、美、法和比利时的海外铁路建设常攫取铁路运营的直接经济利益，而以俄、日为代表的帝国主义则倾向于攫取矿产、森林采伐权、治外法权和驻兵权。但与此同时，大国铁路竞争也引发了诸多外交危机，例如英法在南非铁路路线交界处对峙，德国试图修建柏林—巴格达铁路遭到英、俄的阻挠，刺激了第一次世界大战爆发。

3. 共同发展：中国的海外铁路建设

新中国的海外铁路建设可对照上述三种模式分为两个阶段，一是国家机构直接执行模式，时间段从1954年至1990年代初，通过铁路援建实现外交目的。二是国家领导企业联合模式，自2000年至今，主要服务于"走出去"战略和"一带一路"倡议，强调经济与政治相结合。

第一阶段是我国早期的铁路援建，驱动力为意识形态的外交目标（例如反对帝国主义和国际主义），直接由政府部门负责铁路援建。在1954—1993年间，原铁道部承建援外项目105项，援外金额达31.5亿元，受援国家遍布亚非。

进入21世纪后，中国开始向外推广高铁技术，形成了中国铁路总公司（即原铁道部）牵头谈判、大型中央企业承建、中车集团出口装备、中国进出口银行和国家开发银行提供融资支持的"政府搭台，企业唱戏"的海外铁路建设模式。"十五期间"（2001—2005），中国企业在海外修建铁路的总里程就超过了6000公里。

但与此同时，海外铁路建设也面临着来自国内外的批评。国内质疑投资效益和资金浪费，国际上则常有"新帝国主义"和"新殖民主义"的攻击。钟准认为，海外铁路建设涉及更宏观的经济考虑，例如"一带一路"沿线的铁路建设为中国产业资本输出、人民币国际化、制定欧亚经济一体化规则均提供了机会，有助于增强我国内陆地区的对外贸易，促进地方经济的发展（例如“中欧班列”最早便是由重庆市政府主动提议并牵头组织），同时还有助于强化欧亚“陆权”以对抗美国的“海权”。

针对西方的批评，钟准认为，我国铁路建设与帝国主义殖民时期的铁路建设有着本质区别。一是我国提供低息甚至无息的贷款，而非帝国主义国家的高利率贷款；二是我国推动先进铁路技术在发展中国家的扩散，而非帝国主义国家垄断技术；三是我国坚持“共商、共享、共建”的理念，尊重东道国的主权，而非如列强一样使用外交手段施压。

从海外铁路建设到外交援助，作为后发崛起国的中国既提供了新发展知识，也充当着改变国际权力结构、重塑秩序和规则的破局者的角色。如何在全球化中实现自身及国际共同利益，将是我国在外交事务中的新命题。

（整理/刘祎佳）

国家间竞争与中国发展战略转型

［**编者按**］ 19 世纪全球形成了势力均衡之下的百年和平秩序，这一秩序被两次世界大战打破，随后先后建立起了美苏对峙的两极秩序和以美国为主的全球性帝国，美国始终把敌我战略作为国家存亡的关键。中国人民大学国际关系学院政治学系副教授欧树军在刊载于 2019 年 2 月《中国政治学》的《国家间竞争与中国发展战略转型》一文中指出，中国在越来越激烈的大国竞争之中应当在实践层面从内部发展动力、自主产业政策、创新技术发展、自主发展作为国家发展的火车头四个方面着力迎接挑战，在理论层面关注政治的再分配性，保障政治团结机制的构建，进而塑造 21 世纪的中国与世界格局。

一、国家竞争态势激化

根据国家间竞争的态势，自 19 世纪以来，全球秩序已经走过了两个阶段，目前正处在第三个阶段之中。第一个阶段是在 19 世纪势力均衡体系之下形成的百年和平，第二个阶段是两次世界大战之后，先是建立起了美苏对峙均衡下的秩序，苏联解体之后以美国为主形成了全球性帝国。而今 20 世纪文明影响仍然在继续，我们正在 21 世纪文明的形成之路上。就三次文明秩序的形成过程来看，每一阶段的文明形成时间、存活时间与转移时间越来越短。中国在国家间竞争态势激化的 2018 年已经实现了国际地位的极大提高与国内经济的极大发展，这给西方文明带来了相当大的压力，以至于被指责在亚非拉推行“新帝国主义”。中国仍然面临着多方挑战。欧树军指出，我们应该从内部发展动力、自主产业政策、创新技术发展、自主发展作为国家发展的火车头四个方面进行应对。

二、中国的应对

1. 内部发展动力

面临着日益激烈的国家间竞争，中国经济发展的动力从以外向为主转向以内生为主。中国经济发展的内生动力依靠现代化经济体系的建设。这一体系建设从六个方面入手：创新引领、协同发展的产业体系，统一开放、竞争有序的市场体系，体现效率、促进公平的收入分配体系，彰显优势、协调联动的城乡区域发展体系，节约资源、环境友好的绿色发展体系，多元平衡、安全高效的全面开放体系。在这一体系的建设中我们要解决四个方面的关键问题：要着重提升国民经济的整体性，解决国有企业与民营企业的地位问题，发挥中国区域发展不平衡的空间优势，改善生态环境，建设中国财税体制。

国民经济整体性的提升意味着国内市场的整合，依靠信息与交通基础设施的支撑。国内市场的整合依靠宏观政策、结构性政策与社会政策三大领域。宏观政策包括货币政策与财政政策，结构性政策包括国资国企、中小企业、财税金融、土地、市场准入、市场竞争和社会管理，社会政策包括就业、教育、养老、食品药品、生产安全、交通安全、社会保障、社保基金、医疗住房等。而这些整合都要依靠信息与交通基础设施的建设，1998 年、2008 年的金融危机之中，中国都是通过修路来发展国民经济，2018 年亦是如此，通过增加交通投资降低通行成本，发展 5G 技术实现国内市场的整合。

在处理国有企业与民营企业的地位上，要坚持毫不动摇地发展公有制经济，毫不动摇地鼓励、支持、引导、保护民营经济发展。改革开放后，中国确立了由国有企业、集体企业、民营企业、外资企业激烈竞争的混合经济状态，这成为市场繁荣、经济发展之源。我们一方面要坚持国有企业的保值增值责任，另一方面要促进对民间资本、外商资本的开放。

中国在区域发展上存在着地域发展不平衡的问题，在这一背景下不必制定整齐划一的财政政策，通过财税政策支持区域协调发展以及改善生态环境成了必要路径。城乡二元结构与东中西部区域发展不平衡需要针对落后地域给予更大的财税政策支持，充分发挥先发地区的地理经济优势建立全球性的自由港，从而在社会、经济层面上实现全国整合。

2. 自主产业政策

产业政策的发展受到三大因素的影响：增强国家理由、市场自由、回应社会大众的自我保护需求。产业政策的自主性意味着一个国家的财税汲取能力。在英国，其作为全球贸易帝国大力推行贸易自由主义，随着保护公民合法权利的需要，政府开始对市场进行监管实施积极的产业政策，最后为了保护社会大众，通过福利制度将市场经济嵌入社会政治体系，产业政策的发展推动了英国成为欧洲势力均衡的重要一极。在法国，17 世纪 40 年代至 18 世纪，传统上的科尔贝式的重商主义政策推动了自由贸易的发展，保护主义与经济自由主义之间的摇摆造成了经济停滞，第二次世界大战后积极的经济政策促进工业腾飞。德国与美国最终也都经历了从自由放任到福利国家的产业政策发展历程。中国面临的大国竞争格局也取决于中美双方的产业政策自主性。

3. 创新技术发展

推动创新技术的发展要从生产组织、技术能力与技术保护三方面入手。生产组织的技术研发、运用与发展能力既决定着微观企业的生死，也决定着宏观经济的成败；美国等资本主义市场经济国家的科技创新一直是美国联邦政府的重要资助对象；知识产权保障代表着整个民族的技术能力与技术水平，重视知识产权保障的国家才能够得到国家间竞争优势。

4. 自主发展

国家发展意味着要建立完善高效的官僚机构、强大的军事力量与警察力量，并有效汲取社会资源，建构强有力的身份认同。不同的历史阶段中国家发展目标的侧重点不同，因此也需要选择不同的点作为火车头。面临大国激烈竞争，中国要将国家自主作为发展的火车头。历史上，西方基督教国家的发展以经济增长、军事实力、殖民主义和政府效能作为火车头，建立了对非西方世界的霸权支配。而第二次世界大战之后经济增长成了第三世界发展的火车头，当今大国竞争的态势之下，美国始终以敌我战略作为国家存亡的关键，当今不少中国人恰恰缺乏治而不忘乱的传统战略意识。

三、未来：政治的再分配性

政治的再分配性在理论上的重要意义包括三个方面。首先，政治的再分配性决定了文明的生命力，这一生命力直接影响到大动荡时代国家的竞争力。农业文明支撑不了大政府，而大政府又难以为继；工业文明足以支撑大政府，但小政府惯性思维导致治理能力滞后。其次，政治的再分配性是非常重要的政治团结机制，左右着大国竞争的结果。最后，提供了政治的正当性。政治的再分配性包括对生产性劳动者与非生产性劳动者的再分配。目前的理论对政治再分配的争议主要集中在四个方面：对生产性劳动者的再分配存在着两种倾向，分别是福利依赖及其批判与福利权的人权化及其困境；对非生产性劳动者的再分配也存在着两种倾向，分别是受到资本力量与社会自我保护支持的大政府与新自由主义对大政府的批评。

（整理/李月）

中国经济形势分析与宏观经济政策解读

［编者按］ 2018年度中国经济持续平稳的基本面不会发生变化，转型升级和结构调整的向好态势也不会发生变化，但也存在外部环境更加严峻复杂、国内长期积累的结构性矛盾仍然突出的问题。面对宏观经济的持续走低，强化逆周期调控被决策层频频提及，货币政策已经以新一轮全面降准拉开序幕。中央经济工作会议提出“双宽松”的宏观经济政策。2019年中国经济能否峰回路转，如何解读“双宽松”的宏观财政、货币政策成为亟待讨论的重要命题。为此，《财经》2019年第1期、第2期及《经济导刊》2019年第1期分别刊载了《2019宏观经济政策怎么走?》《“双宽松”稳住经济增速》《中国经济形势分析与预测》三篇文章，对中国经济形势和宏观经济政策做出了分析和解读。

一、年度经济形势分析

2018年度经济形势总体而言基本平稳，延续了健康发展的态势。中国社会科学院数量经济与技术经济研究所研究员娄峰在《中国经济形势分析与预测》[1] 中对过去一年经济发展形势进行了分析与总结。2018年上半年中国GDP增长6.8%，连续12个季度稳定运行在6.7%—6.9%的中高速区间。预计2018年全年经济增长6.6%左右，经济运行继续保持在合理区间；产业结构继续优化，转型升级和结构调整态势向好，现代服务业增长较快，信息传输、软件和信息技术服务业保持30%以上的增长，租赁和商务服务业保持

[1] 娄峰：《中国经济形势分析与预测》，载《经济导刊》2019年第1期。

10%以上的增长；固定资产投资增速下滑，投资结构优化，消费增速放缓，消费升级态势延续；中美贸易摩擦升级，国际贸易不确定性陡增；物价基本稳定，就业较为充分；新动能持续发力，经济效益继续提高。

娄峰指出，无论是从供给侧看，还是从需求侧看，中国经济持续平稳的基本面不会发生变化，转型升级和结构调整的向好态势也不会发生变化。但我们也要看到，外部环境形势更加严峻复杂，国内长期积累的结构性矛盾仍然突出。

然而，2018 年宏观经济与金融领域数据表现依旧不乐观。2018 年 12 月，通货膨胀率继续回落。CPI（居民消费价格指数）同比回落至 2%以下，降至 1.9%。PPI（生产价格指数）大幅回落至 1%以下。2018 年 CPI 全年 2.1%，远低于全年 CPI 3%的目标。12 月末，社会融资规模存量同比增速跌至 9.8%，比上年低 3.6 个百分点；全年社会融资规模增量累计为 19.26 万亿元，比上年减少 3.14 万亿元。

面对宏观经济水平的持续走低，强化逆周期调控被决策层频频提及的情况，中国社会科学院学部委员余永定认为，[1] 2019 年我们会面临许多内外困难，但是经济的基本面并不会像市场的悲观者所说的那么糟，只要采取扩张性的财政、货币政策，增加汇率弹性，坚持资本跨境流动管理，2019 年的中国经济是可以实现稳定的，甚至会实现某种反弹。

二、实施“双宽松”宏观经济政策，稳住经济增速

1. 宏观逆周期调节与政策建议

中央党校（国家行政学院）研究员陈炳才指出，[2] 2008 年以来国际国内采取的都是逆周期宏观政策。逆周期是相对于顺周期产生的概念。顺周期是指在经济繁荣和发展时期，宏观上货币政策和财政政策跟随市场扩张，信贷和财政开支也随之大幅度增长；而一旦经济下行、市场收缩，价格暴跌，

---

[1] 余永定：《“双宽松”稳住经济增速》，载《财经》2019 年第 2 期。

[2] 陈炳才：《2019 宏观经济政策怎么走?》，载《财经》2019 年第 1 期。

资产价格大幅度下跌，企业利润则急剧下降乃至严重亏损，财政收入减少，银行信贷收缩，宏观上导致紧缩的货币政策和财政政策。逆周期宏观政策，是指在下行周期，采用扩张的财政、货币政策，进行周期性政策和制度准备。

陈炳才认为，我国将进入经济下行周期，进入相对中低速度的增长周期。因此，逆周期政策应是长期政策，至少要五年。我国经济周期下行主要是由经济增长引起，而不是金融风险引发。政策工具应该是财政政策和其他辅助性政策。

余永定认为，应该加大“积极的财政政策”的积极度，变“稳健的货币政策”为积极的货币政策，即执行扩张性的财政政策，并辅之以扩张性的货币政策。具体而言，2019 年中国应该显著增加由政府主导、财政出钱的基础设施投资。基础设施的范围不仅应包括传统上所理解的交通基础设施、水利工程、城市基础设施、港口水利建设、公共交通网络、节能减排基础设施建设、保障性住房建设、服务业及教育卫生等社会事业、生态环境保护等领域基础设施，而且应该包括网络基础设施等新兴领域的基础设施。

2. 关于财政政策的分析和建议

第一，宏观逆周期政策工具应以财政工具为主。余永定认为，在财政、货币的组合中，“宏观调控应该由财政政策扮演主角，货币政策扮演配角”。执行扩张性的财政政策，首先应用财政内的资金，增加政府投资性开支。货币政策虽然自身可以直接对经济增长起到提振的作用，但没有扩张性的财政，光靠央行放松货币政策，经济形势无法实现企稳回升。陈炳才认为，财政政策是产能过剩、高杠杆、高库存的重要促发因素，货币政策是催化因素。财政开支占国内生产总值的 30% 以上，政府掌握大量的资源进行分配，缺乏效率。中央和地方的各类补贴、减免税优惠、贴息、担保以及一些转移支付（部分科技研发、农业、教育非工资性支出）、土地出让支持等，一方面带来企业之间竞争不公平，另一方面导致重复投资重复建设、周期性产能过剩，财政补贴和转移支付中的缺乏绩效考核和问责使得财政支出成为每个企业都想得到的“唐僧肉”，市场也不能真正优胜劣汰。因此，宏观政策逆周期调节重点要靠财政发挥作用。

第二，制定逆周期调节的标准和门槛条件制度，实行精准化的调节。陈炳才建议，建立享受减税降费的标准和门槛，明确不同类型的企业享受不同水平的减税降费待遇。对减免税优惠和补贴、贴息、担保等也应制定具体考核标准，进行业绩考核和督察，对没有达到预期技术创新、技术进步和竞争力提高的企业，要求退还补贴、贴息，退还减免优惠税。

3. 关于货币政策的分析和建议

中央经济工作会议提出，稳健的货币政策要松紧适度，保持流动性合理充裕，改善货币政策传导机制，提高直接融资比重，解决好民营企业和小微企业融资难融资贵问题。

陈炳才认为，民营企业和国有企业信用的基础不同，是导致资金成本和待遇差异，进而影响融资难度的根本原因。国企是国家信用，民企是市场信用，资金成本和获得资金的难易程度不同，如果信用等级相同，两种性质的企业获得资金的成本和待遇应当基本相同。从周期上看，市场信用和国家信用各有利弊，民企应该采取各种措施，改善、提高和增加企业的市场信用等级，这才是解决融资难融资贵的根本途径。

我国的货币政策传导机制存在不足。货币政策传导机制不顺，有几个重要原因值得关注：首先，多元结构的利率存在。我国民营经济发达，对市场需求大，使得满足有效需求的资金总是不足，从而使得多重利率难以消除。其次，我国处于经济转型升级的发展阶段，企业之间和行业之间的资金回报率差异巨大，导致均衡利润率和均衡利率无法形成，货币市场的利率不具有有效传导作用。再次，我国经济处于去产能和深化供给侧结构性改革阶段，很多企业依赖信贷资金走向高质量发展，企业自身的资金积累和筹资能力不足，需求无限，而供给有限，资金走向最赚钱的行业和企业。最后，资金偏爱在金融市场做交易，简单轻松，相对稳定，在货币市场和债券市场做交易，风险尤其低。

余永定认为，房地产投资是中国总投资的三大组成部分之一，占比在17%—25%之间波动。中国经济的可持续增长，不能建立在钢筋水泥的基础上，资源配置应该更多地向制造业、特别是创新性制造业倾斜。在积极的财政、货币政策下，为避免大水漫灌，总量调控中应该谨慎控制房地产，使房地产投资增速低于固定资产投资增速，逐步使房地产投资在国内生产总值的比重下降到合理水平。

房价上升是供不应求的反映，硬性限制房价（或限购）不是市场化的解决方法，弊端很多。抑制房价上涨应该从供求两个方面同时入手。第一，应加强房地产财产登记的公开化、透明化，特别是政府官员，应该公开自己的房产，并且便于公众在网上查询。第二，在查明情况的基础上，运用税收手段，如引入房地产税、空置税、水电和物业管理费（不管是否入住，必须缴纳一定基数）等办法抑制住房的价值贮存、投资、投机需求。第三，切实把“棚改”这件好事办好。第四，大力发展住房租赁市场。长租公寓行业作为住房租赁市场的重要组成部分，对于解决房产空置、盘活闲置房源可以发挥重要作用。

（整理/黄歆然）

农村“三块地”试点与土地制度改革

[编者按] 对正处于历史变革期的中国而言，农村承包地、宅基地、集体建设用地的权利安排与变迁不仅关乎几亿农民的基本权利与发展机会，而且影响城乡关系的走向与国家转型。为了推进土地制度的深化改革，中共十八届三中全会作出整体部署，以“三权分置”为核心的农地制度改革被确立为下一轮农村改革的核心内容。鉴于此，《中国人民大学学报》2019 年第 1 期以“农村‘三块地’试点与土地制度改革的可能路径”为专题，基于几位学者对地方试点的直接参与与实地观察，分别对集体所有制下农地权利的分割与顶层设计下地方试点的权利重构、集体建设用地试点的制度改进、创新与绩效以及宅基地试点朝向进行分析，以期为农村土地制度的全面深化改革提供理论储备。

一、集体所有制下的农地权利分割与演变

中国人民大学经济学院教授刘守英等在梳理集体所有制下农地权利分割阶段性特征的基础上，对四个地方的地权分割安排进行了案例分析。成都崇州进行土地股份合作社所有权与职业农民经营权试验，形成新的农地权利结构。上海松江村社型家庭农场的主要制度安排是实行土地承包经营权的统一流转。湄潭县村尝试农村土地承包经营权有偿退出试验，农户承包经营权退出带来集体所有制下土地权利的再组合与分割。六盘水的“三变改革”实现农村集体所有权、农户承包权与经营权的重构。“三权分置”制度设计的初衷是在集体所有权不变前提下的承包经营权的分割，经营权由承包经营权派生。但是这四个案例并不遵循承包经营权派生与分置的逻辑，而是发生了集体所

有权、成员承包权与经营主体经营权的权利重组与合约再议定。案例表明，真实世界的地权变革发生了集体所有权、成员承包权与经营主体经营权的权利重构，预示着未来农地权利结构演进的复杂性。

二、农村集体建设用地入市路径

中国土地勘测规划院研究员唐健等重点分析了南海、德清、义乌、泸县、湄潭及和林格尔六个试点地区集体建设用地入市的制度创新，指出试点地区在改革过程中，都根据自然和经济社会条件，探索出适合当地需求的集体建设用地入市模式。综观试点地区的做法，集体建设用地入市的路径可以概括为：适应自然和社会经济条件的地方治理结构创新。经济社会发展水平和城乡财富积累的总体规模影响着不同的入市路径。打破不同地类之间的限制、细化主客体、优化功能结构、统筹和因地制宜利用的趋势在案例中已经出现，这些都给未来农村土地制度三项改革提供了参考。可以预见的是，为了进一步推动集体建设用地入市和构建城乡统一的建设用地市场，需要进一步打破对集体土地的种种限制，发挥市场在资源配置中的决定性作用；同时要尊重基层的首创，对实践中证明切实可行的做法，及时总结可复制、可推广的经验，从而推动相关政策出台和法律法规修改。

三、宅基地制度改革政策的演进与走向

中国人民大学法学院教授高圣平指出，现行宅基地制度安排置重成员权而弱化财产权的倾向，进一步强化了农民以成员身份无偿取得和使用宅基地的意识，在一定程度上窒碍了农户以财产权交易和市场方式配置宅基地的可能路径。随着我国经济结构的转型，宅基地的财产属性愈发彰显。宅基地制度改革试点是沿着如何完备宅基地使用权的收益权能、增加农民财产性收入的思路而展开的。宅基地用益物权权能的完善主要体现为宅基地使用权抵押和转让（退出）等处分权能的强化。宅基地保障是农村住房保障的唯一方式，因此改革试点的主要任务之一是“探索农民住房保障在不同区域户有所居的

多种实现形式”，各试点地方均采取了多样化的住房保障机制。另外，我国宅基地的无偿使用制度造成农村宅基地分配不均、“批少占多”等问题的制度性基础。因此，在“坚守土地公有制性质不改变、耕地红线不突破、农民利益不受损的底线”的前提下，《土地管理法》的修改和《民法典》的编纂更应置重于宅基地的财产属性，以实现增加农民财产性收入的政策目标。

长期以来，由于政策的限制，大量的农村土地成为“沉睡的资产”。激活农村土地资产，是进一步激发农村经济活力、推动乡村振兴的重要途径。为了推动农村土地资产的苏醒，“三权分置”成为本次土地改革的核心内容。中国改革的重要经验是先试点形成政策再上升到法律，保证方案的可行性。本轮试点是在顶层设计与法律保障的前提下进行的，涉及农地、宅基地和集体建设用地，涵盖发达农区、城市化区域和传统农区，这些试点形成的制度安排将对相关法律的修改产生重要影响。

（整理/卓增华）

财税金融体制改革——回顾与前瞻

［**编者按**］ 改革开放 40 年来，我国财税金融体制改革成效显著，构建起符合社会主义市场经济基本要求的财税金融体制框架。随着“十三五”规划进程的不断推进，财税和金融体制改革将成为我国改革的重要领域，亦是我国经济体制改革的突破口，对于合理分配我国经济收入与社会公共资源、促进社会经济的稳定发展、保证社会的和谐与安定具有重要意义。2019 年政府工作报告对于深化财政金融体制改革也做出了明确的部署及要求。未来我国财税金融体制改革的方向如何、应当如何施策，均是亟待探讨与明确的重要命题。为此，我们选取了楼继伟在《财政研究》第 2 期上发表的《40 年重大财税改革的回顾》，于中宁、赵瑜在《经济导刊》第 3 期发表的《加快税制改革构建公平合理的税法体系》以及黄奇帆在“全球金融格局变化和中国金融改革”研讨会上的发言三篇文章，对我国财税金融制度的改革进行梳理与前瞻。

一、历史回顾

我国前财政部部长楼继伟在《40 年重大财税改革的回顾》中分四个阶段回顾和梳理改革开放 40 年重大财税改革的出台。从统收统支到包干制再到分税制，解决的是“怎么分”的问题。从 1994 年税制改革到新时代财税改革重点解决“怎么用”的问题。以此为主线，才能探索我国税负究竟轻重如何，把握我国财税改革方向，以更好地推动我国现代财政制度的建立和完善。

十一届三中全会至 1994 年是财税改革的开端和第一阶段。在本阶段，财税改革作为突破口，为经济体制改革“杀出一条血路”。改革主要体现为“放权让利”，调整国家与企业的分配关系：从企业基金制、利润留存制到“利改税”，从企业承包制到“税利分流”。我国逐步推行了基金制、利润留成制，改革至“利改税”这一步，基本上通过税收解决了国家与企业的分配关系问题。其后中央提出逐步转向“税利分流”。1987 年，两步“利改税”被“大包干”取代。在中央与地方财政关系上，1988 年国务院出台《关于地方实行财政包干办法的决定》，“财政大包干”迅速推向全国。“分灶吃饭”和“包干制”的推行，虽然调动了地方政府的积极性，但一系列的放权让利改革导致财政收入减少，财政赤字快速累积。以上种种导致中央财政职能弱化，缺少促进横向公平的财力。为矫正包干制带来的问题，国家开始酝酿价税财联动改革，虽然此次改革未能成功，但起到了为市场化改革探路的作用。

1994 年财税体制改革是财税改革的第二阶段。主要改革内容为：将两套流转税制改为统一的流转税制，以增值税替代产品税，并在此基础上开征消费税，建立以增值税为核心、辅之以消费税和营业税的新流转税制；将过去对国营企业、集体企业和私营企业分别征收的多种所得税合并为统一的内资企业所得税；合并内外两套个人所得征税制度，将过去对外国人征收的个人所得税、对中国人征收的个人收入调节税和个体工商业户所得税合并为统一的个人所得税；促进税制简化、规范和高效的统一；此外同时要求地方停止越权征收并清退各种基金。分税制改革建立了中央与地方稳定规范的财政分配关系，收入按企业隶属关系划分改为按税种划分，建立了纵向的税收返还制度和横向的调节地区财力差距的支付制度。分税制改革是我国经济体制整体性改革的中心环节，奠定了国家长治久安的基础。

1998 年以后基于市场化的财政改革目标模式是财税改革的第三阶段。随着分税制财税体制改革的逐步推进，财政改革重点由收入划分转向预算支出管理，通过财政支出结构调整与优化解决政府越位和缺位问题，公共财政参与和支撑关键领域市场化改革，尝试实施积极的财政政策，促进城乡一体化和基本公共服务均等化，形成经济与社会良性循环新格局。这些转变一方面反映出市场经济下宏观经济运行环境日益复杂多变，对财政政策施策提出了更高的要求，另一方面也反映出财政政策作为宏观调控的重要组成部分，只有在市场经济基础上正确理解政府与市场的边界，才能够在实施财政政策中做到政府“到位”，不“缺位”、不“越位”。

十八届三中全会以来，新时代财税改革推动国家治理现代化是财税改革的第四阶段。国家治理的现代化要求财政发挥基础性和支柱性作用，市场在资源配置中起决定性作用要求财政主动改革并更好地发挥政府作用，新常态背景下我国经济转向高质量发展要求财政全面推进供给侧结构性改革。2014年6月，中共中央政治局审议通过《深化财税体制改革总体方案》，为新一轮财税体制改革确立了时间表和路线图。一是以“营改增”为重点完善税收制度，消除增值税重复征税问题，进一步减轻企业税负，促进服务业尤其是科技等高端服务业的发展。二是修订《预算法》，新《预算法》为我国现代预算制度改革的起步奠定了法律基础，将一般公共预算、政府性基金预算、国有资本经营预算、社会保险基金预算均纳入预算范畴，完善了政府预算体系。三是启动事权与支出责任划分改革。

建立现代财政制度是一项长期任务，既要应对当前国际“百年未有之大变局”，又要妥善解决国内经济下行带来的现实难题，防控重大财政风险，实现财政可持续发展，维护好改革、发展、稳定之间的良性循环关系。要防控重大财政风险，夯实国家治理的基础，协调改革、发展和稳定之间的关系，构建公平合理的税法体系。[1]

二、财税体制改革前瞻

《经济导刊》评论员于中宁、赵瑜认为，在美国总统特朗普推行减税政策后，应该怎样看待中美税负比较以及怎样进行税收改革，是中国经济的一个重要话题。

税收的目的是实现公民的公平与发展，是调节不平等程度的重要工具。因此，世界上通行的税收原则是“损有余而补不足”，绝大多数国家和地区都实行累进税。从总体税负角度来看，我国的税负水平是合适的，客观反映了我国处于发达国家和发展中国家之间的状况。与美国相比，无论政府总收入、

〔1〕楼继伟：《40年重大财税改革的回顾》，载《财政研究》2019年第2期。

总税收和总债务水平，中国都低于美国，而且总债务水平大大低于美国，还不到美国的三分之一。所以，中国政府的收入、债务水平，总体上是健康合理的，无论是向下还是向上的调整，都存在着适当的空间。从经合组织国家的税收占国内生产总值比例的角度看，我国的税收负担也相对合理。从政府总支出角度来看，中国政府的税收总额、支出总额和支出结构，总体上也是合理的。当然，这并不意味着没有调整的空间。对中国政府而言，建立效能政府仍然是一个艰巨的任务。中国的总税负和总支出虽然相对是合理的，但是如果分析中国税负的结构，会发现这个结构的主要问题是不合理、不公平的，主要表现在增值税、资本利得税、遗产税和赠与税这四大税项上，后三项中国到现在都没有开征，导致法律不健全和执法不严，并使收入不平等问题加剧。

我们来详细剖析中国税收负担的结构。中国企业的税收负担高于多数经合组织国家。企业所得税，中国比美国和其他发达国家高得多，也比经合组织平均值要高。同时中国个人的税收负担总计低于多数经合组织国家，个人所得税收缴比例非常低，原因之一是中国人工资低，经合组织平均工资比中国高 6 倍；原因之二是，许多富人是企业大股东，只给自己发比较低的工资，其分红和买卖股票不交任何所得税和资本利得税，更不会按最高比例缴纳社保费，公私不分的现象非常普遍；原因之三是，所有发达国家都已开征的三大富人税（资本利得税、遗产税和赠与税），中国至今没有开征；原因之四是中国富人偷税漏税严重。这些原因迫使国家向生产环节征收增值税，其实质是全国人民负担了这笔税。而增值税的弊端在于其累退性和不公平性。增值税是对所有人进行的无差别征税，消费低的穷人为消费高的富人缴了一部分税，因此增值税具有累退性，并且会伤害新业务和微利企业的生存条件。此外，由于政府对国有企业和民营企业的监管程度不一样，增值税在无形中也加大了国有企业的负担。国有企业对 GDP 的贡献率与对税收的贡献率是相匹配的，而民营企业对税收的贡献率与其对 GDP 的贡献率相比低了约 15%—20%。在中国仍未开征的资本利得税，则有利于惩罚资本市场的短期投机行为，鼓励长期投资行为，规范资本市场，同时能够对整个税收水平起到有益补充的作用。遗产税和赠与税则是基本的公平税收制度。资本利得税、遗产税和赠与税，被合并称为“富人税”，在所有发达国家和多数发展中国家都征收。征收富人税体现了公平原则，尽管富人税在不同国家实施的程度不同，对经济公平的作用大小也不同，但有则比没有强。

中国的税制需要以公平发展为方向进行结构改革。改革目标就是尽快改善现在存在的税费混合的状况，建立公平、合理、清晰的税目体系，尽快出台富人税，尽快堵塞各种漏洞，着手间接税和直接税的平稳过渡；尽快建立公平合理的税法体系，提高违法成本，实现法律面前人人平等。[1]

三、金融体制改革前瞻

第十二届全国人大财政经济委员会副主任委员黄奇帆认为，金融供给侧结构性改革，是从基本面的角度、从制度的角度、从结构性的角度进行推动和改革。如果这些领域存在问题，就用体制机制性改革的方法进行调整和变革，最终形成对经济有长效作用的基础性制度改革。

近年来中国货币供给和金融体系存在着三种问题，金融供给侧结构性改革，就是力图要解决这些问题。一是利率市场化改革尚未完成，货币市场利率已经完全市场化，但商业银行存贷款基准利率依旧存在，“利率双轨制”造成套利现象。二是货币政策传导机制不顺畅，造成中小企业和民营企业融资难、融资贵等问题，且这些问题长期未得到解决。三是货币调控是以数量调控为主，还是以价格调控为主？面对问题的时候，我们往往会用“一刀切”和数量型的方法来解决，当然，这里存在路径依赖的现实情况。长期以来，中国金融业态以间接融资为主，大力发展资本市场，解决资本市场的供给问题，是解决金融为实体经济服务的杀手锏，也是金融防风险的关键一招。

从资本市场的供给角度分析，至少有六大供给：一是注册制和退市制，要把退市制作为注册制健康发展的基础和前提。二是长期资金，要逐渐建立长期资本。三是发挥证券公司的资本中介功能，通过基础性制度的改革，建

---

〔1〕 于中宁、赵瑜：《加快税制改革构建公平合理的税法体系》，载《经济导刊》2019 年第 3 期。

立新的投资规则，这样证券公司就会形成万亿级的资本中介能力，场外资金无序配资、乱象丛生等问题会得到消除和抑制。四是上市公司的再融资、资产重组和回购注销、分红的制度建设。五是改善机构投资者的投资方向。六是科创板在制度上带来一系列变革。

总之，供给侧结构性改革由三个关键词组成：供给侧、结构性和改革。供给侧是问题导向，对供给侧问题的解决办法就是进行基础性制度的改革、体制机制的调整。结构性平衡合理是目标，即以结构性的系统平衡来判断改革的成果。供给侧、结构性、改革，三个关键词各有用处，共同形成一个体系。[1]

（整理/黄歆然）

〔1〕 黄奇帆：《推进中国金融供给侧结构性改革》，根据“全球金融格局变化和中国金融改革”研讨会上的发言整理。

“堵式减负”困局与中国基础教育改革

[编者按] 以“减轻课程难度设置”“禁止超纲教学内容”、“取消竞赛加分竞争机制”等方式为表现形式的教育减负工作已经不再是新鲜话题。自1985年普及义务教育以来，教育部门已经陆续下放了49次“减负令”，教育减负的目标在形式与实质上均已有较大程度的实现。但是，在国家经济社会创新发展人才缺口的日益扩大、“减负化”的教育模式人才供给后劲不足的现状下，汲取日本“宽松教育”模式所造成的重大负面影响的教训，我们应当重新考虑“教育减负”政策的推行的必要性或推行手段与力度，培养正确的教育价值观，重新寻回中国教育的珍贵传统。为此，复旦大学高等教育研究所副研究员陆一撰文《“堵式减负”困局与中国基础教育改革》，结合国内外教育减负改革的实践及其后果，以客观的态度与视角，对中国教育改革的实践做出了评价与方向性展望。相关讨论刊于《文化纵横》2019年第2期。

一、以日本为鉴，警惕“宽松教育”

陆一指出，相似的减负政策在日本已经实施了30年，但日本的减负政策并没有得到期望的结果。首先，“宽松教育”政策直接导致日本公立学校瘦弱化、空洞化、失去教育威信，私营教育机构过度扩张。其次，在“宽松教育”政策下，由于公立学校受到压抑，教育供给向私立学校转移，优质的基础教育越发昂贵，家庭负担倍增，社会的教育不公平在持续扩大。最后也是最为重要的一点，日本的国民学力显著下跌。

过去30年间，日本的教育减压工作确实有实效，但也造就了缺乏求知欲和进取心、受不了批评、害怕担责任、整体学力衰弱的“宽松世代”。2016年5月，日本正式承认，推行了30年的“宽松教育”失败，并表示将从2020年开始全面实施“去宽松化”的新课标。然而，“宽松世代”无法为“去宽松化”政策提供合格的师资队伍。陆一指出，日本的例子提醒我们：教育政策的惯性很大，要想彻底转向至少需要一代人的时间，因此不可不慎。

二、“教育减负”与大国使命背道而驰

日本的“教育减负”客观上确实实现了教育的宽松化，但在中国，类似的“减负”政策却使学生的学习负担越发沉重。这根源于两国社会现状的差距。

第一，对高等教育选拔性的落实程度不同。日本已经丢失了高等教育系统的选拔性，而中国却没有。高等教育的选拔性是大国教育系统的命脉。大国、强国的教育体系必须保有积极健康的人才选拔系统，这是国家独立自强、参与国际竞争的底气所在。日本考试竞争激烈的时期与国家经济增长迅猛、大国雄心上升的时期存在某种一致性。如今日本的关键文凭贬值，高等教育选拔性丢失，这看似是教育问题，实则是国势衰颓的表现。它给我们的教训在于：“宽松教育”和“科教兴国”不可兼得。

第二，公众观念对教育意义的认可度不同。日本“宽松教育”的民意基础在于大多数民众生活富足后不忍心让孩子参与学历选拔的残酷比拼与野蛮竞争。而中国基于学历的社会流动空间尚足，教育水平也还存在较大的地区、城乡及校际差别，中国人民总体上仍然认同教育改变命运。中国至少有两个群体的民众不信任“减负”。一是数量庞大的为造就家中第一代大学生而竭尽所能的家庭，他们相信通过艰苦的竞争可以获得公平的向上流动机会，改善生活境况。二是许多已经摆脱物质匮乏的城市家庭，他们希望通过比较公平的、唯才是举的方式来获取相对较好的教育资源。

三、警惕减负负面影响，教育宜疏不宜堵

民众对获取优于他人的教育机会和学历文凭有着难以改变的天然需求，对于这种伴随着竞争活力与进取意识的需求应善加引导，而非堵截、打压。

“公办瘦弱，私营肥满”的现象反映了“堵式减负”政策的第一波挤出效应。“堵式减负”首先表现为禁止公办教育提供“超标准”的教育，对超标的学习愿望设置各种障碍。“堵式减负”既取消了教师因材施教的可能，也剥夺了学生个性化求学的权利。当错误的减负政策持续加码与刚性化，相应的学生家庭宁可选择上价格昂贵的私营学校。该类学校许诺高薪和上不封顶的教学自由来挖走大量体制内最优秀的教师，导致了“公办瘦弱，私营肥满”的现象。

中上阶层普遍对国家教育选拔体系失去了信任，而私立国际学校、“洋高考”大行其道，是“堵式减负”政策迫在眉睫的第二波挤出效应。此类政策透露出一种对现有教育选拔体系的否定，它要达到的愿景与我国已经走过的道路、取得的成就相互抵触。这种扭曲和内耗大大伤害了公办教育系统的教育工作者，同时使大批有进取心、有金钱但无关系、无门路的城市中上阶层家庭在极度失望中投入到以美国为主的国际学校教育选拔体系中。

四、如何走好中国教育发展之路？

陆一认为，每一条教育发展轨道都有与之相契合的政体与国情，轻易的教育变轨会造成严重的系统性内耗和斥力。因此，目前的当务之急是重新确认中国教育的珍贵传统，重新回归中国教育发展走过的正确道路。

首先，充分重视全民的向学之心以及通过学业成就改善生活的进取之心。东亚文化在科技创新决定国家和民族命运的时代比反智平等主义及“读书无用论”等懒惰厌学的观念更具优势，我们应该以此为文化自信，而绝不是文化自卑。

其次，我国的教育体系已经成功建立起有凝聚力的价值追求和人生实现

路径。高考制度为高校提供优秀生源，进而将他们培养成为国家和社会需要的、符合主流价值要求的人才，为我们这个多民族、多地域差异的国家提供凝聚力。

再次，中国基础教育中的数理学科长期居于世界领先地位，数学、科学不仅有具体的实用价值，也是高效能的思维训练。国民的数理基础对中国各行各业现代化都很重要，尤其是面对大数据、人工智能等信息技术引领的未来时。中国目前的数理化教育仍存在苦学无获的情况，要改进的应该是教育方法和选拔效度，而非一味降低课业标准。

最后，不同教育体系和发展轨道的利弊长短随着国际教育研究的深入与拓展越发鲜明可见。中国的教育体系并没有抹杀独立思考的能力，而且由于有效的考试选拔，中国的基础教育实现了有限成本之下的迅速发展。

五、"疏导提质"，科教兴国

陆一指出，"堵式减负"的致命错误在于其表面化地迎合了两种民意：一种是错把小国寡民的教育模式树立为榜样；另一种是忽视优秀教育的实质性建设，不理解教育和学习的内在规律。在此基础上，陆一提出了"疏导提质"的策略，这既是对"堵式减负"的纠正，也是对其流弊的修补。

首先，要疏解淤塞，强化公办教育供给。公办为主体的正规学校教育应当大大充实其所能提供的课内教育。其次，要因势利导，巩固竞赛，扩大选拔供给。公平考试、唯才是举是中国人自古以来的价值观，是中国长久以来各行各业人才辈出的制度与文化保障，应该被传承、发扬。最后，要提质增效，建设选拔与培养相得益彰的健康教育生态。选拔与培养的珠联璧合才是中国特色、世界一流的中学教育。当教育和选拔系统充分舒展开来，学业的竞争压力就会得到良性疏导，"减负"将不再成为问题。

（整理/杨子豪）

数字化转型与人工智能的情感计算

[编者按] 伴随着技术突破和资本支持，21世纪互联网、大数据、人工智能等新兴技术走到了融合并重塑社会的关口。机器换人、工业互联、中国Predix，以富士康为代表的制造业在数字化浪潮的裹挟下正经历转型。这一场新技术革命将以何种方式影响人类社会?《财经》《文化纵横》等刊物及观察者网、爱思想网等网站刊发了系列文章。在关注作为本体的人类之余，《探索与争鸣》还探讨了人工智能的情感计算是否可能。

数字化是将信息转换成数字格式的过程，而数字化转型（digital transformation）则指代将数字技术整合到企业的所有领域，从而在根本上改变企业的运营方式。中山大学社会学与人类学学院讲师许怡、德国耶拿大学博士许辉认为，中国产业升级中的制造业正在经历两种数字化转型的模式，一是省人化，亦即以“机器换人”增效减员，集中在劳动密集型的中低端产业；二是智能化，通过深度整合人工智能、信息物理控制系统和大数据，将生产过程改造为自动运行的灵活系统，[1] 例如观澜富士康无人工厂、海尔工业互联网平台（COSMOPlat）等。

既有中专毕业的八年富士康工人进入自动化组，也有离开流水线的普通工人去当了快递员。[2] 两种模式的数字化转型向人类社会提出了亟待回答的问题：劳工关系会发生何种变化？生产领域的流变会否波及其他领域？作为数字化转型载体之一的机器人又能否复刻人类呢？

---

〔1〕 许怡、许辉：《“机器换人”的两种模式及其社会影响》，载《文化纵横》2019年第3期。

〔2〕 王凤：《一个八年富士康工人接受了机器人》，载《财经》2019年第12期。

一、省人化：技术赋能还是劳动退化？

数字化转型最先改造的领域便是传统制造业的“机器换人”。中国信息通讯研究院发布的《中国数字经济发展与就业白皮书（2018）》显示，数字经济每100个就业人口中，72个为升级原有就业，28个为新增就业岗位，同时技术性失业风险凸显。[1]

乐观者如埃森哲首席技术与创新官保罗·多尔蒂（Paul R. Daugherty）。他认为，AI时代的工作机会并不是“保留”下来的，而是“定义”出来的。尽管未来十年重复性工作会大量消失，但诸如负责设计和培训算法的培训师、解释所使用算法并进行维护的讲解员和维护者将创造大量新工作岗位。在这个“定义”与填补新岗位的过程中，企业家和监管者肩负史诗级的重大责任，例如在实现自动化之余培养员工的新技能。[2]

无独有偶，西门子股份公司总裁兼首席执行官凯飒（Joe Kaeser）同样认为，跨国公司应承担更大责任。攻击中间环节和平庸阶层的数字化天然会造成社会分化，企业家有责任平衡社会转型、世界稳定与数字化企业间的关系。[3]

有趣的是，作为企业家的两人均以“技术赋能论”为前提，对AI拓展人类能力、提升生产效率深信不疑。但许怡、许辉两人对此提出了质疑。二人认为，“技术赋能论”只符合少部分掌握专门技术的劳动者，大量生产工人的状态更接近于劳动过程理论奠基者布雷弗曼（1974）所主张的“劳动退化论”——机器人的引入反而去技能化，工人从操作技工退化成了运输物料、看守机器设备的辅助性工人。更甚的是，工人被嵌入到以机器人为中心的技术控制中，工人数量大幅减少的工会恐难以再发挥作用。在这个意义上，工人既失去了对“概念”的控制，也逐步丧失了对“执行”的主动。

许怡、许辉强调，机器人持有者将以更快的速度积累财富，贫富差距将

---

〔1〕 王凤：《一个八年富士康工人接受了机器人》，载《财经》2019年第12期。

〔2〕 保罗·多尔蒂：《AI时代的新工作机会》，载《财经》2019年第12期。

〔3〕 凯飒：《数字化时代，企业领导如何担责》，载《财经》2019年第12期。

不断扩大；与之相反，大规模结构性失业的风险却被“用工荒、用工贵”的论述掩盖。[1] 在这个意义上，中国社会科学院人口与劳动经济研究所所长蔡昉从经济学自我革新的角度应和了许怡、许辉的担忧。他认为，曾经占据主导的涓流经济学和渗透经济学已无法回应以“数字化”为特征的第四次技术革命。涓流经济学认为，一旦经济活动从某个部门或企业发起，最终会通过涓流效应，使经济整体乃至社会利益均沾；渗透经济学则认为，技术变革可以无远弗届、无微不至地得到渗透，从而完全转化成整体的经济增长。然而现实却是，自动化中机器人的应用致使更普遍的岗位流失，巨型企业甚少仰赖人工获利，收入分配恶化，经济增长也不会自然而然地以涓流的方式惠及所有群体；至于渗透，引用罗伯特·索洛的观点，“计算机无处不在，在统计中却看不到生产率的提高”。

越来越多的事实证明，技术不仅不能均等地渗透，还选择性地以隐私泄露、数据监控、儿童伤害等形式侵害着用户的权利，创新企业成为“监控资本主义”（surveillance capitalism）的帮凶。[2] 种种危机都要求政府在再分配和垄断监管上加大力度，以平衡“数字化转型”的潜在风险。

二、智能化：算法正义与共产主义

与“省人化”下劳动力市场直观的数据变化相比，“智能化”的影响更为隐蔽，也更为深远。中山大学移民与族群研究中心副研究员姬广绪指出，大数据和信息系统看似提供了爆炸式的海量信息，但实际上，人们阅读到的信息由平台的算法决定；为了增加用户黏性，人工智能和算法推送的是它认为用户会喜欢的内容，从而将人放置在“信息茧房”之中，人被隔离在信息孤岛之上，这个秘密算法操纵下的信息社会被帕斯奎尔称为“黑箱社会”。

为了避免信息霸权，姬广绪认为，企业应当强调算法模型的多元性，例如谷歌浏览器的“逃离泡沫”（Escape Your Bubble）插件就可以根据用户的阅读

---

〔1〕 许怡、许辉：《“机器换人”的两种模式及其社会影响》，载《文化纵横》2019年第3期。

〔2〕 蔡昉：《经济学如何迎接新技术革命?》，载爱思想网，http://www.aisixiang.com/data/116778.html，最后访问日期：2019年8月10日。

习惯，反向推荐不同视角的文章；此外政府也应主动干预，矫正企业在信息提供上的任意性和商业性导向，例如要求报备算法模型并加以审核等。[1]

然而，在要求企业自我担责、政府加大监管的背后却隐藏着一个悖论：谁来监控政府？清华大学梅汝璈法学讲席教授冯象指出，人工智能时代引领法律走向了“硬规则”体系。智能化将须经讨论、宣传、征求意见的软规则制定过程省去了，例如应用平台的授权合同就是一种单方制定规则、用户被迫接受的格式合同。一旦机器介入立法，最终将得到一个无限复杂化而不被人类理解的规则体系。

鉴于此，冯象提出了两种解决方案。一是彻底知识产权化的暴政：正如索罗斯声称的，“威权国家可能与拥有大量数据的公司结成联盟，最终形成一个连奥威尔都未曾想象到的极权控制网络”；二是数据国有化，从而进入共产主义社会。[2] 然而冯象也坦言道，数据国有化的前提是党和政府为人民服务，蔡昉亦尖锐地指出计划经济复活的讨论本质上反映的是——无论有意或无意——执新技术之牛耳的巨型企业所有人或代理人对未来社会中控制地位的判断和意图。[3]

从“省人化”结构性失业、贫富差距扩大延伸至劳工的去技能化，再到“智能化”下的算法囚笼和硬规则体系嵌入法律，人类在数字化转型面前似乎正在全方位地丧失主体地位，一场人类中心主义与人工智能没有硝烟的“战争”已然拉开序幕。Alpha Go 在围棋界大杀四方，无人驾驶得以应用，在不得不承认人工智能时代必将到来和机器算法必将超越人类理解范畴的前提下，冯象在《我是阿尔法：论法和人工智能》一书中另辟蹊径地提出了以人工智能的伦理教育破解人受制于机器的想象困局。

知己知彼，百战不殆。了解、掌控并规划人工智能是人类主体地位尚存时应尽的努力，而人工智能的伦理教育则以机器超越“物”而具备道德情感

---

〔1〕 姬广绪：《算法正义：呼唤数字时代的人文精神》，载《财经》2019 年第 12 期。

〔2〕 冯象：《政府大量介入硬规则制定，或形成新的计划经济》，载观察者网，http：//www.guancha.cn/FengXiang/2019_06_11_505074_5.shtml，最后访问日期：2019 年 8 月 10 日。

〔3〕 蔡昉：《经济学如何迎接新技术革命?》，载爱思想网，http：//www.aisixiang.com/data/116778.html，最后访问日期：2019 年 8 月 10 日。

为前提。

三、破局：人工智能的情感计算

对人工智能的伦理学反思肇始于算法中的种族歧视与性别歧视倾向，例如大数据图库中“烹饪”关键词与女性照片的相关比例高达68%，高薪招聘的广告大都推送给了男性客户，因此人工智能届已有要伦理规约技术的共识。〔1〕然而目前这种“歧视”由人类赋予，亦由人类介入调整。在人工智能时代，机器人能否具有“道德情感”（moral emotion）而自我规约？这一问题以人工智能的情感计算为前提。

辽宁大学特聘教授刘悦笛将“情感”区分为外部情感与内部情感，前者指代情感行为，后者指代情感感受。目前能被模拟的情感仅为外部情感，是与高级灵长目接近的低级情绪；那么内在情感的模拟是否可能呢？刘悦笛在此引入了情感与身体关系的讨论：感受理论肯定“身体是情感的剧场”，人情不离于身体；认知主义则认为，情感意识不过是计算过程，情感可以脱离人体而存在，并在机器和程序中被模拟出来。这两种理论构成人类中心主义与科技乐观主义的分野。

致力于情感化人工智能的研究正在探索一种“情感激发机制”，让自动化机器人在人化环境中应对人，形成“社会性机器人”，最终表现出各种人化的“情动状态”——然而这种情感的训练与习得在刘悦笛看来构成了人工智能的“情智悖论”。机器人理性化的智力愈发达，就愈需要模拟复杂的人类情感；但越是高级建模，情感反而被理性越推越远，背离了作为人之情感所本有的感性化特质。〔2〕

如果抽离理论，刘悦笛的判断事实上以人类情感之独特性与整体性为前提，机器要模拟的也是与之相类的实质性存在。但华东师范大学中文系教授王峰认为，人工智能的情感与人的情感分属两种情感系统，理论机制完全不

〔1〕刘悦笛：《人工智能、情感机器与“情智悖论”》，载《探索与争鸣》2019年第6期。

〔2〕刘悦笛：《人工智能、情感机器与“情智悖论”》，载《探索与争鸣》2019年第6期。

同，追求实质性的一致毋宁说是社会叙事的想象。人工智能模仿的任务仅需作为结果的情感反应一致。因此我们不需要研究清楚人的内在情感机制，只需要机器的运算力足够强大，对人的情感和情境反应作出极大数量的标注，并对人工智能进行调适训练，它就可以作出情感回应。这种反应不要求彻底的普遍性，只需或然性即可，甚至独特的反应将形成人工智能的“个性”。[1]

在人工智能尚未大规模应用的当下，讨论人工智能的情感计算与伦理教育似乎为时尚早，但技术的更迭与机器自我学习的能力已经突破人类预料。算法的自我推演无法被人类理解，然其绝对理性又被高度认可，这种对人类主体性的压迫使得我们不得不未雨绸缪。

放弃对机器进行情感计算是回归人类中心主义，尽管保证了人之主体性，但一来削弱了人工智能改造社会的可能，二来亦无法保证机器能否自我进化而最终脱离其客体地位。与之相反，不再为情感反应追溯内在机制、仅从行动上去判断人工智能是否拥有“情感”，这是后人类主义文化。在机器发展出自我意识之前率先与之沟通、互动乃至教育，既为人类与机器可能发生的对抗留下一条退路，亦是为在亚里士多德和儒学湮灭的后人类时代里实现人类美德的延续。

（整理/刘祎佳）

---

〔1〕 王峰：《人工智能的情感计算如何可能》，载《探索与争鸣》2019年第6期。

社会转型命题背景下“东北现象”的探究

[编者按] 改革开放以来，在社会转型变迁的大背景下，学术界遵循着“现象逻辑”，从不同角度对东北地区面临的发展困境展开了持续性的研究和分析，提出了“东北现象”命题。针对这一宏大背景以及复杂的地域发展困境，如何分析、揭示、解决这一困境，如何理性看待这种“东北现象”，美国马里兰大学巴尔的摩郡分校历史系的宋念申、美国芝加哥大学社会学系的谢雯、对外经济贸易大学中文学院的刘岩、吉林大学哲学社会学院的田毅鹏和康雯嘉分别从历史中心、单位制等视角在《开放时代》2019年第6期展开了讨论。

东北地区作为新中国成立后最早建立起来的大规模工业基地，为新中国社会主义工业化进程的启动做出了不可磨灭的贡献。然而，作为一个表征区域产业发展低迷和地域衰退的概念，“东北现象”从提出之日起，便是一个颇为复杂而又充满争议的话题。“东北现象”所对应的是新中国成立后东北地区以若干大型重化工业集中在特定城市空间为特征的现代工业体系的辉煌发展，以及20世纪90年代以来老工业基地衰退的事实。伴随东北区域发展困境的阶段性演进，社会各界对“东北现象”的研究也持续升温。

一、“东北现象”的阶段演进

田毅鹏将“东北现象”界定为包含了1990年代以来东北地域所经历的“东北现象”、“新东北现象”、经济新常态背景下“新东北现象”三个连续变动的阶段。三阶段之间存在着密切的关联，同时各阶段也表现出各自的主题和特色。

1. “东北现象”的初现

1991 年 3 月 20 日，新华社记者赵玉庆等发表通讯《“东北现象”引起各方关注》指出：“经济发展曾经居全国前列的东北三省近年来工业生产步履维艰，黑龙江、辽宁和吉林工业增长率分别为倒数全国第二、第四和第五位，经济效益也处于落后地位。这一异常情况正在引起各方关注，被称之为‘东北现象’。”此阶段，学界主要将其看作一种经济产业衰退的现象，话语研究分析主要集中在经济产业领域，特别是工业衰退方面。

2. “新东北现象”：“东北现象”的蔓延

东北三省作为我国最重要的商品粮生产基地，素有“粮食市场稳压器”的称号。然而，新世纪初，在我国加入世贸组织、开放水平不断提高的背景下，随着我国加入世贸组织，大豆等大宗农产品进口关税下调，大量国外农产品涌入国内市场，农产品销量急剧下滑，农产品大量积压，直接导致农民增收缓慢，农业经济效益下滑。权威媒体提出了所谓“新东北现象”。此时的“新东北现象”的聚焦点在于农业，如何提升农业效益成为关注点。

3. 经济新常态下“新东北现象”

2014 年 12 月，中央经济工作会议首次正式提出经济发展“新常态”概念，这意味着我国经济发展的条件和环境发生了重大转变，持续三十余年 10%左右的国内生产总值高增速已成为历史，经济发展转入了速度适宜、结构优化的轨道。但是，东北地区在经济发展新常态下出现了“断崖式”下滑，这引起了社会各界的广泛关注。以新华社刊发《事关全局的决胜之战——新常态下“新东北现象”调查》为标志，“东北现象”研究进入第三个阶段。

二、困局与成因分析

如何通过“东北现象”去正确分析形成困局的实质性原因，是分析社会转型发展命题背景下的“东北现象”的关键。分析的视角不同，也会给形成“东北现象”的原因带来不一样的理解。

1. 工业单位制视角下的内部困局

谢雯以工业单位制为视角分析了工业单位制社会解体与改革政策对东北

经济社会带来的非预期后果。谢雯首先通过历史社会学方法分析了国家政策通过单位制度塑造一个以大中型企业为主导的政治和社会生态，突出强调了单位制里单位人的家庭和工作关系网络的高度重合。谢雯指出，大中型工业企业单位自身内部的结构被重塑的同时，也同步塑造了地方经济和社会结构，大中型工业企业将大量就业人口纳入自身，强化了地方人口对“大单位”的就业偏好和认同及流动性的理解，也加剧了后续企业转型的困难。

然而，随着1990年代改革的推进，这种强化“大单位”就业认同、突出“一老本实”工作理念、求稳怕风险的单位制生态在市场化改革时遇到了强烈的冲击。原有的工业单位制解体，大量大中型工业企业职工内部就业转移到外部就业后，外部就业并没有持续上升（下岗后并没有找到工作），东北地区产生了一个两极化的就业结构。

在政府、国有企业就业端，原本作为地方经济中心的大中型企业解体后，地方政府重塑经济真空，权力增强，凸显出了“关系”的重要性，同时也导致了大量年轻人的流失。在自主就业端，囿于单位制时代形成的惯性思维以及区位因素，在突变式改革前未能转变思维抓住发展经济的窗口期，而在突变式改革后由于政治因素以及区域竞争因素，市场经济并未有效发展起来，这端大量的人口只能在低端就业，经济前景黯淡。

2. 区域结构视角下的“东北现象”

田毅鹏指出，应当将“东北现象”置于20世纪80年代以来中国由封闭走向开放、由计划走向市场的社会转型大背景之下。“东北现象”的困局与中国经济社会发展不均衡结构的转换有密切关联。从20世纪八九十年代开始，伴随着改革开放和社会主义市场经济体制的逐步建立，中国的经济发展重心开始转向以经济特区为先导的东南沿海，中国的经济发展逐渐表现出新的发展不均衡的态势。

从东北地域来看，这一时期的制约因素是多重的，即除了相对于东南沿海经济特区的开放性而言的封闭性之外，东北工业基地已步入产业老化和资源枯竭的阶段。改革开放为沿海地区的经济发展注入了巨大的动力，长三角、珠三角等地区成为市场经济体制中经济发展的领跑者；而东北地区因计划色彩和“单位基因”较为显著，无法在短时间内适应市场经济体制改革，逐渐落后于沿海地区的经济发展步伐。因此，发展不平衡周期性转换的存在是“东北现象”困局的重要因素之一。

3. 历史中心视角下的“东北现象”

东北今日面对的发展难题，有着复杂的政策、环境、制度和文化因素，在内在因素塑造着东北社会时，外在地缘等情势的冲击也是造成东北“现代化困境”的重要因素。

宋念申指出，从冷战时代起，包含中国东北在内的东北亚成了地缘政治角力的场所，几个区域国家都强化了边境管控，界限取代了流通。在权力对峙的格局之下，跨境往来和贸易十分有限，到了冷战后期，边疆建设的高潮阶段也已经过去。在周边各个民族国家内部，这个地区成了社会、经济、文化各方面的“边缘”。同珠三角和长三角区域相比，地缘政治也是限制东北社会转型发展的重要因素。

三、对“东北现象”的评判的反思

田毅鹏在分析“东北现象”时指出，目前学界对于“东北现象”的分析主要是循着发展主义的理论逻辑来理解和评价东北地域社会的发展困境，过于重视采取单一的经济产业发展指标，而未能从新发展理念的大视角来看待“东北现象”。

对于“东北现象”，不能简单地以 GDP 作为评价指标，而应该将其发展置于国家发展战略的高度来加以认识。从国家整体角度看，计划时期的东北肩负着工业强国的历史使命，改革开放后，在国家政策的统筹下，东北承担起国企转型和改革的艰巨任务。作为重要的商品粮基地，东北发挥着“把自己的饭碗端在自己手里”的功能，同时，东北还因其地处边疆，承担着国防重任。因此，以全面性和系统性发展内涵看待“东北现象”，我们可能还会发现一些东北地域衰退的“反向表征”。

（整理/陈阳兵）

“工业党”的文化自觉

［**编者按**］“工业党”是中国互联网上一个松散的知识群体，主张用工业化程度与社会转型之间的互动关系处理国家发展与社会治理问题。一方面，这一群体的出现代表了韦伯意义上的“成熟的政治民族”正在中国产生，并发展出一定的政治意识与文化自觉；另一方面，这一群体强烈的主体自觉、在公共讨论中积极的参与意识，及其对主流人文精神构成的挑战，使得他们的未来走向愈发成为一个值得关注的问题。《东方学刊》2019 年夏季刊的专题《“工业党”的文化自觉》，从不同学科的维度、以多元的视角对“工业党”现象进行了丰富的呈现，为主流学界如何审视、联结这一群体，提供了可能的进路。

一、“工业党”群体的内涵：自我瓦解的矛盾或被忽视的“人文精神”

华中师范大学中国工业文化研究中心副教授严鹏认为，“工业党”群体是被他者指认的知识群体准文化联盟，其内部包含着自我瓦解的矛盾。从起源上说，“工业党”是一种流行于中国部分青年群体中的网络亚文化现象，而“工业党”从狭义到广义的扩展，存在着一个亚文化向主流文化渗透的过程。狭义的“工业党”最突出的思想特征并非对具体的工业经济发展的支持，而是一种张扬的新型宏大叙事。这种宏大叙事以强烈的国族主义为底色，将中学教科书提供的清晰的历史演变图式与社会主义理论用一种突出的技术发展的话语重新叙述出来，成为一种对抗崇洋心态和反击反体制心态的话语。而广义“工业党”的形成则与微博用户的发言及《大国重器》纪录片的流行有关，广义“工业党”作为准文化联盟的出现，对中国工业的形象建构和品牌营销有着重要的潜在价值。但遗憾的是，这个事实上的准文化联盟在几年时间里实际上就瓦解掉了，原因有三：第一，尽管“工业党”为中国的年轻人提供了一种史诗般的宏大叙事，但随着年轻人的成长，日常生活的平庸琐碎本身就在消解这些宏大叙事，这是“工业党”尤其是广义“工业党”不得不面对的根基侵蚀问题。第二，广义“工业党”的某些作品实际上是把这种亚文化圈子里的小众认知和话语向整个中国社会推广，并在事实上进行了虚夸。但是，2018 年的中兴事件对这种文化氛围形成了致命的一击。第三，作为一个成员混杂的群体，“工业党”对于工业和工业历史的认知与想象是割裂乃至对立的。当不同背景的“工业党”基于自身学养和立场而形成相异的认知或想象时，矛盾就产生了，并极有可能，也确实引发了使联盟瓦解的争执。认知差异既源于知识结构，也涉及立场问题。一些“叛离”“工业党”的人认为，在“工业党”的话语和叙事中，只有“工业”而没有“工人”。这实际上触及结构性的问题。

严鹏进一步指出，广义和狭义“工业党”内部的认知割裂，除了导致对工业本身存在着偏好性的认知差异外，更严重的问题在于其割裂的历史叙事。这种历史叙事与工业有关，但更多涉及整个中国近现代历史的叙事以及经济学理论的流派，因此存在着调和的巨大困难。

复旦大学中国研究院副研究员余亮则认为，“工业党”概念是自我赋名，身份意识强烈，具备强烈的“主体性”气息，事关“做什么样的新人”这个重大文化政治问题。

在余亮看来，“工业党”意识正是在全球去工业化趋势和西方主流自由主义话语衰败的背景下兴起的。套用列宁的观点，“小生产是经常地、每日每时地、自发地和大批地产生着资本主义和资产阶级的”，现代市场经济是经常地、每日每时地、自发地和大批地产生着小资情怀。支撑现代社会的工业基础，在现代文化世界里则普遍被看作压抑性的存在。当代中国“工业党”意识经历过社会主义实践的浸染，依然具有革命意识特征，超越了一般以个人利益为核心的市场理性，因此有被保守的日常生活和消费主义文化排挤出去的危险。在应然层面，具备工业思维本应是现代人的基本素养要求，但在实然层面，工业思维则总是遭到现代情怀的拒斥，在多数人身上处于非自觉状态。

余亮指出，“工业党”意识对主流人文精神产生了几大挑战。首先是挑战生产力和生产关系的区隔意识。这一点来自左翼对“工业党”的批评，即认为“工业党”只讲生产力，不讲生产关系。但余亮认为，对技术的“去技术化”理解同样是一种误区。技术是人类对政治、经济、治理实践中的智慧手段和权力运作的凝练，相比当代左翼关注的“去政治化的政治”问题，“政治的去技术化”同样是严重问题。只有对实践以及实践知识的感知才能将被话语分开的事物重新结合起来，从而夯实对生产力与生产关系、政治与技术的理解。这是“工业党”对已经规制化的社会科学的一个挑战。其次是挑战文理工区隔与通识教育的局限。对功利的一概排斥，与对理工教育有意无意的削弱之间存在某种联系，似乎人文素质教育是非功利化的、高雅的，理工教育则是功利化的、世俗的。功利与否不应该是判断人文精神的标准，这不仅是教育问题，更是涉及根本的现代人生活观的问题。最后是挑战有情与有用的伦理观区隔。针对对“工业党”之“无情”的批判，余亮指出，“工业党”思维背后有一种危机意识。它提醒人们，不要在对幸福的浪漫憧憬中忘记生死存亡的危机仍然可能来临。幸福值得追求，但不能忘记艰辛的意义，不能忘记“承担责任”是一种需要通过实践磨炼而非高谈阔论来习得的能力。这种危机意识甚至与马克思主义的未来意识也产生了差距，后者向往一个终将出现的幸福乌托邦，所有人可以“上午打猎，下午钓鱼，晚饭后从事批判”。

余亮认为，“工业党”意识的核心是对经济基础和政治社会治理当中的技术和实践过程加以自觉认知，并提升为上层建筑中的思想文化构造，凝练为永恒奋斗的意识。在方法上，把科技思维和工程实践知识内化为一种人文思维方式，把被遮蔽的“基础设施”重新转化为上层建筑视野的一部分，让文化政治重新植入生产和技术实践的土壤中。

二、“工业党”的话语行动：历史叙事及批评

北京大学新闻与传播学院教授吴靖、北京大学新闻与传播学院硕士毕业

生卢南峰认为，界定“工业党”的知识体系应当超越与克服既定的概念框架。不同于传统左右分野造成的困惑，在政治领域，“工业党”偏好集中高效的政治体制。在文化领域，能否有效服务于工业化也是评判的标准。“工业党”认为，要实现工业化，就需要对非工业人口进行“工业启蒙”，完成思维与物质的协调统一，让普通民众接受工业社会的意识，并影响政治决策集团的战略制定。“工业党”断然拒绝农业社会的政治经济形态，以及对传统文化的浪漫化想象，寄希望于通过党派斗争和文化政治，而非工业社会的科学体系，去推进社会进步。

在国际秩序领域，“工业党”以科学和工业化的“国族价值”对抗西方自由民主的“普世价值”，坚决反对老牌帝国主义打着民主政治和自由市场的旗号，依托霸权和经济技术优势，通过输出工业制成品，掠夺欠发达国家廉价的人力和资源，并打击其薄弱的工业基础，使其永远处于被殖民状态。“工业党”主张以出口工业替代出口工业制成品，乃至探索直接出口工业化进程的模式。“工业党”希望中国成为输出工业化进程的世界领袖，替代帝国主义掠夺的老路，从而集中起各个民族国家的剩余资源，打破中国工业化进程的资源限制。这一模式的持续需要将中国自身工业化的成果和输出工业化的收益转化为科技实力，投入开发超级科技和廉价能源。但是，输出工业化进程到底是一种新型的中华帝国主义和殖民主义，还是具有第三世界国际主义精神的团结互助友好传统？实现工业化的中国与欠发达国家的关系本质是什么？关于这些问题，“工业党”内部存在着不同乃至互相冲突的观点。

尽管“工业党”以理工科的知识体系自傲，然而历史叙事——这一传统上属于人文社科的知识范畴——却在“工业党”话语中占据了核心地位，而这一历史叙事的核心就是“工业党”从革命叙事中抽出独立自主的工业化实践和民族主义立场，渲染经济基础上的巨大变革，而弱化制度与文化等上层建筑层面的改造，摒弃了工人国家和共产主义的意识形态愿景。与此相类似，他们接受了现代化叙事的进步主义诉求，着重强调技术与工业化等器物层面的现代转型，而较少在意政治制度与文化层面的现代化发展，更严格区分了“现代化”与“西方化”的异同，论证具有中国特色的现代化路径。“工业党”的核心目的是探讨非西方现代化模式的另类可能，但是，供其调用的历史资源——对毛泽东时代工业化方案的认同给它带来“极左派”的帽子，对国家主义经验的认同又让它被指责为“新右翼”，这也是“工业党”在左右政治光谱上面目模糊、形象矛盾的原因之一。

吴靖、卢南峰指出，尽管“工业党”转化为都市中产阶级的自为主体，赋予了自身历史分析和行动的能力，但其思想体系中有浓厚的机械决定论色彩，蔑视其他进步主义思潮，歌颂甚至崇拜强权力量，在民族、性别等议题上也有一些极端观点。现代社会面临哈贝马斯所言“生活世界的殖民化”的问题，工具理性逐渐宰制了政治经济之外的道德、文化等诸社会领域，走向社会的单一化。对于重建一个多元、宽容和平等的社会共同体而言，通过最广泛的政治参与凝聚民族政治认同仍然是必需的，文化自省与多样的政治论争亦然。

三、“工业党”世界观与“大创新时代”

中国科学技术大学科技与战略风云学会研究员陈经是“工业党人”的典型代表。陈经认为，“工业党人”的思维修养有重视数据与事实、有怀疑精神、能够抓住关键因素和主要逻辑、不断学习四个特征，而“工业党人”的缺陷体现在业余随意、不够了解人性且缺乏社会想象力、缺少女性贡献三个方面。由此，陈经认为，“工业党”思维基础是稳固的，种种缺陷则会在发展过程中慢慢好转。社科领域的学者，如果能够在思维形成时受到“工业党”的影响，则有可能在经济学或者社会科学中引入新的“工业党”研究范式，迸发出新的活力，

中国人民大学重阳金融研究院院长助理、研究员贾晋京认为，当代的“工业党”世界观应立足于大创新时代。“大创新时代”立足于市场与产业链全球化、市场结构的系统化、开放的复杂巨系统、资金环境与贴现思维四个特点。立足大创新时代，审视当下一般“工业党”世界观，我们可以认识到，工业确实可以作为看待世界的一个总的着眼点，但需要有当代眼光。把“‘一点一点’地‘干出来’”作为当今世界的来历，会导致各个“点”之间缺乏联动机制，沦为“只见树木，不见森林”的机械论世界观。我们应该看到当

今世界来自整体的而非局部之和的工业化水平上升。今天所见的发展结果，有技术积累带来的进步，但更多地来自于系统化、信息化带来的颠覆性创新之“碾压”，更有“估值革命”的因素。

把“‘一点一点’地‘干出来’”作为当今世界的来历，会导致闭门造车倾向。有论者推崇个别技术或企业的零敲碎打作风，将之誉为“自力更生、艰苦奋斗”，并主张在未来工业发展中发扬光大。这实为一种价值观，而非世界观或方法论，它没有看到大创新时代的技术或企业都只是市场环境这个海洋中的生物，市场环境当中的资金、合作方、技术体系等都处在开放的全球化环境中，企业发展时刻处于未来市场空间预期、产业生态、技术条件等环境变化中。从一个企业到一个国家，在大创新时代的处境如何，受其在全球经济体系中的“生态位”因素的影响，要远远大于受闭门造车能够带来的局部技术改进之影响。

因此，贾晋京指出，正如全球生态体系是一个整体，当代全球经济体系也是一个整体，“工业党”世界观需要进入21世纪，要有全球视野和整体性思维。

（整理/朵悦）

新中国成立70周年献礼片引发热议

[编者按] 新中国成立70周年之际，中国电影人献礼共和国生日的三部影片《我和我的祖国》《中国机长》《攀登者》同期上映，引发了广泛的关注和热烈的讨论。其中，饶曙光、尹鸿、刘复生、周舟、郭松民、鹿野等各界人士，依托于《文艺批评》《探索与争鸣》等学术刊物、《中国艺术报》《南方日报》等传统媒体、“中国电影资料馆”“察网时评”等新媒体平台，对国庆档电影进行了不同角度的评述。一方面，主旋律电影追忆共和国成立70周年的光辉瞬间，谱写电影人视野中的“中国故事”，反映了当代中国人对个人与国家、时代与历史的理解和想象；另一方面，三部电影在国庆期间成为全民文化生活的一部分，触发各界对个群关系、历史叙事、时代精神的探索与争鸣，成为重要的文化现象。文艺作品是现实生活的一面镜子，这次讨论的背后，反映出国民对历史和现实的不同理解，也呈现了正在凝结的全新审美取向。

一、《我和我的祖国》：个群关系与群众史观

海南大学人文传播学院院长刘复生从电影主题曲的视角切入，分析主题曲背后个群关系的转变史。郭兰英的《我的祖国》，呈现出血肉凝结、不可分割、作为政治性终极决断的共同体关系；1985年的《我和我的祖国》，展现出启蒙主义时代集体主义陷落的语境下，对“我和祖国”的关系的正当追问。对于前者来说，我和我的祖国不可分割，是自然正当、天经地义的前提；而对于后者，不可分割的深情告白，却暗示这种关系已经成为有待省察的命题。2019年王菲版的《我和我的祖国》，则把歌唱者与祖国的关联，从无条件的

命运性、血缘性的前定，转换为了有条件的对偶像的情人般的依恋，并生发出《我的祖国》的回响，代表了个群关系在新时代的某种“回转”。[1]

中国电影资料馆研究院周舟认为，《我和我的祖国》以散点叙事的方式，呈现出创作者的群众史观。在《我和我的祖国》中，普通人在历史洪流中作为真实的力量存在并发生着作用，让观众体会到历史不是英雄决定的，而是千千万万民众民心所向、共同行为的结果。[2] 中国文联电影艺术中心主任饶曙光也关注到，全片的7个故事都没有革命领袖和重大历史事件，反而从细微之处着笔，讲述了不同时段下个体与祖国的故事。电影以平民史观切入平凡人物的小故事，使得个体对于国家的记忆和情绪在潜移默化中累积。[3]

二、《攀登者》：如何书写共和国的历史与现实？

中国电影从电影大国迈向强国的过程中，如《攀登者》这样的主流大片已经成功转型，已探索出一条商业化、类型化的道路。然而，这部影片也受到许多批评，其中主要有如下三个方面：

第一，电影对登山英雄的关键历史多有误解、歪曲。“察网”专栏作家鹿野指出，这部电影的主线是1960年攀登珠穆朗玛峰时，登山队员因为救人而丢掉了摄像机，没有得到西方主流媒体的承认，因此队员们就受到了严肃的批评。这种“西方的承认高于一切”的描述是严重违背历史事实的。历史的真实情况是，登山队员在1960年登山的时候虽然带了一台摄影机，但是当时新中国认为西方必须摄影才能取得承认的标准本身就不合理，也根本就没有要求必须摄影来“实现西方承认”。[4]

第二，电影对新中国历史的呈现方式具有“暗黑化”倾向。独立新闻评论员郭松民认为，《攀登者》背后蕴藏着冷战胜利者的叙事逻辑，表面上呈现了社

〔1〕 刘复生：《〈我和我的祖国〉为什么让王菲来唱?》，载文艺批评公众号，2019年10月9日。

〔2〕 周舟：《〈我和我的祖国〉的散点叙事、群众史观与高视点》，载电影资料馆公众号，2019年10月8日。

〔3〕 饶曙光：《〈我和我的祖国〉：全民记忆、共同体美学和献礼片的3.0时代》，载中国电影报网，2019年10月14日。

〔4〕 鹿野：《〈攀登者〉为何不尽如人意?》，载察网时评，2019年10月6日。

会主义国家取得的历史性成就，实际上是对一切成就重做标签、重建档案。

第三，电影以“尊重个体情感”为名消解革命年代的集体主义精神。鹿野认为，《攀登者》这部电影突出个人精神，对于广大人民群众的集体力量描述得不够深刻，而中国共产党的领导作用和社会主义的制度优势更是几乎没有什么体现。中国的主旋律电影若想取得更大的成就，应该在增强红色基因方面努力，即将爱国主义与集体主义、社会主义结合起来，把抽象的爱国发展成为热爱中国共产党领导下的新中国、热爱广大人民当家做主的体制与文化。

三、集体观看与共同体美学

三部国庆档影片引发全民观看，本身就是一种值得关注的文化现象。而在这种集体观看当中，一种“共同体美学”正在悄然凝结。刘复生指出，《我和我的祖国》的七个短片，基本上都突出了最后的集体观看仪式：《前夜》《回归》的升旗，《相遇》的街头群众庆祝，《夺冠》的集体看直播，《北京你好》的奥运开幕式直播，《白昼流星》围观航天员归来……这一点在另一部国庆档献礼片《中国机长》那里得到了印证。共同的观看仪式隐含着强有力的召唤机制，它并不鼓励政治性思考，对历史本身的戏剧性能量也并不看重。它迫不及待地走向最后的大场面，在剧场的共同的凝视中激发出共同体情感。

饶曙光则观察到，作为献礼片，《我和我的祖国》让每一个平凡的“我”得到重视，激发了广泛的共鸣。而对于祖国的强大，每一个人也都能感同身受。影片通过民族精神和个体关怀建构了一个“共同体”，让观众能够在其中实现情感上的认同。《我和我的祖国》将仁爱、自强、团结等民族精神都融进不同的叙事中，继续升华为爱国主义和集体主义，进而打动观众。在具体的呈现上，为了在视听观感上加强“共同体美学”，影片每个单元的转场都分别以毛笔、铅笔或钢笔来一笔一画地写下即将讲述的历史故事和时间，中华文化的汉字之美成为表达历史变迁的载体。历史时空遥相呼应，在共同观看的场景下逐渐凝结成新时代的“共同体美学”。

（整理/朵悦）

《三体》的哲学讨论

[编者按] 现代政治哲学认为，社会契约论导向了今天人类社会的秩序，然而《三体》呈现的科技纪元为我们展现了一幅完全不同的宇宙图景：恰恰是在反复的报复战争中，人类社会秩序得以建构为一个均衡状态。为此，《哲学动态》特约请三位学者撰文，从政治哲学、存在论和伦理学等视角对《三体》予以哲学分析和审视。中国社会科学院哲学研究所研究员赵汀阳强调，黑暗森林是霍布斯丛林状态的强化版，“存在的逻辑就等于强者逻辑”。北京大学哲学系教授吴飞追问宇宙社会对霍布斯式自然状态的突破，认为“黑暗森林中社会契约不可能建立”。北京大学哲学系教授杨立华结合当代话语表达，不仅进一步揭示“技术力量”作为现代社会强者的存在，还深刻体认出《三体》是一场精神无处安放的“人”与家园的流浪，与此同时也凸显出刘慈欣隐含的价值关怀。相关讨论刊于《哲学动态》2019 年第 3 期。

一、黑暗森林与霍布斯式自然状态

1. 生存冲突问题上二者的一致性

吴飞指出，宇宙森林和霍布斯的丛林状态仍然是一样的，战争状态就是一种非社会的社会状态。具言之，宇宙社会学“公理一：生存是文明的第一需要”的基本内容就是霍布斯以生存为第一原则的自然法。“公理二：文明不断增长和扩张，但宇宙中的物质总量保持不变”即霍布斯视为必要条件的“资源有限而文明不断扩张”。霍布斯理论还体现在“猜疑链”中，在没有法律限制时，最安全的方式就是假定周围的人都是潜在的危险，并尽快消灭之。

赵汀阳认同将黑暗森林法则的支配类比于霍布斯丛林状态，认为“最坏可能世界”这个极端概念大致相当于霍布斯的丛林状态，他直陈，在生存冲突的问题框架内，黑暗森林是霍布斯丛林状态的强化版。宇宙是绝对黑暗的零道德社会，每种文明的最优策略就是藏好自己，有条件就坚决消灭暴露的他者。

2. 对霍布斯式自然状态的突破

霍布斯笔下描绘的是人与人之间为争夺资源和生存机会而导致的战争状态，但只要有一个能有效维持秩序的强有力政府，自然状态仍然能导向和平状态和有序社会。然而吴飞直言，在黑暗森林中，连社会契约都不可能建立。他剖析宇宙社会与霍布斯法则的差别，首先，宇宙社会学没有自然法的概念，而只谈“需求”。其次，自然法学说不谈技术爆炸。两个看似微小的差别使宇宙社会学构建出一片更加彻底的黑暗森林。

更重要的是，吴飞一针见血指出，在黑暗森林中为避免暴露坐标，地球只能通过隐藏自己以保持安全，甚至把自己埋在光墓（黑域）当中，因此不能通过交往制订契约。因为在茫茫宇宙中，不存在一个可以制定法律、执行正义的第三方——宇宙级政府。赵汀阳立场相同，他围绕博弈论展开论证，认为只有双方相互了解，充分有知，并且存在某种实力的均衡，才有可能达成稳定可信的契约。由于宇宙社会学中猜忌链和技术爆炸的假定，黑暗森林的宇宙社会却不能进行任何交流。不是缺少交流能力，而是因为“交流无比危险，非常有可能惹祸上身”。同时，他也透露了自己对两种理论差别的理解，较之于霍布斯的丛林状态，《三体》创造了两个突破点：第一，突破了“霍布斯极限”，认为哲学通常不会考虑比霍布斯丛林状态更差的情况；第二，提出了人类处于被统治地位的政治问题。

赵汀阳进一步比较黑暗社会和现实社会，反思人类社会何以产生秩序，认为契约并不是任何秩序的必要条件，而是一种表现形式。人类社会之所以能产生秩序，最主要的两个条件是理性和报复能力，“报复能力是保证一切秩序的条件”。正因为人类能力相近，他人才拥有可信的报复能力，并且意识到暴力会招致报复，因此人们才宁愿按照理性去建立风险规避的秩序。

二、宇宙社会：强者的逻辑

1. 许诺还是威胁？

在报复与反报复的宇宙社会中，弱文明如何保存生存？《三体》告诉我们，暴露了方位且缺乏有效报复能力的弱文明需要通过“安全声明”求得生存机会。赵汀阳认为，这是一个能力弱的一方对自身不会对世界构成威胁的单方面承诺，然而，该许诺有效的前提却是要求彼此能力相近。

吴飞进一步揭示，真正能够结束这种战争状态的，只能是运用黑暗森林理论，建立对三体世界的威慑。只有建立随时都可能向宇宙广播三体世界的坐标的威胁时，三体世界才会面临其他宇宙文明的毁灭性打击。

赵汀阳紧扣“报复是一切秩序的条件”的进路，直接指出“存在的逻辑就等于强者逻辑”，因为此时存在论问题就收缩为最简化的生死问题。强者逻辑下的和平只有两种可能，即一神论或者严格的众神模式。前者在人类条件下无法适用，因为消灭他者也同时意味着强者失去赖以生存的供养条件和生活意义。但在宇宙条件下，宇宙文明达到上帝水平、万物的存在与超级主体的精神完全同一；后者的严格“众神”是指具有无限且等价能力的强者，他们之间不存在技术代差和等级，这确保他们互相毁灭或者相互无法摧毁。质言之，神级问题只属于强者的问题，与弱者的生存困境无关。

2. 文明的灭亡是命运的必然

受强者逻辑支配的宇宙社会，文明如何可能也是学者们所关注的问题。吴飞总结道，宇宙就是因为不断的降维打击，从十维一直降到了三维、二维，乃至最终的零维，也是在反反复复的打击、防御与逃逸中，光速一降再降，一次次造成黑洞，而最终演变成现在的样子。赵汀阳也意识到黑暗森林理论对文明的影响，他强调，在不断的降维中，人类就是这样自我限制为永远停滞、自我封闭的低级文明，不仅无法进步，还要退回前现代的技术水平，“人类文明不再有实质发展”。因此，接续“存在的逻辑就是强者的逻辑”的观点，赵汀阳直言，人类的一切成就都是运气，生存、道德、思想其实都是极其偶然又极其脆弱的幸运，而这种运气形成于命运的时机和创造性。

同样从“命运”出发，杨立华从“必然性”层面指出，这是一个命运般地将人类文明推向了灭亡的过程。如果将小说里人类文明的毁灭视为悲剧，“操弄这一悲剧的其实是命运的必然性”，甚至危机的不同阶段人类社会的选择也有某种必然性，“大众社会心理的普遍状况，命运般地将人类文明推向了灭亡”。

3. 作为现代社会强者的“技术力量”

文明的灭亡是强者支配下的命运所致，那么对于现代社会而言，何为强者也是学者的核心关切。吴飞指出，在结尾处作者才全盘揭示出，支配这些智慧文明的，是黑暗森林原理。宇宙社会学，是远比物理学更真实的科学，黑暗森林理论，远比所有物理规律更加永恒，“面对茫茫宇宙，人类中的物理学家不过是自以为是的虫子”。

然而，宏观的宇宙社会学和黑暗森林理论真的如此永恒和确定？杨立华反思了该宇宙假说和理论的确定性，他指出，小说的脚注谈到了宇宙学假说和理论其实都是现代物理学的基本观念。广义相对论这样的宏观理论虽然成功地改造了人们的时空观，但真正通过技术发展重塑生活世界，同时展现出现代物理学的“正确性”的，其实是量子力学这样着眼于微观层面的理论。因此，归根结底，是强大的技术力量成功地塑造了这个时代以现代科学为基础的世界观。

三、无处安放的“人”与家园

1. 失去精神依据的流浪

吴飞也追问宇宙中的“真正”和“绝对”的存在，认为宇宙社会中物理学和实质神学都被取消了，宇宙间没有真正自然和绝对正义。那些更高文明的智慧生物实际上并不是人类的上帝，而且是和人类有着一样的基本人性，受制于黑暗森林的基本原理，随时想杀死潜在威胁者的人类的敌人。就在这样一幅“反反复复的打击、防御与逃逸”的宇宙图景下，人们的精神状态发生了根本的变化。赵汀阳从生活意义层面反思宇宙社会，认为没有家园难以建构生活的意义。当失去家园，没有能产生无穷精神意义的文明、历史和集体时，精神就无处安放，“浪漫是流浪的假象，失去精神依据才是流浪的真相”。杨立华具体剖析，在科技纪元的冷酷视野中，没有安放文化保守主义的乡愁的位置，家庭的消亡就更是理所当然的了。

2. 刘慈欣的价值关怀底色

上述描绘的《三体》看似是一场失去精神依据的流浪，但杨立华指出，在冷酷的科技理性的外表下，其实是刘慈欣从未动摇过的道义情怀。他梳理出刘慈欣从《混沌蝴蝶》《全频带阻塞干扰》到《朝闻道》阐发的价值关怀，认为其都是“心灵的吟咏而非技术的发现”。而作为一部未来史的《三体Ⅲ·死神永生》，也仍然是人的历史，因此其中蕴涵的历史理势、人文价值和哲学困境，都有待进一步地揭示和思考。

杨立华强调，对于人类文明珍视的价值关怀，刘慈欣并不是真的无动于衷，“他的人文关怀不是太少，而是太多”。首先是美德的显现。在面对极端情况下，程心身上凝聚着“公元人”推崇的全部美德：仁慈、无私、自我牺牲的精神，还有更根本的爱和责任。其次是美好愿望的追求。程心她们选择归还质量，不是受外在必然性的驱使，而是出于对宇宙更生的美好愿望的追求。最后是宗教根底的隐秘支配。“忽略误差”这一以现代宇宙学假说为基础的表达和文学构思却在不经意间将暴露其宗教根底，因为在哲学理性停下脚步的地方，总是弥漫着宗教的隐秘支配。只是现代宇宙学以严格科学的外表遮盖了其世界观的宗教根源，“宇宙的存在仍是自由意志的选择，创世论仍然以隐秘的方式坚守在科学世界观的核心”。赵汀阳也认同对最好可能世界的考虑，认为一个具有充分意义的理论还需要考虑最好可能世界，因为最好可能世界意味着对最坏可能世界的最优解。

（整理/陈韵仪）

再谈“五四”

［编者按］ 2019年5月4日，迎来五四运动一百周年纪念日。在这个特殊的历史节点上，借用“五四”的历史界标，重新回顾“五四”内部的思想动向，再次解读百年以来关于“五四”的定位与争鸣，具有深刻的历史与现实意义。清华大学人文学院教授汪晖几乎每隔十年都会回过头来谈论“五四”。《东方学刊》2019年春季刊发表的汪晖访谈录《再谈“五四”——以文化运动为方法》，对关于“五四”的讨论做出了细致的梳理。从1989年“五四”70周年之际的《预言与危机》，到2009年“五四”90周年之际的《文化与政治的变奏》，“五四”始终是他回应时代问题的一把关键钥匙。在100周年的时间节点上，他将再度以文化运动为切入点，回到“五四”的语境中，探索“五四”以及“五四”之后的中国。

一、 80年代的“预言与危机”：文化运动的内部矛盾

“五四”是一个历史界标，我们在不同时间节点回顾“五四”，“五四”也在反观我们。1989年纪念“五四”70周年之际，也正是1980年代启蒙运动走到终点的时候。汪晖在1989年发表的《预言与危机》主要分析了启蒙本身的内在矛盾，即“五四”本身的矛盾性和最终走向解体的内在原因，同时也折射出其自身对于80年代的某些理解。

从胡适开始，很多人将新文化运动与“五四”学生运动对立起来，认为学生运动的兴起导致了新文化运动的终结。这种将启蒙与爱国运动对立起来的观点——“救亡压倒启蒙”，在1980年代已经流行开来，也成为1990年代“反思激进主义”的滥觞之一。从历史的角度看，学生运动其实是新文化运动

的绵延，学生运动之后，“整理国故”运动、科学与玄学的论战、从新文化运动中逐渐成长起来的对民间文化的收集整理，都是新文化运动的绵延。

另一方面，“五四”的终结意味着新一轮政治分化的开始，以及以此分化作为前提的政治转折。“国民党改组——中国共产党成立——国共合作——国共分裂”就是这一轮分化的基本脉络。这个政治分化与重组是从文化运动内部延伸出来的，具体就体现在五四文化运动和学生运动为中国共产党提供了思想和干部上的准备，也为国民党和其他政治派别提供了思想和干部上的资源。

但是，“五四”文化运动仍旧具有同一性，即一种态度的同一性。态度的同一性预设了共同的敌人和对象，以及由此产生的相似的情感方向与价值取向。但是，当外部敌人逐渐弱化，在新的时代契机的刺激下，内部的矛盾就会暴露出来，变成新一轮冲突的根源。

总而言之，《预言与危机》从文化运动内部的矛盾性着眼分析文化运动的解体。

二、“以文化运动”为方法

在2009年发表的《文化与政治的变奏》一文中，汪晖用“五四文化运动”而不是“五四新文化运动”，来指涉这一时代的文化潮流。这一术语的转变包含了一种思维：如果没有与“新文化”对立的思想持久而有力地存在，“新文化运动”很难独自形成。用五四文化运动的概念取代新文化运动的概念，不是否认新文化运动的意义，而是将其纳入一种对话性的、争辩性的关系当中。新文化运动的主流接受达尔文式的叙述，以进步主义为主调；而置于论争另一方的新古典主义则认为，新旧的区分具有相对性，没有什么绝对的新，也没有什么绝对的旧。复古主义、古典主义、保守主义的叙述也将自己的旧解释为新，获得了年轻一代的追随。

2009年重访“五四”之时，汪晖突出的是“文化与政治”这一对范畴。“五四”真正的贡献不仅在于“民主科学”本身，也在于以文化运动为方法。在这个意义上，“五四”具有方法论的同一性，即以文化改造为杠杆，用运动的方式创造新空间，通过话语更新，转换政治议程，从而创造新的政治。文化作为一个相对自主又能够凭借其自主性介入政治和其他生活领域的范畴或领域，是五四文化运动的创造。

五四文化运动的兴起是共和与战争双重危机的产物。在危机中，产生了对现代政治制度及其价值的重新评价问题，这也是政治危机能够触发文化运动与文化政治的原因。在《新青年》《新潮》的群体看来，新的文化运动孕育的政治将是一种不同于旧政治的政治。经由文化运动的转换，青年、语言、性别、婚姻、劳工、平等等构成了现代中国政治的必要内容，从前关于主权、国家、政党的政治没有消失，但也需要通过文化政治加以改造。

总而言之，“五四”一代意识到整个社会结构的重大变化，将新伦理的创造作为自己的出发点，试图以新的文化政治、伦理政治全面更新旧的政治。关于这种新的伦理的内涵，可以再次反思和讨论；但是以文化运动作为方法的创举，确是自“五四”开始，不断被继承和回顾的传统。

三、在“短20世纪”的意义上理解“五四”

“长20世纪”的概念是由年鉴学派，尤其是费尔南·布罗代尔（Fernand Braudel）的方法论确定的。“漫长的19世纪”与“漫长的20世纪”的命题，都着眼于资本主义的结构性生成和转化，以及世界资本主义的重心转移问题。

“短世纪”的意义在于它以革命为中心，以社会-经济结构性改造而不是以资本主义体系的中心转移为根本使命。无论是民族革命还是社会革命，都包含着对资本主义结构的强烈冲击。站在今天的意义上向回眺望，这一冲击没有以社会主义的胜利为结果，而是以对资本主义体系的结构性改变为标志。因此，革命和社会主义实践就成为“漫长的20世纪”内部的“短20世纪”。

如何看待“五四”在“短20世纪”中的定位呢？从陈独秀开始，历史的叙述都将“五四”定位在物质、制度、文化的序列变革中。这类论述将“五四”视为近代变革由外而内的一个深化过程。但是，从“短20世纪”的诞生角度观察，这一进程不只是深化的过程，也包含了转折的意义。五四新文化运动将康有为设定为主要对立面，表示它不是简单位于戊戌变法的延长线上，而是包含了转折的意义；五四文化运动中产生的关于一战和共和危机条件下的反思，包含了对资本主义危机的反思，这又表现出相对于辛亥革命的转折意义；毛泽东从共产党人革命的角度说“五四”代表着新民主主义革命的开端，并将中国共产党的成立与中国共产主义革命的开端溯源于此，也是基于这一序列性变化及其转折的意义。

在霍布斯鲍姆看来，“短20世纪”的革命能量以1991年苏联解体为终结点。但是，这样的逻辑无法解释中国、越南等经历了20世纪社会主义演变的国家的持续和发展，关于中国道路的独特性问题，20世纪的很多遗产以未完成的状态渗透到21世纪，这是一种“世纪的绵延”，而不是“世纪的终结”。

理解“五四”乃至“短20世纪”的当代意义，可以从当代世界的两大潮流加以判断。极度世俗化的潮流与重新宗教化的潮流，正在相平行或对抗地展开。这两个进程都以大规模去政治化为条件。由此，当代思想正在承受去政治化的后果，如何克服去政治化的政治也需要着眼面对上述两大潮流。“五四”提出的文化运动通过提出文化价值，重新界定政治内涵，不但为培养一代新人提供了契机，也试图为未来社会提供蓝图。重访“五四”时，观照这样的文化运动与制度建设之间的互动，或许能够为我们解决现实的问题提供一些可能的思路。

四、理解“五四”运动与政党政治的关联

“五四”以前，还没有一种政治力量能够把文化运动的多重要素纳入其内部；“五四”以后，大多数文化运动都难以摆脱政党政治的框架。比如1930年代的新生活运动是国民党的新生活运动，新启蒙运动则是共产党的新启蒙运动。新型政党政治是在“五四”文化运动中酝酿成熟的。由于新的政党面临旧的国家框架，因此，需要与军事制度相结合。孙中山提出了建立党军的问题，而党军的主要干部就是新青年。由此，青年、民众、政党、军队四个最基础要素相互关联，产生了深远的影响。

国共分裂以后，两重并行的政治运动中，国民党主导的是重建中央集权、收编各地军阀、开展国家建设的运动，共产党领导的则是乡村为根据地的苏

维埃国家建设运动，是一场“人民战争”——上述四要素结合在一个动态政治过程中，是富于活力并且十分深入的运动。一直到新中国成立以后，共产党控制的大部分地区已经经历过土地改革，这些进程仍旧可以看到“五四”文化运动的多重影响。

总之，五四文化运动是文化运动，又是再造政治的运动。没有文化运动和文化政治的政党政治，势必成为一种去政治化的权力政治，无法联合青年、民众，也无法推动政治自身的更新与改造。

（整理/朵悦）

李大钊的“新中华民族主义”

［**编者按**］ 在五四新文化运动中，“民族主义”具有独特的处境：一方面，作为一种具有强大凝聚性的思潮和主张，“民族主义”与“救亡图存”的逻辑在合法性意义上具有深刻的一致性；另一方面，“五四”一代知识分子对世界主义的憧憬，又使得民族主义的情感在一定程度上被潜藏起来。民族主义与世界主义的“两歧性”在当下的中国仍旧具有深刻的意义，其中，如何看待民族主义的问题又是最为关键的。华东师范大学历史系副教授王锐在《开放时代》2019 年第 2 期发表的文章《锻造“政治民族”——李大钊“新中华民族主义”的理论意涵》，对李大钊的民族主义思想作出评述，从历史的角度对这一问题作出了现实的回应。

民族主义在近代中国具有巨大的影响力。近代中国的民族国家建设，首要任务在于维持秦汉以来的大一统国家政权，进行各方面的现代化基础建设，摆脱日益加剧的危机，走向独立自主、国富民强。在许多政治团体、思想流派的论述中，民族主义都成为他们表达自身主张的不证自明之基本前提。在五四新文化运动期间的民族主义论述者中，李大钊无疑是一位不容忽视的代表人物。不同于陈独秀一度质疑国家的存在有无合法性，李大钊不但强调救亡图存的重要性，而且在 1917 年 2 月发表《新中华民族主义》一文，具体地宣扬其民族主义主张。本文即以李大钊提倡的“新中华民族主义”为切入点，分析他的民族主义主张之思想特色与理论意涵，并探讨其民族主义思想与他的其他思想主张之间的复杂关系。

一、“新中华民族主义”的思想基调

自从参与政治论争开始，李大钊就一直在思考如何唤起广大民众的“自觉心”，通过共同的努力来改造中国政治，让中国走出动乱与衰败的颓势。1914年，针对陈独秀在《爱国心与自觉心》中提出的对国家存在合法性的质疑，李大钊认为，中国当时固然存在许多不容忽视的弊病，但这并非抛弃国家观念的理由。李大钊将作为政治实体的国家之良莠建立在国民是否有“自觉心”上面，呼吁充分唤起广大民众对于改造国家的情感与能力，在这一参与国家建设的过程中锻造国民对于国家的基本政治认同。

晚清以降，民族主义思潮涌入中国。许多历史论著，都强调如何在认识历史的过程中培育爱国思想。而这种从公民性与政治性着眼来强调“历史”与“传统”的做法，也是民族主义在近代西方（包括明治维新之后的日本）之所以盛行的重要文化因素。与之不同，李大钊认为，国民热爱国家的“自觉心”不能主要依靠历史与传统的因素，而应唤起人们对建设新的政治与文化之热情。基于此，李大钊认为，今世最能担当更新中国、再造国家之任者非青年莫属。他强调个人突破旧因素的网罗而呈现出青春的各种样态，其主要目的是为了形塑新的政治实践主体，使其能够以新的理想与诉求投入到改造中国的事业当中。

李大钊所言的民族问题，可以放在第一次世界大战爆发后中国知识分子对战局的观察这一背景下来理解。在民族主义思潮的鼓动之下，欧洲许多小国从过去的帝国当中独立，旧有的政治合法性论述在民族主义的冲击下左支右绌。李大钊注意到，当时许多国家都在倡导具有本国特性的民族主义。虽然他并未辨析这些政治口号之间的差异，特别是帝国主义借民族主义来进行全球扩张与殖民地国家运用民族主义口号展开独立运动之间决然不同的性质，但通过审视这一全球局势，李大钊认为如何建立中国的民族主义纲领已然成为迫在眉睫的时代主题。

“新中华民族主义”能够实现的政治与文化基础是什么，是李大钊必须要充分考虑的问题。作为19世纪著名的民族主义阐释者，勒南认为民族精神有两个重要组成部分，首先是集体拥有的丰富回忆，其次是当下在一起生活的愿望。某种程度上，李大钊对“新中华民族主义”的论述也体现出类似的思路。李大钊认为中国各民族之间长久的交往与联系、中国文化里“高远博大”的政治传统是构成“新中华民族”的历史基础。而他更为重视的，是在当代中国政治与社会语境里，各民族所可能产生的休戚与共感。李大钊认为，各民族在辛亥革命之后共处于“共和国体”之下是“新中华民族”得以建立的根本原因。一个新的政治实体在中国出现，为“新中华民族”的成长壮大奠定了根本的政治前提。共同致力于“共和国体”的奠基与建设，是“新中华民族”能够形成稳固认同的情感与心理基础。

如果说近代中国的核心问题之一在于“确立起由人人自主而奠定的民族主权”，进而锻造一个“政治民族”，那么李大钊“新中华民族主义”的核心要义即强调此主义之“新”，正在于打破过去长期存在的文化上、风俗上、语言上的区隔，不再将民族主义内涵单纯地借助于符号式的、本质主义式的“文化”，从而使在中国国土内生活的各族人民，在参与新政权的过程当中形成坚实稳固、具有共同政治理想的“政治民族”。

二、“新中华民族主义”与“新亚细亚主义”

在《新中华民族主义》一文中，李大钊还设想中国的政治与社会变化会给周边地区带来哪些具体的影响。李大钊提倡“新中华民族主义”，必须面对当时另一种由日本所描述的亚洲政治图景——“亚细亚主义”。随着明治维新之后日本海外扩张的野心日益增强，古典亚细亚主义中的那种认同东方文化、把亚洲视为一个整体并力求振兴亚洲的思想因素日趋衰亡，通过侵略中国等周边国家和地区来获取自身利益，维护日本政治与经济霸权的扩张型亚细亚主义甚嚣尘上，成为日本帝国主义意识形态的重要组成部分。

李大钊从中国的视角出发，批评日本式的“亚细亚主义”是“吞并中国主义的隐语”——它采取的是帝国主义的逻辑，根本无助于亚洲的区域和平与平等。李大钊认为，提倡一种区域联合的政治口号在当时实属必要，但其内容实质必须区别于日本以对外扩张为目的的“亚细亚主义”。在这一点上，他认为在“新中华民族主义”口号之下唤起广大民众参与改造中国，能够给周边国家和地区提供一种设想新的区域联合之可能性。

与很多人一样，李大钊在当时也对世界主义心向往之。这一点在表面上确实呈现出与“新中华民族主义”之间的“两歧性”。但如果分析“新中华民族主义”与“新亚细亚主义”之间的内在逻辑，即二者都旨在打破旧有的、不合理的束缚与压迫，突破不平等的内外体系，向往通过新的政治主体来实现新的联合形式，那么我们便可看到，从中国自身的视角出发，“新中华民族主义”堪称塑造一个新世界的起点，可以“打出一道光明”，提供想象一种新的世界格局的可能性。因此，李大钊思想中的民族主义与世界主义，是具有不少共通的理想与价值追求的。

三、从“新中华民族主义”到马克思主义

中国的民族主义思潮是全球反抗资本主义、帝国主义运动的重要一环。以此为切入点，我们也可以理解李大钊从提倡“新中华民族主义”到服膺马克思主义的思想历程。

李大钊的政治生涯，最开始主要是与汤化龙、孙洪伊等进步党人关系密切。但是目睹民初政治与社会的各种乱象，依李大钊之见，在内忧外患并存的现实条件下，中国之再生需要克服极大的困难。在此焦虑下，章士钊对于现政府的支持态度，让李大钊感到不满；而李大钊经常对研究系进行“攻击”，章士钊也并不同意。二人之间，分歧日增。

因此，十月革命的成果，给予李大钊一个彻底有别于进步党式的、新的分析中国问题与世界格局的视角，让他能够以此为出发点，去思考中国未来的道路。对李大钊而言，马克思主义的主要意义正在于，它借助阶级、资本、帝国主义等概念，揭示了当时中国所面临的压迫与危机，以及在这种情势之下新的政治主体应当如何形塑、动员、组织。它使李大钊认识到，中国人不再将救亡的诉求寄托在旧式的武人政客与列强资助之上，而是寄托在被动员起来的广大工人与农民，依靠严格的组织纪律与清晰的政治经济纲领，重新改造国家与社会，真正摆脱孱弱贫穷的境地，同时获得巨大的政治与经济参

与感。

“五四”一代的马克思主义者多将“中国的民族革命理解为具有世界意义的革命”。这意味着在他们的政治视野里，中国自身的解放与改造离不开世界其他地区革命所带来的全球政治经济体系的变化。李大钊也正是在这个意义上，运用他所理解的马克思主义理论，将中国的民族主义运动与世界革命联系起来。此处所谓的“世界革命”，就是要创造一个新的世界体系，民族主义固然是中国革命的主要动力，但其结果并不仅是让中国国内的境况有所改观，而且是以此为出发点，让中国革命具有世界意义，成为突破19世纪东西方列强所形塑的世界体系的重要起点。总之，由于接受了马克思主义对阶级、国家、资本、帝国主义的分析方法，李大钊的民族主义始终是在一种国际视野之下呈现出来的。

在李大钊看来，中国各民族在辛亥革命之后共处于“共和国体”之下，是“新中华民族”得以建立的根本原因。一个新的政治实体在中国出现，为“新中华民族”的成长壮大奠定了根本的政治前提。从“新中华民族主义”到马克思主义，李大钊对中国问题的思考日趋清晰透彻。正是在这样的思想背景下，他开始走向政治行动，着手于理论与实践相结合，并深刻影响着下一代中国共产党人不断地探索、实践让中国摆脱民族危机、走向独立富强的方法与道路。

（整理/朵悦）

五四新文化的深层结构性转换

［编者按］ 2019年是纪念五四新文化运动100周年。纽约大学比较文学系教授张旭东于“观察者网”发表文章《五四新文化的深层结构性转换——浅论白话革命的伟大意义》，以“白话革命”为中心对这场运动给现代中国文化思想结构带来的奠基性影响进行了讨论。

一、白话革命与“文化和政治的重合贯通”

“新文化”的载体和媒介是“言文合一”的白话文，它是“新文化”思维、表达、沟通的形式和工具，也是自觉地使用它的中国人认识世界、整理经验、建构内心世界和集体性社会相信的媒介。在文化和历史的双重意义上，白话革命再造了一种新的制度意义上的国民语言，并开辟出一个新的文化空间、思想空间、政治空间乃至道德-情感-审美空间。这种新的“符号秩序”既是现代文化的形式基础，也是道德基础。白话文以“白话”和“文”作为二重基础。白话即“俗文学”古来已有，新文化的提倡者们都有意识地将文学革命称为“文艺复兴”。其意在从内部打破古文自定于一尊的“正统”，将新文学界定为一种更为丰富、具有生命力的“传统”。“新文化”的革命性使命不能仅仅是日常意义上的“话”，而必须是终极意义上的“文”。其结果表现为文学成就，但在更为基本和隐蔽的社会经济意义上，新文化运动是那种近代文化政治“普遍的媒介”一个晚到的例子。而新文学大大超出了社会功能意义上的普遍媒介。近代民族国家追求“文化现实与政治现实的重合贯通”，“言文合一”的白话文正是其不可或缺的条件，因而白话文和文言文的断裂无疑是现代中国与此前中国历史形态的分水岭。五四之后的思想变革、社会变革和政治变革无不在根本上得益于白话革命所取得的成果，并在白话革命建立的全新的语言结构和思维结构中运行。

二、白话和白话文

白话革命以及它所承担、负载和激发的“思想革命”界定了五四新文化运动最大的社会公约数，覆盖了现代文学运动的完整意识形态光谱和思想疆域。张东尝试重访这一最广泛的统一战线，以分析普遍历史趋势下特定的“交叠共识”内部的丰富性、复杂性和结构性矛盾。五四前后白话革命的基本理念是“白话胜文言”。革命者首先要证明“文言做得的，白话也做得”；其次要论证白话必将决定性地、不可逆转地成为现代中国人的“普遍性高级文化”的唯一媒介、载体、形式和风格。白话革命的先驱们确信白话革命与一场更为深刻的、实在的思想革命互为表里，而后者是作为近代历史经验产物活生生的中国人的具体而真实的内容，与这种不可遏制的自由和创造力相适应的形式就是白话文。胡适《文学改良刍议》中的八大主张看似温和、渐进，但实际上已经包含了白话革命的总体性和激进性的编码。陈独秀更为激进，但主张大体相同。白话革命之所以成为知识分子的头等大事，是因为白话和白话文是“开发文明之利器”。白话革命不仅是一场现代语文运动，更是晚清以来中国精英阶层“开启民智”努力的集大成，是五四“启蒙运动”的核心使命。

三、口袋和箱子

五四知识分子改造社会、再造国民的志向，以及他们通过形象和叙事再现自我的意志，都要求他们取一种“一元的作文态度”。也就是说，新经验、新思想、新道德需要用与其内容相一致的新形式表达出来，并随着这种新的历史内容的变化而变化。白话形式本身并没有自己独立的内容上的诉求，而直接把“新思想”作为自己形式赖以成立的前提、内容和实质。新思想追求的是对旧思想的排斥和剪除，而白话革命所追求的也是对旧文学形式的彻底否定。对于日后接受白话教育的新一代国民来说，其与传统的关系不再是“天然”或给定的，而只能经过现代人自我意识的中介、选择和批判，基于现时代的需要而被重新发现。所谓“一元的作文态度”的要害正是一种决绝的否定和选择，是通过坚持文化革命和思想革命的一元化和整体性而引入一个社会本体论意义上的现代文化，将古文和它所代表的社会现实一劳永逸地从现代人的时间、经验和精神生活中排斥出去。正如周作人所说，白话文有如口袋，而古文有如一只箱子。箱子只能装方的东西却盛不下圆的东西，而袋子装什么就是什么。白话文在结构上“必须要有感情或思想内容”，“少了内容便做不成”正是白话文的制胜王牌。“无论装什么，原物的形状都可以显现出来”的特点使白话文成为丰富、无限、斑驳和变动不居的现代性经验得以在感性世界中“显现”的最佳物质媒介。而这表达了一种内容与形式、思想与表达、历史与真理之间的同一性理想，以及一种实在论的真理观和表现论。

四、反对党八股

箱子的隐喻超越了具体的历史所指，而包括一切空洞无物、形式大于内容而存在的套话、官腔、仿作和赝品。这也象征着一种历史现象，即革命者和革命运动本身的官僚化、特权化和固化。作为白话革命自觉践行者的毛泽东，终其一生都在同他所领导和驾驭的革命机器内部不断滋生出来的官僚主义、形式主义、教条主义文风、学风和思维方式做不懈的斗争。《反对党八股》正是对五四新文化强有力的回应和继承，在社会革命历史运动的内部证明了白话革命基本原则的深远意义和长期有效性。毛泽东自觉地将五四新文化运动和白话革命的“极大的功绩”作为一个根本性的历史参考系，反对党八股是新文化运动的“继续革命”。在毛泽东看来，在中国社会和中国文化前进的总方向上，革命不是“启蒙”的否定，而是它的继承。革命需要把“启蒙”内在的能量、活力、自发性、创造性和崇实精神保持继承下来并充分内在化，变成革命者和革命运动本身的语言风格、思维风格，进而变成一种新的认识论和道德上的自我规定，否则革命就有可能“被一些人发展到了它的反对方面”。

五、白话革命与“礼”之重建

在现实层面上，新文化运动与白话革命带来的变革经久不息，但在其语言和思维的内部却处于一种结构性的紧张和矛盾中。这种紧张和矛盾的表现往往沿着自身相对自律的逻辑展开，并不总符合社会革命和思想革命的总方向及其意识形态要求和组织要求。革命运动和国家建设运动每一次都会创造出新的、鲜活的语言，但也不时出现种种党八股和简单粗暴的宣传式、行政式话风和文风。同时，一些五四元老虽然随着社会革命的发展而成为政治的落伍者，但就恪守白话革命与启蒙理想的初衷而言，仍然能给今天的我们带来启发。周作人把通俗文学和“原始文学”包括在白话革命和白话文的符号建构和形式制度内，显示出五四新文化一代人所具有的、堪比春秋战国之际的“士”阶层的那种“礼失而求渚野”的历史意识和文化抱负。通过对“礼”一字的英文翻译（不是 rite 而是 art），周作人实际上透过把在现代器物文明和政治文明条件下中国人的日常生活领域和历史世界定义为“野”，而将尚在自我建构中的新文化定义为“文”。这个现代人所谓的文（art）正是古代人所谓的礼（rite），即贯通社会经验整体，关联各个层面的统摄性、指导性的“自制与整饬的动作之习惯”。在周作人看来，这种新的自制与自由的微妙和谐，正是建造中国新文明、复兴旧文明的一条道路。

六、小品文与新文学的极致

在 1930 年代以周作人为代表的一支似乎走入“闲适”的末流，但其中一以贯之的文化意图却仍然是对一种自然、平实、诚恳、清明而有分寸感的新的语言方式、写作方式和思维方式的追求和操练。由于这样一种审美理想、文化理想和文化政治偏好，周作人才把小品文称作“文学发达的极致”。在言志和抒情、时代与个性、峻急与颓废的结合点上，周作人鼓吹的“小品文”也许的确代表着某种“极致”。但他以一种极端个人的、近乎扭曲的方式独自写他貌似闲适的小品文，施放暗枪和冷箭。但白话革命理想更大的成就和更大的危险却在一片更为开阔的历史天空下展开，在这个更大的战场里继续战斗的鲁迅用他晚期杂文和文学翻译提供了一份完全不同的记录。在生命的最后十年，鲁迅进入了炉火纯青的成熟期和炫技状态，同时在更高层面上回到了白话革命的初始状态，将作为白话革命灵魂的“形式与内容”、语言与真理，诗与史等辩证关系置于自己写作和思考的前景和中心。这一次他不仅继续向残余的封建文化秩序发动攻击，同时试图对以上海租界为具体形式的大都市现代性历史经验作出系统的分析、阐释和批判。白话革命发动后短短几十年里出现的伟大作家在风格、审美和意识形态立场上各不相同，但他们都有一个共同点：他们都是新文化运动结构性转变的参与者，也都是白话革命精神的体现者和继承人。

（整理/高天宇）

百年回旋:“五四”的文学省思

[**编者按**] 今年正值五四运动一百周年,《探索与争鸣》于第5期刊载了纪念专辑。“五四”毫无疑问在20世纪乃至当代中国的历史进程中都扮演着极为重要的角色——无论是作为政治事件,还是作为新文化运动,抑或是白话文“新文学”的肇始。杜威(John Dewey)曾评价中国“没有可供变革的足够的回旋余地”,换言之,中国必须在充塞“迷信”和“传统”的狭窄空间中进行现代建设,[1] 文学上亦如是。本文聚焦于“五四”中的文学变革,试图回溯“五四”,重新发掘“五四”的语义、思潮和文学“真相”,探求“五四”文学如何在与后世的互动中实现狭窄空间内的百年回旋。

一、语义回旋:国家概念的重构

杜威曾将五四运动描述为“一个民族/国家的诞生”,傅斯年评价中国“算有了‘社会’”。[2] 不置可否的是,“五四”见证和表述了“国家”与“社会”这对概念在中国的诞生。今天二者融为一体,彼时却呈互相对立之姿态。

韩国延世大学荣誉教授白永瑞认为,五四运动后国家主义思想衰退,“社会改造”成为时代潮流,“社会改革的自我”[3] 取代了国家或政党政治。[4]

---

[1] 葛红兵:《“五四”的“百年回旋”与杜威的预言》,载《探索与争鸣》2019年第5期。

[2] 罗志田:《天下、国家与社会:我们怎样看“五四”》,载《探索与争鸣》2019年第5期。

[3] 社会改革的自我(the selfhood for social reformation)指以个人融入社会为媒介,借此克服认同危机。

[4] 白永瑞:《活力东亚的1919:作为革命起点的“五四”与“三一”》,载《探索与争鸣》2019年第5期。

台湾地区“中研院”特聘研究员、院士王汎森同样认为，“五四”时期中国人从向往“灭人国、灭人种”的“民族帝国主义”式的国家期待，转变为“世界大同”（universalism）的政治抱负乃至无政府主义的理想。[1]

然而“国家/社会”的概念对立在百年后重被挖掘和反思。华东师范大学历史系讲师王锐认为，“五四”的言说中固然具有民族主义和世界主义的两歧性，但民族主义情感仍是占据主流的概念工具。[2] 四川大学教授罗志田在此基础上更进一步，认为“国家”与“社会”的意义在“五四”时期尚处于形成之中，这对“早熟”的概念被拿来做时代变迁的诠释工具作用相当有限，二者的紧张关系也许部分只是人为“造象”。[3]

就“国家”而言，“五四”作为“爱国运动”的“国”意指应是country，陈独秀批评“无爱国之可言”的“国”是国家机器意义上的“国”，后世认为与“社会”相对立的“国”意指则是state；就“社会”而言，1919年傅斯年以“社会”一词取代“群”作为society的对译，但此时“社会”的概念却仍处于过渡和不定中。在北京大学中文系教授陈平原眼中，这种缝隙使得后来者有很大的对话和发挥的空间，使得后世的讨论语境偏离了20世纪的草稿。[4]

除却语义概念的模糊，更甚的是“五四”时期的人不一定用“国家”和“社会”的视角来看“五四”，且已有中国“非国家”这样的反省。傅斯年称国家是“偶像”，陈独秀呼吁“破坏偶像”，因此“国家”在打破“偶像”的五四时期曾是被否定的对象。[5] 相当数量的学者认为中国是“文明”而非“国家”，“五四”不过是自然场合里的运动，既不“国家”，也不“社会”。

鉴于此，罗志田认为应当借由“天下”概念回溯五四时期的语境去理解

---

〔1〕 王汎森：《启蒙是连续的吗》，载《探索与争鸣》2019年第5期。

〔2〕 王锐：《寻找“新的政治”——“五四”前后陈独秀对于国家问题的思考》，载《探索与争鸣》2019年第5期。

〔3〕 罗志田：《天下、国家与社会：我们怎样看“五四”》，载《探索与争鸣》2019年第5期。

〔4〕 陈平原：《危机时刻的阅读、思考与表述》，载《探索与争鸣》2019年第5期。

〔5〕 傅斯年曾说：“我只承认大的方面有人类，小的方面有‘我’。这中间的一切，都是‘偶像’”，参见罗志田：《天下、国家与社会：我们怎样看“五四”》，载《探索与争鸣》2019年第5期；陈独秀在《偶像破坏论》中说“破坏！破坏偶像！破坏虚伪的偶像！”，参见王锐：《寻找“新的政治”——“五四”前后陈独秀对于国家问题的思考》，载《探索与争鸣》2019年第5期。

"五四"。天下，本意是天之所覆、地之所载，包含物质空间和人类社会，没有国家和社会的对立。五四人对时代的认知受"天下"概念崩散的熏染，后来人只选择性地接纳了"国家"与"社会"这一内向转化的侧面，认为二者的对立不可调和，而忽视了五四人的"天下"思绪。[1] 因此"国家"与"社会"的五四叙述应当在中国传统的"天下"概念中得以圆满。

罗志田将"天下"带回历史叙述的努力某种程度上说明了五四文学如何在"迷信"和"传统"的狭窄空间中回旋。其一，"迷信"和"传统"孕育了潜藏其间的民族主义情感，亦保留了"天下"的思绪；其二，"国家"与"社会"概念的早熟是这个狭窄空间的产物。百年过去，学者的"回旋"意在剥离后世对五四的建构与想象，还原真实的五四语境。正向来看，王汎森以"竹节启蒙"比喻革命的顿挫、断裂、犹豫，反思后见之明将辛亥革命片面叙述为连贯的历史必然，试图还原五四的零散和往复。[2] 负向来看，吉林大学文学院教授张福贵呼吁当代文学应当重回五四文学的"惩恶扬善"和体现"人类命运共同体"，[3] 其语义已然从"天下"转向了"国家"，脱离了"五四"，甚至脱离了文学的语境。他的观点与罗志田、王汎森互为对立面，正是"回旋"试图祛除的后世想象。

二、新文化运动：两极摇摆的文学革新

夹于"经学时代"和"主义时代"的纲常松弛，与杂学杂览的青年学子相遇的化学反应便是新文化运动。[4] 思想革命依托文学革命，文学革命仰赖语言革命，白话文的写作成了"五四"面对危机时刻的文学强音。不过文学革新并非一马平川，而是处于两极摇摆之中；这种摇摆既是狭窄空间的不得已，又为"五四"增添了一抹亮色。

第一重摇摆发生在"实用急务"与"死抱文学"之间。复旦大学中文系

---

[1] 罗志田：《天下、国家与社会：我们怎样看"五四"》，载《探索与争鸣》2019年第5期。

[2] 王汎森：《启蒙是连续的吗》，载《探索与争鸣》2019年第5期。

[3] 张福贵：《百年中国文学的人文情怀》，载《探索与争鸣》2019年第5期。

[4] 陈平原：《危机时刻的阅读、思考与表述》，载《探索与争鸣》2019年第5期。

教授郜元宝将五四新文学区分为“不惜牺牲文学审美而应一时实用之急务”与“文学自身的价值设想”两类。这也应和了南京大学中国新文学中心教授沈卫威区分师从杜威的哥伦比亚大学“实验主义派”与师从白璧德的哈佛大学“人文主义派”的分歧。前者以鲁迅、胡适为代表，文学上抓住新观念但缺乏地方性的血色，实践上力图将白话新文学推进教育体制；后者以周作人、梅光迪为代表，提倡美文写作，主张延续古体诗词和人文教育。〔1〕

“五四”新文学内部的两极分裂与震荡导致创作“实绩”落后于理论鼓吹，理论上思想内容的顶层设计又落后于语言形式的观念更新。在郜元宝看来，狂飙突进的“五四”最终造就的成熟作家仅有鲁迅、郭沫若等少数几位，而鲁迅“内容的充实和技巧的上达”成了克服两极摇摆、感召后世百年的文学追求。〔2〕

但鲁迅身上发生了第二重摇摆：五四文学的现代性与保守性。清华大学中文系教授解志熙以《狂人日记》为例，批评鲁迅思想偏颇，这场剑指旧习的刻意鞭挞未能在艺术的写实与象征上融合无间，以致读者竟真以为大哥要“吃人”，从根本上抹杀了中国传统文化中的“孝子仁兄”“宗法家族”，不仅让“大哥”蒙冤，也让中国传统思想蒙冤。〔3〕与解志熙不同，北京师范大学文学院教授刘勇为鲁迅辩护。他认为，新文学“新”就新在现代性、超越性与前瞻性上，不以极端的方式写作，便不能冲破时代的禁锢，不能实现鲁迅的理想和诉求。〔4〕

如果说“实用急务”与“死抱文学”、“文化保守”与“现代批评”间的两重摇摆不过是变革时代面对危机的两种不同选择，那么鲁迅和胡适的文学“背逃”则是这一充塞“迷信”与“传统”狭窄空间的自我指认。

---

〔1〕 郜元宝：《走出百年文学的两极摇摆——也算是一种“五四”“记念”》，载《探索与争鸣》2019年第5期；沈卫威：《哥大哈佛之争：两大留美人群体对中国新教育及新文学的贡献》，载《探索与争鸣》2019年第5期。

〔2〕 郜元宝：《走出百年文学的两极摇摆——也算是一种“五四”“记念”》，载《探索与争鸣》2019年第5期。

〔3〕 解志熙：《蒙冤的“大哥”及其他——〈狂人日记〉的偏颇与新文化的问题》，载《探索与争鸣》2019年第5期。

〔4〕 刘勇：《五四新文学何以“现代”》，载《探索与争鸣》2019年第5期。

三亚学院人文与传播学院讲座教授、上海大学文学院中国创意写作中心主任葛红兵认为，尽管鲁迅在白话文学上具有卓越的革命性，但鲁迅的美学观继承自《文心雕龙》“神与物游”的“思理”美学，仍沾沾于文明古国的传统。无独有偶，写作白话文第一首诗歌、号称要“文学革命”的胡适于1919年发起了“整理国故”运动，试图将现代西方逻辑学加诸中国古代哲学。[1] 两位新文学旗手在实用与文学、保守与现代、革命与“国故”间的矛盾、摇摆和融合，恰自证成了杜威的预言与葛红兵的叙述：中国是在没有足够回旋余地的、充满“迷信”和“传统”的狭窄空间中推进文学革命的。

百年过去，当代学者不断回眸“五四”，试图剥离建构，还原“五四”论战、文学革命和其间作家的完整形象，这亦是后世助力“回旋”的不懈努力。

三、文学意指：跨越百年的互动

五四的文学“回旋”绕不开鲁迅。与解志熙、刘勇在以《狂人日记》为代表的“文学革命”场域内讨论鲁迅不同，哈佛大学讲座教授王德威回顾了鲁迅“悬想”与“神思”的两个文学意涵，并与当代以韩松为代表的科幻小说展开对话，探求“文学革命”被遮蔽的过程及背后巨大的潜能。

王德威认为，较之传统诗学的“思无邪”，鲁迅的“神思”是“思有邪”，是“以匪夷之所思引领叛逆想象”；“悬想”，意为揣测、猜想，是搁置视当然的成见，重新发掘事物的真相。《摩罗诗力说》中神话勃兴、《野草》中奇诡的散文诗歌……鲁迅的“悬想”与“神思”进入了科学与玄学之外更为广袤的世界，是超越“五四”指涉“文学革命”的“文学革命”。

这场被湮灭的、真正意义上的“文学革命”在百年后由异军突起的科幻小说占据尾端。韩松的“医院三部曲”脱离现实主义的叙事，人人有病，人人治病，谁也不能出院……太空中崛起的“药帝国”与鲁迅“病与药”的写作主题相互应和，指向文学的革命性和想象力背后真相与幻相交织的文学的

〔1〕 葛红兵:《“五四”的“百年回旋”与杜威的预言》，载《探索与争鸣》2019年第5期。

内在紧张。[1] 这场跨越百年、各占两端的“神思”与“悬想”，正是还原“五四”文学意指和未竟的“文学革命”的延展。

王德威以鲁迅被掩藏的文学意涵与当代对话，而中山大学中国语言文学系副教授林峥则借用陶然亭的遗迹书写五四后北京文学生态的现代转型。坐落在北京城南的陶然亭曾是五四社团集会的场所，毛泽东在此寻求社团合作，北大进步青年高君宇与五四女作家石评梅在此相爱；然而对高及高石二人爱情的叙事变化，得以让后人窥见从“文学革命”到“革命文学”的嬗变。

高君宇作为政治与文学的双重符号，在石评梅及庐隐等女高师同人笔下是少年怀特式的苍白忧郁的“零余人”，但在《北京大学日刊》的纪念文中，高是普罗米修斯式的坚毅革命者；在“革命与恋爱”的关系上，石评梅书写革命与恋爱的对立，待到左翼文学发展，二者关系便走向了“以革命为主体、恋爱为点缀”；在“革命加恋爱”的后世公式中，男性作为革命的化身暗含对女性的启蒙，但石评梅并未接受高君宇的革命抱负，亦未接受他生前的追求，男女间权力关系倒置。

尽管高君宇的形象始终存于他者的叙述中，但叙述本身包含历史真实、投射时代痕迹；对高叙述的流变是五四审美向左翼审美的文学转化，陶然亭亦见证了传统如何在新的时代重获诠释。[2]

鲁迅以“人”的表征，陶然亭以“物”的表征构成了这场“回旋”中文学意指的互动。从《狂人日记》的“政治意图”到“悬想与神思”的超越，从“文学革命”到“革命文学”，五四文学意指的流变亦是在狭窄空间内的“回旋”——前者还原了被锚在“新文化运动”语境中的鲁迅，后者还原了左翼文学重塑人物的过程。

从某种意义上来说，王德威借鲁迅的“悬想”，林峥借陶然亭的遗迹，勾连起了罗志田的“天下”、王汎森的“竹节启蒙”与葛红兵笔下鲁迅与胡适的“文学背逃”。五四文学从危机时刻的政治表达走向“悬想”与“神思”

---

〔1〕 王德威：《鲁迅、韩松与未完的文学革命——“悬想”与“神思”》，载《探索与争鸣》2019年第5期。

〔2〕 林峥：《招魂、革命与恋爱——“五四”与陶然亭风景的流变》，载《探索与争鸣》2019年第5期。

的文学，其内在关联便是从现实主义的叙事走向话语（国家概念的重构）、话语的力量（"新文化运动"）和超越五四话语的可能（文学意指的流变）。历史在各个维度上建构、隐匿、涂抹了"五四"，而百年后的此刻，学者们力图还原一个真实的"五四"、一个眼光包含边缘的"五四"，重新"发掘""五四"的语义、思潮和文学真相。这是后世为仍处于"迷信"和"传统"狭窄空间内的文学革新予以"回旋"的努力。重新理解"五四"，亦是重新理解当代中国的文学表征和前进方向。

（整理/刘祎佳）

改革开放40年儒学研究

［**编者按**］ 改革开放40年来，大陆儒学的研究和发展经历了由复苏到复兴、重建的过程。以中国的现代化进程为背景，儒学在整体性的社会文化自觉的驱动下，逐步回归传统，同时也积极回应当今时代提出的各种问题。针对儒学的蓬勃发展，华中科技大学哲学系副教授廖晓炜和武汉大学哲学院教授郭齐勇在“爱思想网”发表文章《改革开放40年儒学研究》，将儒学研究划分为三个阶段：1980年代、1990年代以及21世纪初至今，力图在各种思潮相互激荡的时代更为清晰地梳理和展示出改革开放40年来儒学研究的发展脉络及其特色。

一、儒学研究的复苏：1980年代的儒学研究

“文革”时期，受到“评法批儒”等政治运动的影响，当时的儒学研究完全被政治话语所笼罩，学术研究政治化严重，缺乏客观独立性，儒学遭到严重的误解和扭曲。1970年末关于真理标准问题大讨论引发了思想解放的潮流，成了学界客观了解和评价儒学的一个重要契机。

要了解1980年代儒学的命运，必须注意到当时最为重要的思想史事件——始于1984年的“文化热”。文化热关注的核心议题是中国传统文化与现代化之间的关系问题，就传统文化的研究而言，北京大学哲学系教授汤一介等发起的以“中国文化书院”为中心的学术群体从宏观的视角考察、分析以儒家为主流的中国文化及其与现代文化接轨的可能性。此时涌现出一批优秀的作品，例如哲学家李泽厚的《中国古代思想史论》、汤一介的《中国传统文化中的儒释道》。此外，“现代新儒学思潮研究”也是1980年代儒学研究中特

别重要的组成部分。20世纪80年代中期，杜维明等学者回大陆讲学，同时将新儒学理念带回大陆，其核心是希望通过重建儒家的价值系统，以说明儒家的现代性。他们的相关论述逐步被大陆学者关注，中国社会科学院教授方克立敏锐地意识到港台新儒家文化保守主义立场形成的挑战，因此提出要“重视对现代新儒家的研究”。

总体来看，1980年代中后期仍然弥漫着一股浓烈的批判儒学、批判传统的民族文化虚无主义的社会思潮。但就儒学的学术研究而言，学界已经逐步摆脱此前对儒学的教条主义的理解，而尝试客观地把握儒学的基本范畴及其不同方面思想的内涵。

二、儒学与现代化：1990年代的儒学研究

1990年代的传统文化研究是在反思此前反传统思潮的基础上展开的，1990年11月22日，原国家教委社会科学发展研究中心组织召开“如何正确对待中国传统文化”学术座谈会，会议的主要目的是反思1980年代民族文化虚无主义泛滥带来的问题，进而思考如何继承和发扬优秀传统文化。在此背景下，80年代从事儒学研究的一批学者开始明确地肯定儒学在中国现代化进程中的正面价值，并自觉担负起弘扬和复兴儒学的重大使命。

随着改革开放和市场经济发展的不断深入、中西文化的交流逐步开展，西方社会出现的政治、经济、文化问题刺激了中国知识分子重新反思传统与现代的关系，彻底西方化已经不再是主流的看法了，传统文化能够形成与市场经济发展相适应的价值文化体系才是更为受到关注的议题。在此背景下，北京大学于1992年成立了中国传统文化研究中心，并出版学术刊物《国学研究》，随后，举办了一系列与国学相关的活动，在社会上引起了巨大的反响，90年代“国学热”由此发端。

在“国学热”与儒学复兴的大背景之下，儒学研究的目标不再只是试图对传统儒学做客观的、历史性的分析，更希望在现代化的视角下探寻儒学的当代价值。同时，一些国外学者讨论儒学与现代化的作品也被陆续地翻译介绍到了中国。这些思考大多隐含了这样的观念，即儒学中包含超越特定社会

历史情境的、具有普遍意义的精神价值，并且这些具有普遍意义的精神价值是中国现代化不可或缺的财富和精神食粮。然而，其中也不乏对儒学现代意义的质疑和批评。此外，儒学与马克思主义的关系问题也成为一些学者关注和讨论的重要议题。

就学术研究的层面看，90 年代学界的儒学研究更侧重从学术史的角度对儒学涉及的各种问题做更为细致的研究，这与 80 年代对儒学的宏观分析和定位存在明显区别。总结而言，90 年代的儒学复兴或许存在某些民族主义的因素在起作用，不过其时的儒学研究主要是反思和回应此前激进主义思潮对传统的全盘否定，力图彰显传统儒学的世界性意义，更具开放性和包容性，在基本立场和取向上也更为理性、健康。

三、儒学的重建：新世纪以来的儒学研究

从儒学发展的角度来看，新世纪以来，无论是知识界还是民间，民族文化的自觉意识越来越强，文化自觉是对回归传统文化的自觉，也是对中华文化之根源性的肯定。实际上，文化自觉也是 20 世纪以来整个中国哲学研究领域的共同呼声，所谓“中国哲学合法性”问题即是由文化自觉推动的。

文化自觉推动的儒学重建体现在多方面，其中最为重要的是儒学的价值体系在学术思想层面以及在民间的再植灵根。以李泽厚、汤一介等学者为代表，他们思考的核心课题是传统儒学与当今时代的关系。廖晓炜和郭齐勇认为，事实上，全球化所带来的各种危机，根本无法仅靠西方现代性价值去解决，儒家的价值系统通过创造性的转化，可以成为解决各种时代问题的重要思想资源。在此过程中，学者们努力突破了一元主义的普遍主义立场，正视和肯定儒学价值体系的独特性。当然，也存在一种更为极端的民族主义形式，他们否认西方的任何价值，认为只有儒家的礼义廉耻、人伦才具有真正的普世性。

新世纪以来，儒学重建的另一重要表现是各地自发形成的民间儒学再生运动。首先是城市社区儒学、企业儒学的发展，例如员工文化培训、以儒学为主题的社会文化建设；同时，乡村儒学也在复兴中，学者们从《弟子规》开始，向普通百姓展示儒家的礼仪教育；最后，民间儒学还表现为一定程度

的“书院热”，各地民间书院如雨后春笋般涌出。总之，民间儒学的开展形式非常丰富，让百姓耳濡目染，使得儒家精神能够慢慢深入中国人的心灵。

除此之外，儒家的价值理念也在法律制度层面得到落实，例如“亲亲相隐”经过学术论争从而被写入《刑事诉讼法》。学术研究上，儒学与经典诠释问题研究、儒家伦理学、儒家政治哲学等都是近来儒学研究的热门。

总而言之，21世纪是儒学大发展的时期，这是由文化自觉所自发推动的儒学在各个方面的重建，它的目的是建构一个不同于西方的儒家式的现代性。

四、反思与展望

改革开放40年来，儒学的研究和重建取得了长足的进展，但其中亦有一些不足，作者从以下三个方面阐述并提出了自己的建议：第一，儒学复兴带来了民族文化的主体性，亦催生了带有原教旨主义倾向的儒学主张，这种主张将传统与现代、中国与西方对立起来，进而使得儒学发展走向自我封闭。廖晓炜和郭齐勇认为，新儒学的发展要积极回应时代重大问题，吸收不同理论的优长，从而对传统儒学作现代性重构。第二，学界对纯粹学术的追求使得学术与思想出现分离，目前儒学研究更多展现为哲学思想史研究，“材料加常识”。因此廖晓炜和郭齐勇认为，儒学的现代重构也需要充分地辨析哲学理论、哲学观念，未来应当在哲学研究和思想史研究之间保持适度的张力。第三，儒学的重建涉及多个层次，首先是思想观念层次，其次是思想观念在民间和制度上的落实，而目前的儒学重建中心在学术思想上，需要进一步的学理探讨，即“应用儒学”的研究。

总之，从宏观角度看，未来儒学的健康发展要在民族性与世界性、思想与学术、思想层面与应用层面之间保持必要的张力。只有如此，儒家式的现代性才能由观念变为现实。

（整理/辛秋蓉）

再评《儒法国家》：中国历史的宏观社会学

［**编者按**］ 以何种目光看待中国，很大程度上决定了我们以何种目光看待世界。浙江大学社会学系、美国芝加哥大学社会学系教授赵鼎新的英文近著《儒法国家：中国历史的新理论》（*The Confucian-Legalist State: A New Theory of Chinese History*）（下称《儒法国家》），试图从对中国历史的重新理解出发，阐释作者的社会变迁理论，并完整地提出了一套具有普遍性意义的历史哲学命题。这一理论上的雄心，与对中国历史的扎实分析，使得这本书自出版以来，便受到国内外学者的广泛关注。《中国社会学评论》在2018年先后邀请8位国际知名学者为该书撰写书评，从历史社会学、经济史学、国际关系等视角出发展开讨论；赵鼎新亦撰文回应，进一步阐释了其方法论要义所在。《开放时代》2019年第4期全文刊载了这场论争，希望这场中外学者之间的重要对话，能够更多地为国内研究者所知晓。

一、社会变迁理论及其论争

美国加利福尼亚大学洛杉矶分校社会学系教授迈克尔·曼（Michael Mann）在《社会权力的来源》中提出，意识形态、经济、军事和政治活动相关联的社会组织与社会网络组成的四个关键集合是社会权力的主要“资源”（即“IMEP”模型）。赵鼎新的《儒法国家》所做的历史论述与比较分析，主要建立在这一框架之上。但赵鼎新进一步指出，在四种权力资源中，政治和军事力量和另外两者的区别，是它们具有精确的可计算性以及工具理性。这两种力量可以给社会带来累积性发展，只有当它们占据主导地位时，发展才会加速。意识形态力量尽管也在彼此竞争，但是不会激发社会的累积性发展。

对于上述观点，迈克尔·曼认为，政府的经济政策通常更取决于意识形态，而军事力量更是极其情绪化的，二者的工具理性有待商榷；另一方面，不能因为有关中国法家和儒家思想的研究强调的是这些意识形态保守与负面的作用，就轻易忽视意识形态的强大力量——当今世界仍旧汹涌的宗教、民族主义浪潮，正体现了这一力量的强大影响。迈克尔·曼的这一看法，也见诸英国爱丁堡大学社会与政治学院教授乔纳森·赫恩（Jonathan Hearn）与英国伦敦政治经济学院国际关系系教授乔治·劳森（George Lawson）的文章之中。

对此，赵鼎新支持迈克尔·曼对现实的社会行动者的混杂性认识，但他认为后者对他的批评未能切中要害。理由在于，作者是通过建构理想型场景达成理论的目的的。通过创设理想的政治行动者、军事行动者、经济行动者以及意识形态行动者，并假设他们之间的竞争是理想型意义上的竞争，去考量社会变迁的规律。这一演绎生成的种种因果机制，当然无法完全符合现实中的竞争。

在回应文章中，赵鼎新重申了他的理论立场。他在“IMEP”模型之上重新加入两条假设：第一，人类注定要面临彼此竞争的境遇，因为政治、领土、经济和意识形态资源几乎全都是有限的。第二，竞争与制度化之间的辩证性互动（dialectic interactions），而非“缝隙中发展”（interstitial development）（迈克尔·曼语），才是社会变迁的动力。他的策略是把四种社会权力资源当作四个彼此相互独立的维度，它们由此构成一个理想类型集，然后再去推理演绎出每一个维度所具有的因果逻辑。

赵鼎新认为，这一理论的价值是：第一，分清四种社会权力资源不同的性质与各异的因果逻辑。第二，理想型意识形态的非累积性、非强制性与多元性使它成了软性力量（soft power），总是需要获得来自国家的支持。第三，意识形态具备合法化功能，并非不具备重要的历史作用。

赵鼎新进一步指出，他的理论建构策略受到了笛卡尔分析几何学的启发，将四种权力资源看作一个四维空间的理想类型集，每个维度都有不同的因果效力。如果能将特定时空的主导性权力在这个四维空间中定位，就能确定这一时空下最重要的社会行动者以及在历史进程中最重要的因果逻辑。这一尝试在社会学理论建构中具有开创性的意义。

二、中国与工业资本主义：历史比较及其背后的方法论问题

在《儒法国家》中，赵鼎新对18世纪的中国虽然有高度商业化的经济，却不能实现本土工业资本主义突破作出了解释。赵鼎新主要关注了国家组织制度的演进，以及这种国家组织制度如何使中国走上了不同于西方的历史道路——大一统的政治传统与工业时代在经济上的停滞。

赵鼎新认为，对中国政治的大一统传统的形成起到关键作用的历史事件，发生在战国时代的后半期，即“全民战争时代”。在这一时期，国家由于战争调动了大部分的人口，亟须建立起强大而高效的官僚体制，以运筹管理军事活动。这些强有力的国家组织阻止了一切竞争性组织的产生——独立的城市、宗教组织或贵族阶层均不会出现。这种“法家式”结构在秦国那里得到进一步完善，秦国最终将树立政权的道德合法性与开明但绝对的官僚统治（enlightened but absolute bureaucratic rule）——儒、法两个方面综合起来，创造出了国家-精英相结合的极其强大的政治架构，以至于尽管朝代荣败更迭，甚或外族席卷中原，这套架构都被历朝历代反复采纳运用以统御整个中国。

而对于18世纪的中国难以实现本土工业资本主义的解释，与他对政治方面认识紧密结合。赵鼎新认为，中国之所以不曾兴起工业革命，是因为：第一，占据主导地位的儒法哲学注重的是历史理性与道德理性，而非抽象理性的思维方式。无所不能的国家又有效地将任何偏离新儒学学说的思想予以边缘化。第二，商人与商业活动在中国也同样处于边缘地位，因此无法吸引到那些能够引发生产方式系统性革命所需的思想、实践与资本层面的投资。

对于上述观点，英国伦敦政治经济学院国际关系系教授乔治·劳森、美国芝加哥大学历史学系教授威廉·休厄尔（William H. Sewell Jr.）与美国加利福尼亚大学洛杉矶分校历史系教授王国斌（R. Bin Wong）都从不同层面提出了他们的看法。赵鼎新则主要对美国乔治梅森大学公共政策学院的教授金世杰（Jack A. Goldstone）的批评作出了回应。

金世杰认可赵鼎新对欧洲中心和加州学派的驳斥，同意中国有着一条自古就被塑造下来的独特历史轨迹，它维系了中国的统一，妨碍了工业创新的出现。但他也对赵鼎新的理论提出了三点质疑：第一，赵的观点带有过强的历史决定论色彩，对历史中的偶然性（contingencies）没有予以足够的重视。第二，赵对亚洲的处理太过中国中心主义（Sino-centric）。第三，赵在处理欧洲与中国关系时亦有疏失。在他的书中，欧洲与中国仿佛没有历史交集。

在以上三种意义上，金世杰认为，欧洲研发、利用蒸汽机，实现现代机械技术与科学的进步，是种种复杂因素相叠加的结果，欧洲的多元性既不是工业化的充分条件也非其必要条件。赵鼎新将欧洲的多元性（pluralism）视为造成工业化发展的关键因素，是有失谨慎的。要真正理解欧洲和中国的差异，需要的不仅只是对两者不同之处的简单对比，更是需要将两者的历史一并看作是全球历史的一部分——它包含着欧洲与中国之间的互动及其相对地位的变化。

赵鼎新对上述批评作出了回应：

第一，历史决定论的批评并不源于《儒法国家》的文本，而是源于社会学分析的性质。社会学的叙事策略就是首先使得结构逻辑叙事顺畅，而非反思事物发展过程中的不确定性。

第二，关于“中国中心主义”及“孤立对待欧洲与中国”，他论述的中心是为何中国在历史早期阶段形成了统一的大帝国，为何其内在的儒法政治体系能够长久维系，并排除了工业资本主义本土化的发展道路，因此，日本、朝鲜或印度支那的问题当然不会占据重要的位置；同样地，如何看待中国与欧洲的关系，也应当取决于研究的问题，在儒法政治体制的话题上，欧洲与中国的接触并未产生重要的影响。

第三，至于欧洲多元性论述的缺陷，这一印象主要来自社会科学比较方法中存在的方法论困境。从比较中得出的结论足够解释为什么中国没有走上工业资本主义的发展道路，但它们却不足以用来理解为什么是英国而非其他欧洲国家取得了工业资本主义突破。由于《儒法国家》关注的重心是前者，因此解释后者需要的是其他主题下的专业研究。

在回应文章中，赵鼎新最后指出，《儒法国家》的重要目标之一是试图指出历史是累积性发展的，而不是线性进步的过程，且“进步”仅仅是为胜利者提供合法性的意识形态而已。过高或过低地评价中国的成就，皆不是他的本意。

（整理/朵悦）

新天下体系与儒学传统

［编者按］ 毋庸置疑，当代国际政治和伦理秩序面临危机，而新的规则尚不知何以建立。为了维护现有世界格局，世界政府（world government）、新大国平衡（美、中、欧、俄）、中美共治等方案渐次登场，却作用有限，根源在于依据的理念仍然是以民族国家为基石的传统世界观。伴随着中国逐渐恢复的文化自信，儒家“天下观”的价值被重新挖掘出来。中国社会科学院哲学研究所研究员赵汀阳于2005年出版的专著《天下体系：世界制度哲学导论》引发了激烈的争论，也使得“天下”成为儒学复兴运动的核心概念。中国人被迫接受民族国家思维方式近百年后，试图通过以建构全新国际秩序的方式，从“世界”再次回归到“天下”。《探索与争鸣》2019年第9期刊载了贵阳孔学堂的一场夏季论辩，其中，赵汀阳重新论证了新天下体系，北京大学哲学系教授干春松、中国人民大学哲学院教授姚新中、美国洛杉矶罗耀拉大学哲学终身教授王蓉蓉、湖南女子学院教育与法学系讲师周山东，都撰文对“新天下体系”与儒学的关联，以及“新天下体系”的当代性与未来性做了深入讨论。赵汀阳回望儒家“天下”观而提出的“新天下”体系，无疑为想象未来的世界秩序提供了全新的视角。

一、从“天下”到“世界”再到“天下”

天下体系的论证是一个从天下到世界再到天下的循环。中国传统语境中广义的“天下”指的是自然与人类合体，四海之内的所有大地、山川、河流、部落、家庭都属于“天下”；而狭义的天下则专指人间世界，“天下”由邦国构成，而国由家族构成，所以家、国、天下相互组合成为古代中国人的时空体系。

中国人民大学哲学院教授姚新中指出，随着19世纪末中国被迫进入国际社会，“世界”取代“天下”成为新的主导价值。1648年神圣罗马帝国与欧洲诸国和地区之间签署威斯特伐利亚合约，自此产生了现代意义上的民族国家与世界概念。然而以主权国家为核心搭建的世界体系本质仍然是国家力量的博弈，两次世界大战的爆发及第二次世界大战后雅尔塔体系的建立说明国际社会依然处于“诸侯割据”的时代；尽管今天全球化增加了世界范围内的互通交流，但还远没有形成广泛接受的世界一体价值体系。正相反，民粹主义、贸易战、外交纵横、文明冲突等凸显了当今世界结构的脆弱。[1]

因此，伴随着中国逐渐恢复的文化自信，儒家“天下观”的价值被重新挖掘出来。赵汀阳于2005年出版的《天下体系：世界制度哲学导论》引发了激烈的争论，也使得“天下”成为儒学复兴运动的核心概念。中国人被迫接受民族国家思维方式近百年后，试图通过以建构全新国际秩序的方式，从“世界”再次回归到“天下”。

二、作为共托邦的天下体系

何为“天下”，是一个需要厘清、也极难厘清的概念。国内有批评者认为，天下体系在理论上是一种“乌托邦”，背后是一种等级秩序，因此并不能改变当下政治经济的不平等现状，不过是用一种帝国理论来取代已有的帝国理论而已。

但中国社会科学院哲学研究所研究员赵汀阳认为，天下虽是理想，却不是乌托邦（utopia）而是“共托邦”（contopia）。天下关于世界制度的设想是以世界为其实地，在此基础上构建一个中庸状态的共享世界，其可称为“理想的现实主义”或“现实主义的理想”。[2]

---

〔1〕 姚新中：《“天下体系”的当代性伦理分析》，载《探索与争鸣》2019年第9期。

〔2〕 赵汀阳：《天下：在理想主义和现实主义之间》，载《探索与争鸣》2019年第9期。

借由黄帝与尧舜的“垂衣裳而天下治”，赵汀阳进一步将传统儒学的“天下”解释为世界规模、普遍合作的“新天下”体系，以制度代替暴力而建立秩序，从而超越了自然状态。北京大学哲学系教授干春松对这种“秩序”做了进一步说明。他认为，“天下”作为一种秩序观念，与人伦秩序上存在的“差序格局”相一致，在地理上也存在以王畿的距离远近所确立起来的权利和义务关系的差等性结构；然而儒家“内外、夷夏”的等差结构，并非绝对的“等级”上的差异，亦非取决于种族身份——也就不同于当前国际秩序的殖民霸权历史——而是取决于文明发展程度的差异，并且这种差异仍置于儒家“王道”价值之下。作为文明发展的“国家利益”不能遮蔽超越国家的“天下”目标，由此达到儒家所向往的大同世界，一个“天下为公”“王者无外”的世界。[1]

美国洛杉矶罗耀拉大学哲学终身教授王蓉蓉、湖南女子学院教育与法学系讲师周山东同样认可秩序性是“新天下”体系的本质特征，认为天下是“相互包含又相互转化的秩序共同体”：一方面世界主权秩序主宰着各国的秩序，并转化为各国的秩序；另一方面只有各国遵守以世界公共利益为准的世界主权秩序，才能“有希望建立起一个普遍共享的世界秩序”。在人文学意义上看，王蓉蓉与周山东亦与干春松观点一致：古人的夷夏之辨，辨的并非族群，而是文明教化。因此“新天下”体系的秩序并非各国地位不平等的秩序，而是一个“多样呈现又本质相通的文化共同体”。[2]

三、天下的三个伦理原则

既然世界需要“兼容普遍主义”的“天下”秩序，那么如何将这种秩序落到实处？这就需要完成对新天下体系基本伦理原则的搭建。

1. 地理：世界内部化

在赵汀阳看来，现代国际政治虽然处理世界地域范围的问题，但“人只

---

〔1〕 干春松：《儒家“天下观”的再发现》，载《探索与争鸣》2019年第9期。

〔2〕 王蓉蓉、周山东：《天下归仁与万物互联：如何建构新天下主义的理论地基》，载《探索与争鸣》2019年第9期。

在地理学意义上属于世界，在政治学意义上却只属于国家”。因此要以世界普遍秩序去建立一个“无外”的世界，把互相冲突的国家、宗教或文明都变成世界的内部关系，从而消除不可兼容的异己外部性。

2. 心理：关系理性取代个人理性

新天下体系的第二个原则是把儒家的人伦关系推广到国际关系，亦即否定以自我为中心的个人理性而倡导“关系理性”。关系理性追求共同安全的最大化优于排他策略的最大化，共同利益的最大化优先于排他利益的最大化，它使得一个普遍兼容和共在的世界体系成为可能。

3. 政治：孔子改善

在政治学意义上，新天下体系的第三个伦理原则是反对以邻为壑而追求人类的共同善，赵汀阳称之为“孔子改善”。帕累托改善要求社会总福利获得增长而没有一个人的利益因此减少，这是一个良好状态，但仍然不足以化解社会冲突、缩小贫富分化；与之不同，以“立己立人，达己达人”为内核的孔子改善要求所有人的利益共轭增长，即要求一种制度能够如此安排，以至于每个人的利益增长与任何人的利益增长之间存在着必然连锁关系。在这个意义上，孔子改善相当于将人与人、家与家、国与国生死与共，命运相连，整个人类就是一个命运共同体。借此，新天下体系得以实现世界范围的“生命共同体”利益或“天下为公”的公共善。

总之，新天下体系的基本原则就是：世界政治优先于国家政治；关系理性优先于个人理性；孔子改善取代帕累托改善。通过这三个原则得以期望一个最大限度接近普遍理性原则的世界制度，也因此是与特定教义无关的人类一般“道德-美学”原则，从而最有可能成为普遍聚点的天下价值。

四、智性民主：从理想到现实

然而任何一种理论构想都免不了面对可实践性的质疑。姚新中指出，当今世界范围已经远远超出古代中国的“天下”，而仅就中国古代的天下而言，即便周初的创制具有“万民共在制度”的魅力，拥有化解冲突而形成“多文化多民族共在模式”的能力，这样一个世界性的天下体系也在战国时期戛然终结了。

更值得怀疑的是，古代“天下”制度的内在逻辑是以内圣推向外王，通过德性和礼义向外投射而形成一个礼化天下，但如今的“新天下”体系却是以人类的共同利益和规则为坐标，通过高扬关系理性和实践理性来重塑具体国家、民族、集团的价值，建构美美与共的世界共同体。“德政”在过去尚不总能解决问题，又要如何在当代重新具备号召力和可实践性呢？

对于未来的实践可能性，赵汀阳回应道，新天下体系的管理可能是网络式的：各地仍然是国家管理，不需要一个行政的中央政府，但需要一个天下公共决策机构，负责天下宪法以及全球共享的公共制度，包括全球统一的金融系统、知识共享、技术共享等。对此类事务的决策可采用“智性民主”的方式，亦即“知识加权民主”。

诚如姚新中所言，赵汀阳意识到了新天下体系与儒家传统的不同之处，并做出了有益的区分尝试，但他仍然没有对如何在多维空间形成共力、如何在不同实体之间创造出普遍互惠的存在关系、如何化解天下的地方性与全球性之间内在张力进行足够的逻辑论证。因此，新天下体系还需要进一步证明其伦理的当代性、未来性与可实践性。无论如何，赵汀阳以新天下体系提供了思考政治问题的一种视角和思路，构建了以整个世界作为分析单位从而超越当前民族国家世界秩序的全新想象。

（整理/刘祎佳）

中西国力现代化路径的不同

［**编者按**］ 现代西方的新自由主义意识形态对中国发展道路构成误认，故区分中西方的现代化实践，认识中国传统治理模式，才能构建以中国历史发展为基础的国家与社会、国家与市场的关系理论。加利福尼亚大学洛杉矶分校历史系教授黄宗智在《探索与争鸣》2019年第11期上发表文章《国家–市场–社会：中西国力现代化路径的不同》，在探讨中西方历史事实的基础上，分析了如何基于中国古代和现当代的发展路径，构建中国道路的理论。

一、现代西方的双重历史事实与中国不同的现代化路径

从国家和市场的关系来看，现代西方将亚当·斯密的自由市场理论建构为适用于一切经济发展的意识形态，以全球化的金融市场建构“放任政府”的“科学性”。尽管17、18世纪重商主义存在新兴民族国家的参与，但自由主义经济学理论、古典自由主义经济学、20世纪大萧条后的福利国家、跨国公司以及新自由主义经济理论，将英美等国的历史经验重构为放任政府和市场的运作，忽视了国家的干预，也无视了民族国家间的竞争、侵略、逐利等历史事实。

现代西方具有双重性：一方面是民主自由理念与治理制度、工业化经济以及自由市场主义和全球化主义；另一方面则是军事战争、海上霸权、全球霸权以及无穷逐利。中国在不同历史时期也曾陷入单一性的现代化追求。

古代中国的特质在于低度的社会基层渗透力，这使得现代中国革命路径与西方不同。首先，中国在“半殖民地”的小农经济基础上，凭借党组织和群众路线获得优势；其次，中国在薄弱的工业基础上成就了“两弹一星”的

国力建设。中国缺乏新自由主义理论的社会基础，必须沿着历史路径以实现现代化。

二、中华帝国的治理传统与当代中国的国家体系

中国道路是中华帝国的治理传统的延续。第一，集权的简约治理传统使中央权利渗透仅到县级衙门，因财政收入有限，各地采用“行政发包”制度委托当地人作为负责人自行治理。第二，分块的集体体系将地方权力集中于县令一人，使权力组织呈现块状而非科层制的条状。第三，第三领域的体系形成了非纯国家亦非纯社会的治理形式，“乡保”在乡村和政府间上通下达，在非正式纠纷调解中增强了民间和县衙的互动。

三大治理传统影响了当代中国的国家体系。第一，通过革命政党组织动员社会的现代国家能力。历史上的中国正是依靠社会动员和民众支持，克服了物资匮乏、军火不足等问题，乃至有能力牵制现代机械化军队。第二，历史上的集权体系及当代的简约治理方案。第三，改革开放以来借助块状权力结构实现的全新发展模式。“目标责任制”使地方政府主动帮助企业发展，尽管出现“官商勾结”，但也在地区间形成“优胜劣汰”以实现国内生产总值的高速增长。然而，农村剩余劳动力的牺牲导致发展动能不足。

“社会主义市场经济”的内涵是本土理念吸纳了西方经验的结果。中国经济结构中，公私企业平分天下，国有企业控制主要生产资源更易于发挥国家作用，国企利润亦可应用于民生福利。此外，限缩政府行为至宏观调控层面，并以法律维护微观经济层面的私企和市场运作，该模式也可以避免对新自由主义理论单一面向的应用。

三、传统第三领域的现代化与中国未来的国家–社会–市场图景

与西方将国家与社会–市场二元对立的思维不同，第三领域的“发包”和“承包”构成了中国治理体系的关键。村支部、村委会等组织使中国共产党政权理念深入社会又高度集中，在革命时期看似“集权”实则得“民心”；在

当下建设时期，党包容不同阶层、不同理论、不同诉求，成为同时带有国家与社会互动性质的组织，并以成为全社会的最崇高和先进理念与人士的组织为目标。中共十九大关于乡村、振兴的思路是结合“法治、自治、德治”，既要加强党的引导，又发挥民众在“第三领域”的作用。故不能简单地以新自由主义理论来理解中国历史。

作者认为，探索中国未来的国家-社会-市场图景应符合中国现代转型实际。第一，国家与社会-市场的二元合一。西方国家始终参与、帮助经济建设，“放任国家”的本质是扩大资本主义政治经济体系的虚构。中国的发展道路需要构建自身的理论模式，发挥国家在市场中的作用。第二，增强“第三领域”的制度空间。英美的“第三道路”强调私权制度下国家给予社会福利，而中国则是在公有制下平衡国家和社会权力，使社会积极参与重大公共决策，以实现高度领导和高度参与的结合，进而发挥政党-国家和市场-社会的互补与共进。

中华文化强调尊重与和谐而非新自由主义经济的排他与贪婪，构建道义化的全球经济体系才是符合历史走向的中国道路。学者应将实践经验理论化、系统化，为中国道路提供科学支持。

（整理/王艺遥）

新中国70年：工业化与国企

［**编者按**］ 新中国70年，中国经济最大的变化是实现工业化，且工业化水平越来越高。在这个过程中，国有企业扮演了不可或缺的角色。清华大学国情研究院特聘研究员王绍光在《经济导刊》第10期、第11期发表的文章《新中国70年：工业化与国企》，讨论过去70年里国企与工业化的关系，通过翔实的数据分析，回溯中国工业的发展史和国有企业的变迁脉络，将国企对中国工业化的贡献总结为：推动中国从农业国转型为工业国，推动中国从短缺经济过渡到过剩经济，助力中国从工业国转型为工业大国，控制经济命脉，主导经济发展，助力中国迈向工业强国。

一、新中国的起点

1. 经济的起点

从结构上看，新中国成立时是一个落后的农业国，工业总产值仅占全国经济总量的10%左右。基础工业方面，中国更加落后。在世界大型企业联合会（Conference Board）的数据库收录的126个国家中，中国的人均国内生产总值水平位于倒数第7位，属于世界上最落后的国家之列。

2. 工业的起点

解放初期，工业产品结构以手工产品为主，主要用于人们直接消费；机械工业产品很少，主要用作生产资料，总体而言工业产品的产量非常小。从地域分布来看，中国当时的工业主要集中在占中国国土面积不到12%的东部沿海地区，内陆地区和边疆少数民族地区很少有现代工业。由此可见，无论用什么指标衡量，当时中国的工业都远远落后于发达国家。

3. 国家资本的起点

到新中国成立前夕，中国的产业资本中，帝国主义在华的工业占 11.2%，本国产业资本占 88.8%；在本国产业资本中，官僚资本占 64.1%，民营资本占 24.7%。抗日战争胜利后，国民党政府没收敌产、实行国有化实际上为新中国创造了一个有利的条件。到共产党接收政权时，国有化的份额在工业领域已经具有了一定的规模。

4. 国有企业的起点

新中国成立以后，国有企业开始出现，国家投资的新建国有企业、增资国有企业以及注资公私合营企业是国有企业的主要来源；其次是没收国民党各级政府经营的企业。经过对资本主义工商业的社会主义改造和大规模投资国有企业，1957 年中国经济的所有制结构发生了巨大变化：1957 年国有经济在国民经济中所占比重已达到三分之一。

总之，中国从农业国变成工业国是一个非常艰难的过程，缺乏工业基础，缺乏人才，缺乏资本，缺乏经验。但是发展道路选对了，就能进入新天地。

二、由农业国变为工业国，1949—1984

1. 国有企业的成长

尽管国企的单位数、职工数不多，但其对工业的贡献非常大，对推动中国工业化发挥了关键性作用。在这个时期，政府对国企实行“统收统支”，即国企利润全部上缴，亏损由国家弥补，扩大再生产费用由财政部门审核拨付。因此，国企实现的利润与缴纳的税金为国家财政做出了巨大贡献。

2. 国家资本的成长

按经济类型划分，国家财政收入的来源有四大类：全民所有制、集体所有制、个体和其他。工商业社会主义改造完成后，财政收入的八成以上均来自全民所有制，这种情形一直持续到 1984 年。国家财力资金主要来自国有企业；国家取得资金后，绝大部分又投入到国有经济的固定资产投资，构成一个良性循环。聚沙成塔，集腋成裘，这种良性循环持续运作了 30 年，国有工业企业年底固定资产原值从 1952 年的 148.8 亿元增至 1984 年的 5170 亿元，实力越发坚厚。

3. 工业的成长

中华人民共和国的前 30 年，中国工业的发展反映在几个方面：一是工业增加值大幅提升。二是工业内部构成更趋现代。三是工业生产的地区分布更加平衡。沿海省份的比重下降，内地省份的比重上升。四是建立起一个独立的、完整的工业体系。

4. 经济的成长

经济增速方面，无论放在哪个历史阶段，与任何其他经济体进行比较，中国在新中国前 35 年的经济表现都十分显著；经济结构方面，新中国实现了由农业国变为工业国。然而从就业结构与收入水平看，中国距离现代化依然任重道远。1984 年，第二、第三产业的就业总和约为 36%，农业或第一产业的从业人员占就业总人口的比重仍高达 64%。从人均国民收入来看，1984 年人均 500 元的水平在世界上仍属于穷国行列。虽然经过几十年的艰苦努力，中国已经迈过了匮乏阶段，但在 80 年代初，也才刚刚进入温饱阶段。

三、由工业国变为工业大国，1985—2019

在过去 30 多年，国企、资本、工业与经济都发生了脱胎换骨的变化。

1. 国有企业的壮大

一是国企改革与增加自主性。从国家统收统支到“拨改贷”“利改税”，改革的目的都是为了增加企业的自主性、积极性。“拨改贷”是指企业的投资、技术改造等需要的经费从国家财政拨付，改为不再无偿拨付，由银行贷款，企业还本付息。“利改税”是指，企业无须上缴利润直接作为政府财政，而是依法纳税，剩下的利润归企业支配。不过一系列加大企业自主权的改革很快导致一种未曾意料的后果：全社会固定资产投资的分布偏向东部沿海地区，这是市场选择的结果。

二是国企改制与“打破铁饭碗”。生产力水平提高后，中国告别短缺经济，随之而来的便是竞争加剧、盈利困难。亚洲金融危机爆发后，国内生产过剩，国外市场购买力下降，双重压力叠加之下，国有企业（包括集体所有制企业）利润下滑，亏损面扩大，破产案增加，国有工业企业单位数、国有职工人数大幅减少。国企铁饭碗时代宣告终结。

90年代中期以后的十年中，半数工人失业或提前退休。如此巨大的代价，换来的是国有企业浴火重生。1998年跌入谷底后，国有企业的盈利水平开始快速回升。越来越多的国企进入《财富》世界500强排行榜。到2018年，已有120家中国企业排入世界500强，远超日本，仅次于美国的126家。

2. 国家资本的壮大

虽然国有企业经历了脱胎换骨式的改制，国有固定资产投资始终呈现出持续增长态势。更重要的是，国有固定资产投资不仅是壮大国有经济的手段，也是进行宏观经济调控的手段。在亚洲金融危机暴发后的1998年、世界金融危机暴发后的2009年，国有固定资产投资的增幅比一般年份要高许多。由此可见，在社会主义的中国，政府掌握一定规模国家投资的必要性与重要性。

国家资本壮大后，投资方向也发生了改变。近年来，中国政府按照“有进有退、有所为有所不为”“进而有为、退而有序”的原则，沿着竞争性行业和战略性、垄断性行业两条线，加快国有经济布局和结构调整的步伐。在一般竞争性行业，国有经济选择性地保留了少部分国有企业。在关系国家安全和国民经济命脉的重要行业和关键领域，国有资本投入力度不减。

3. 工业的壮大

按照联合国工业发展组织的工业竞争指数（简称CIP指数），2016年（即2019年公布的最新数据），我国超过美国，排名第三；在排名领先的十个经济体中，我国是唯一的发展中国家。不过“中高技术活动份额”指标却揭示出中国工业的短板。因为该类指标衡量的不是各国工业的“量”而是“质”。如今的中国已经进入工业强国俱乐部，但还需要提高工业发展的质量和科技含量。

4. 经济的壮大

在现代世界，工业弱则经济弱，工业强则经济强。以壮大起来的工业为支撑，今天的中国已成为世界数一数二的经济体。中国经济整体增大了，受惠的是全体中国人。

（整理/黄歆然）

群众科学与新中国技术政治

［编者按］“群众科学”发生于新中国成立初期，是指通过大规模群众性运动组织起来的科学研究和技术创新。该运动强调科学技术要为人民服务，技术专家要向人民群众生产生活的实践经验学习。“文革”结束后，海内外学术界多将“群众科学”描述为一种“失败叙事”；然而，近十年对“群众科学”的研究有了新的学术转向。广州大学新闻传播学院教师易莲媛博士在2019年9月《开放时代》杂志上发表《群众科学与新中国技术政治研究述评》一文，认为晚近十余年关于“群众科学”的研究从技术政治视角重新审视了其对政治优先性的强调和对平等主义的允诺。在新中国“前三十年”的历史中，“群众科学”在“尊严政治”、“去技能化”、“再技能化”、塑造革命身体以及巩固国家对基层社会的控制和支配等方面，广泛参与了社会主义政治主体和中国现代国家的建构。

一、重返“群众科学”

作者首先回顾了“什么是群众科学”这个问题。在形式上，“群众科学”是指通过大规模群众性运动组织起来的科学研究和技术创新、普及，而这一形式本身又包含着对科学技术研究和创新的主体及其性质的内在要求。这些运动的核心是对科学研究、技术创新与普及过程中对政治优先性的强调及对推翻社会等级制度这一革命允诺的坚持。其目的不仅在于提高农业生产力，还希望以技术革命带动政治革命、社会革命，改变技术精英与所谓“走资派”的技术专家路线。

在科学知识的构成上，“群众科学”认为应当因地制宜，从生产生活实践的需要出发，在一定程度上以“科学方法”为基础，将历史传承下来的，或人民群众在劳动与生活中积累的经验、地方性知识和其他非正式的知识纳入“科学”的范畴之内。

二、“群众科学”的学术史

“群众科学”早在20世纪六七十年代已经引起了海内外学界的关注。两本有印证力的刊物是《北京评论》和《中国季刊》。当时投向“群众科学”的目光主要是来自各个建制化科学技术领域内部或为冷战服务的东亚研究等学科，关心的还是中国在这些具体领域的进展，以及群众政治运动对科学技术发展和科学家个人职业生涯的影响。这些与“群众科学”同时代的研究和报告也指出了“群众科学”实践过程中的一些问题。群众运动的形式本身造成了资源浪费，实际效果又可能有限，甚至产生反作用。但是，他们对其总体判断是积极的。

“文革”结束后，海内外学术界对“群众科学”的评价发生了逆转。以往并不突出的批判声音成为主流，构建起一种“失败叙事”；不过，最近十几年来，学术界对“群众科学”的意义经历了一次“重新发现”。这些研究之所以关注“群众科学”，是因为从中发现了一条“技术政治”的新的研究进路。此处的“政治”应做广义理解，指的是“人类交往中权力和权威的安排，以及在这些安排中发生的活动”。相应地，技术政治关注的是“大范围、系统性的技术趋势，技术的社会条件和社会对技术的反应，以及人类对于技术手段的适应方式”。它反对诸种形式的技术中立论，认为技术的物质性存在本身就包含了特定的政治关系。

三、“群众科学”的研究路径：社会主义政治主体与现代国家建构

晚近十年，“群众科学”有两种研究路径：社会主义政治主体与现代国家的建构。作者关注了以下四个方面：

第一，尊严政治。“群众科学”在形式上是通过大规模群众运动组织起来的科学研究与技术的创新、普及，它对政治性和知识构成的强调也都围绕着科学行动的主体问题展开。这不仅是“依靠谁”“为了谁”的问题，还是关系到“由社会所塑造的技术的使用如何反过来形构社会权力和权威结构”的技术政治问题，其中居于核心的是知识生产和技术改进过程中阶级及阶级关系的改造。

第二，去技能化与再技能化。“群众科学”中尊严政治与主体性的确立是以劳动者参与知识生产和技术创新、普及过程中所获得的“技能”为基础的。然而，它同样意味着对工业化与现代化的追求，这种追求本身又会造成劳动者的“去技能化”（deskilling）。在“去技能化”的基础上，每一项“群众科学”运动又意味着对参加者的“再技能化”。因为“群众科学”本身有着社会改造的内在要求，甚至将其置于其他目标之上。

第三，身体归训。“群众科学”运动对社会主义主体的塑造也体现为身体规训。这些身体是指通过个体对现有政治权力与权威的主动适应而规训成的一般性的、平均化的身体。从这个角度来看，“群众科学”对科学行动主体广泛参与的要求实际上构成了一种对参与者身体的规训，塑造了革命化的身体。

第四，国家对基层社会的控制和支配。科学技术与现代国家的关系本身就是科学史、科学技术学研究的重点之一。今天，对这一问题的研究主要从三个路径展开：科学技术在现代民族国家、帝国或殖民国家建立过程中的作用，冷战科学与国家合作、竞争和战争的关系，以及国家权力对科学的影响。

四、对“群众科学”研究的反思和讨论

作者从技术政治角度肯定了群众科学的价值，指出了群众科学运动在当时社会背景下的贡献。近十余年有关“群众科学”的研究，从技术政治的视角重新审视了“群众科学”对政治优先性的强调和对平等主义的允诺，特别考查了它在科学行动的主体和知识构成两个方面的要求。研究者认为，“群众科学”并不是意识形态化的说辞与权力斗争的隐蔽形式，而是怀着对科学技术内在的政治性的清醒意识，希望将知识生产、技术革新与社会革命结合起

来，在当时中国技术与资本双重匮乏的情况下，通过激发人的主体性来迅速提高社会生产力，缩小工农差别、城乡差别和脑力劳动与体力劳动的差别的激进的发展学范式和革命的现代化范式。但是，这些研究并不是对“文革”结束以来关于新中国“前三十年”历史“失败叙事”的简单翻案，它们并不否认“群众科学”的负面效果。

然而，在承认这些失败的基础之上，研究者依然坚持“群众科学”探索的意义，认为它揭示了科学技术另类发展的可能性：“群众科学”最核心的遗产之一，是它在实践中对技术中心主义和技术中立论的批判，以及在处理科学技术与社会、专业人士与普通大众关系方面的探索。

（整理/史佳楠）

“中国话语”的构建与传播

[**编者按**] 随着中国的崛起，中国与世界、东与西、古与今的复杂关系日益清晰地呈现出来，基于中国立场建立话语体系变得可能且必要。一方面，中国不得不直面西方学术殖民带来的困境，另一方面，中国也在古今之变中主动寻求法权秩序，避免沦为无涉伦理价值的国家机器，努力培养出人们的“国家认同”情感和主体性价值。面对双重时代使命，学界找到了一个着力点——“中国话语”。何为“中国话语”？对此，《开放时代》杂志社于2018年11月3日至4日在武汉大学社会学系举行了主题为“中国话语”的学术论坛，对相关问题展开了讨论。“中国话语”不仅是一种话语表达，更是一种进行中的自觉实践。无论在历史和现实的互动中构建和传播“中国话语”，还是在面对具体学科的不同进路时，我们都应具备儒家境遇性目光，积极发挥主体性以应对当下中国的具体问题。相关文章刊于《开放时代》2019年第1期。

一、“中国话语”的构建

1. 从主体性出发理解构建

武汉大学社会学系教授贺雪峰表示，构建“中国话语”的过程就是西方社会科学理论与中国实践相结合，并且建立有主体性的中国社会科学的过程。具言之，正如中国人民大学农业与农村发展学院教授温铁军所认为的，主体性的发挥表现为一个将现在的话语体系去殖民化的过程。复旦大学政治学系教授王正绪也表达了相似的观点，具体指出了西方自由民主概念已成为了一种霸权和压迫的话语权；主体性的发挥同时还表现为主动联系群众，增强群众对共同体的认同。武汉大学社会学系研究员杨华也指出，西方话语问题意识和分析工具使研究脱离了本土群众工作。

2. 从历史连续到现实经验

从主体性出发，构建“中国话语”存在两种路径，第一种是以传统中国的历史连续性为着眼点，第二种是以中国当前的现实经验为出发点。华东师范大学中文系教授罗岗认为应兼顾二者，他指出，“中国话语”关系到“中国”的整合和统一，因此必须结合历史和现实，从时间维度和空间跨度把握“中国”这个概念。

罗岗表示，从历史的角度上说，“中国”是核心政治精英集团利用强有力的政治组织力和军事实力，将遍布无数农业村落和其他族群的广阔土地组织起来，最终构成有广泛基本政治和文化认同的一个共同体。从历史连续性上说，他进一步反思“新清史”研究，认同只有在长时段的视野中，新中国和清朝历史联系才能建立起来。北京大学法学院教授朱苏力同样从大国整合和统一的角度出发考察“中国话语”，但其更多地关注乡村建设如工农联盟在工业化和现代化历史进程中对整合中国的意义。以上学者从历史维度解读“中国”概念，北京大学国际关系学院教授潘维则从历史维度解读“话语”，他一针见血指出，“话语”（discourse）就是“史观”，“史观”就是用立场、价值观和重要概念串联起来的关于历史变迁逻辑线索的认识。

从历史脉络构建“中国话语”，并非对历史简单的平行再叙，而是结合现实经验，从当今“问题意识”出发回溯历史。“问题意识”既包括对国内政治现实和社会乡村等一系列现实经验的反思，也包括对全球贸易战的思考。

北京大学新闻与传播学院助理教授王洪喆强调，贸易战和特朗普帮助中国人回溯自力更生、独立自主的历史，也让我们重新反思中国在20世纪所走过的道路。这是全球贸易战背景下对“中国话语”的追问。

国内面临的政治处境同样启发了对“中国话语”的构建。武汉大学社会学系研究员吕德文认为，如今典型的“新民权运动”如“钉子户”抗争事件仍是“群众”的话语策略，但过去公民社会理论在公共学术运动的盛行使“公民”概念削弱了具有本土色彩的“群众”逻辑。杨华同样重视群众在“中国话语”中的位置，他强调基层干部的作用，认为新时代存在大量需要基层干部与群众打交道才能解决的工作，比如涉及党委政府的制度、政策、精神、项目等落地的事情。

国内政治现实也包括民族问题和港澳台地区问题的凸显。罗岗指出，近年来的“西藏问题”和“新疆问题”都在挑战“中国”以及与之相关的“中华民族”的概念，这使中国逐渐窄化为与“汉民族”和“汉语”密切相关的政治共同体，“中国”是否能容纳新疆、西藏或者边疆等其他各少数民族成了一个问题。另一现实问题就是台湾地区面对“台独”势力和香港“一国两制”应对“港独”势力的问题，这两股势力对中国概念的挑战不再是简单回溯到历史中。

学者也持续关注当今社会农村问题。武汉大学社会学系研究员桂华认为，“中国话语”的现实经验必须有扎根于农村的素材，他提倡以贺雪峰的“饱和经验法”作为乡村研究方法，这是一种通过长期浸泡村庄，从而自然形成厚重的经验质感的方法。他鼓励学者亲身参与并获得具体的村庄、人和事的材料。

对此，北京大学国家发展研究院教授姚洋持保留态度，他认为不一定只有到农村下面看才是正确构建“中国话语”的方式。构建“中国话语”的关键在于中国学者有立足于当下问题和设定研究议程的能力。吕德文深表赞同，强调中国话语的关键不在于具体的知识形态是否和西方一样，而在于到底是谁生产的、生产体系是否是独立的。

现实问题不止于当今热点问题，也包括从古至今的恒久性问题。朱苏力强调，不能只关注或急于回应一些社会热点事件，关注中国经验最重要的是，一定要将其置于中国的政治、经济、社会、文化、历史、地理以及时代的语境中去理解发展演变的脉络。潘维强调对“平等”话题和“好政府、坏政府”话题的持续反思。

3. 从现实问题到学术理论

上述学者集中于以历史关照现实，再从现实以“问题意识”回溯历史的持续互动。在这一往复互动中，如何把问题拔高为理论和学术问题也是学者的核心关注点。杨华表示，理论思考要反映经验和回应经验，同时经验要对理论进行检验。他进一步直陈，理论来自对经验内在逻辑的抽象，又不限于经验。

复旦大学哲学学院教授丁耘并未停留于从现实到学术的拔高，他指出，首先要将现实问题化，因为最大的问题意识来源于现实；其次是问题学术化，为问题的提出和回应找到学术方法，而非大而化之的阐释和空想；最后是实现学术自我批判与整合化。

不同的学科对现实经验如何拔升为具有中国特色的学术理论有不同的认识进路。

吕德文首先指出，在改革开放初期，社会学和政治学虽然以马克思主义理论和方法的名义恢复重建，但其实质是引进美国的专业化学科体系，这就导致了过去中国共产党关于知识生产的自主性的一整套论述渐渐失去了市场。同样是反思法学，华东师范大学法学院教授田雷批判地指出现在的宪法学理论框架的不合理性，同时赞扬此次修宪中对中国共产党是社会主义的本质特征的论断，“这是现在法学界兴起与党规党法对接的潮流”。中南财经政法大学法学院教授陈柏峰则具体反思法学学科中的法学理论，认为今天法学理论所讲的司法被动性和中立性无法覆盖中国法治的实际运行。尽管纲领性文件中以法治政府、法治国家、法治社会的方式推进法治，可法理学教材仍停留在立法、司法、执法的理论框架内。王正绪指出，政治学受西方自由民主的话语体系霸权限制，以是否直接选举区分政体类型实际是对非选举类政府进行污名化、非法化。中国人民大学马克思主义学院教授张旭则考察政治经济学的三个话语革命给“中国话语”的启示。首先，术语革命是指术语从日常社会经济现象转化为政治概念的过程；其次，逻辑方法革命是指马克思通过物的关系和物之间的社会关系研究人之间关系的方法；最后，体系革命是指关注马克思分析资本主义制度的整个理论史过程，而不必急于搞新的体系。中国社会科学院文学研究所研究员贺照田表示，社会学和人类学应继续发展从经验聚焦到学科研究的“民族志”方法。

与以上侧重中国理论的学术化相比，贺雪峰更强调“野蛮生长”，认为从当前直到未来 20 年中国社会科学的重点不是规范化，而是在深入的田野调查基础上的“野蛮生长”，主张“大开大合，大破大立”。

二、“中国话语”的传播与吸收

1. “中国话语”的传播

时移势易，寻找“中国话语”，建构中国话语体系，更加需要与世界其他文明交流对话。因此，“中国话语”的传播也成为本次论坛的主题之一。

朱苏力从“中国话语”内容的普遍性着手，认为真正的中国话语至少是在学术世界中有竞争力的学术理论话语，因此学术必须具备一个开阔的国际学术视野。他强调“学人”在学术发展中的作用，认为学人不能仅仅是自说自话，要追求具有一般性的学术表达，追求基于经验实证的具有普遍解说力的研究。

除了从传播主体的观念开放和传播话语的内容普遍性入手，本次论坛也有相当多学者重视话语的传播受众和传播方略。

华东师范大学传播学院教授吕新雨从传播话语体系出发，探讨中国特色社会主义公共传播体系话语。他认为，在新媒体语境下，公共传播是要增加受众参与公共信息制造分享和流动的能力，这也是成为个体与公众生活和社会结构的重要链接。清华大学国情研究院副研究员鄢一龙就中国话语传播的“一体三用”谈中国实践对西方中心主义的整体超越。王洪喆回顾冷战以来的技术领域斗争，从传播技术和信息系统角度，切入对社会革命和国家治理的理解。华北电力大学马克思主义学院副教授骆小平结合自身国际学术经历，认为尽管学术话语的“国际传播”的内核在于学术，但传播还是应该由专业的人来做，“学者本身关注的是学术思想，而不是传播”。

2. “中国话语”的外向吸收

不同于前述学者对话语殖民化的担忧，一些学者认为西方话语也有自身的合理之处。从传统历史和现实经验出发构建和传播“中国话语”，同样也离不开对西方文化的借鉴和吸收。

首先，王正绪重申要避免“学术民族主义”观念。其次，重庆大学人文社会科学高等研究院特聘研究员李放春直陈，现代西方社会科学有一些值得我们学习和借鉴的地方，因为西方大家在构建现代社会科学观念时，也是有效地从古代思想文化资源中汲取滋养，以使古为今用。无论是中国的还是西方的历史经验和文化传统，都可以成为当代社会科学概念构建的重要源泉。丁耘指出，虽然现在有对当代西学的大量译介，但我们在问题意识、研究框架和讨论共同体方面基本上仍是自主的。

吕德文认为，要形成一个有解释力的中国理论并不在于概念是否源于西方的，而在于知识生产本身的自主性。王正绪强调，研究生要接受方法论的训练，尽快在方法论、研究设计方面赶超西方的学者。

三、以儒家的境遇性目光对待“中国话语”

构建和传播“中国话语”，既是一种学术自觉，也是一项正在实践的事业。朱苏力总结道，“中国话语”真不是个有确定答案的智识问题，这是一项由学者自我选择并通过学术践行来构建的事业。

姚洋深指出，“中国话语”蕴含着基于儒家的务实主义传统和境遇性实践，务实主义表现为“没有超验和永恒的真理”，从目的的合意性推断手段的合法性，以及改革的结果导向性。他进一步追问来源，认为务实主义根植于儒家的人性论，根植于儒家对情景理性的强调和对个人修行的重视。他指出，对上古中国世俗主义生活方式的总结形成了务实主义的哲学基础，这是当代中国政治和社会生态的基本底色，也是当代中国人性格中最显著的特征。

姚洋进一步澄清，务实主义在当代也存在负面影响，但法治可以减少这种负面影响，在当今语境中“可以引进法治，弥补个人修行的不足”。他补充道，现代罗尔斯的政治自由主义降解了自由民主，“法治就变得更加重要，因为每个人都失去了价值的要求”。复旦大学中文系教授白钢则以中国传统所主张的“生生论”为切入点，认为“中国话语”类似于“生之为生”，其在起源上已超越言语思维。

（整理/陈韵仪）

现代国家建设与正当性问题

［编者按］ 国家建设及其正当性是政治学理论无法回避的命题，代代先贤都对这一问题奉献了自己的智慧探索，若要维持国家统治的持久存在，必须唤起对其正当性的信仰。探索、建立现代中国的正当性毫无疑问也是全部中国近现代史的主题。这个主题，既是革命的主题，也是新中国成立之后国家建设、社会建设的主题。2018 年 4 月，在中国人民大学中外思想文化研究所和复旦大学思想史研究中心联合主办的“政治：中国与世界”论坛暨“当代世界思潮与中国政道传统”中，相关学者就“现代国家建设与正当性问题”这一主题展开圆桌会议讨论，为立足当下理解中国道路打开了思想之门。

一、当代政治理论视角中的正当性问题

关于政治理论对国家正当性的讨论，中国人民大学国际关系学院政治学系副教授欧树军认为有以下六个维度：[1] 第一，以马克思·韦伯的社会理论为源头的政治理论，即以正当性的心理学依据作为国家正当性来源。第二，政治现代化理论，即现代国家政体的正当性派生与现代正当性。第三，政治发展理论。正当性分为绩效和程序两个维度，分别强调经济和政治的两种正当性，经济上的绩效必须要走上政治上的程序正当性，即西方自由民主制度。第四，政治变化理论。正当性与有效性、政治共同体的共同性、政治秩序、

〔1〕 欧树军：《当代政治理论视角中的正当性问题》，载《中国政治学》2018 年总第 2 辑，第 232—234 页。

政治美德、政治制度和统治能力等相关联，内涵丰富。第五，民主转型范式。正当性区分为绩效和程序两个维度，而程序正当大于绩效正当。第六，福山的政治秩序理论。以程序负责制和实质负责制两个维度，维护“历史终结论”。

二、中国制度的独立性和自觉性

对现代国家建设与正当性问题的关注，是聚焦于现代中国道路及其正当性。现代中国的出现不仅影响了中华民族自己，也对全世界的正当性理论具有重要的意义。〔1〕

第一，除去英美、苏俄、德国的道路，今天真正留下可以作为西方道路替代选择的，只有中国道路。上海社会科学院中国马克思主义研究所副所长、《学术月刊》常务副总编姜佑福认为，中国已经走出了一条自己的道路。〔2〕第二，中国道路具有制度上的独立性和自觉性。中国人民大学文学院教授刘小枫认为，不同于欧洲基督教背景和启蒙式正当性，中国制度不需要他国经验作为制度正当性基础，也不追求将中国制度推广至全球普适。〔3〕第三，世界贫富分化和阶级分化的结构问题依然严峻，中国作为仅存的社会主义国家，可以为全世界提供解放性的意义。

然而，现代国家的道路正通向哪里？复旦大学哲学学院教授丁耘指出，现代文明最后可能在实际上都变成了“技术文明”或“资本文明”。如此，运用何种框架探索现代国家的正当性就成了一个难题。〔4〕

北京大学法学院教授强世功认为，应当用更大的尺度和更深的自觉理解

〔1〕丁耘：《现代中国的正当性及其世界意义》，载《中国政治学》2018年总第2辑，第223—224页。

〔2〕姜佑福：《作为现实和思想命题的中国道路》，载《中国政治学》2018年总第2辑，第228—230页。

〔3〕刘小枫：《重思“中国与世界”的关系》，载《中国政治学》2018年总第2辑，第238—240页。

〔4〕丁耘：《现代中国的正当性及其世界意义》，载《中国政治学》2018年总第2辑，第223—224页。

现代国家正当性问题。第一，虽然领土边界是现代国家正当性一大要素，国家全部正当的支配权力都以领土作为其管辖地，而在现实政治生活中，国家权力仅仅局限在自己土地上的国家寥寥无几。因此，现代政治的基本制度单位是帝国和国际法，而不是通常所做出的以民族国家为基本单位的假定。第二，涉及中国政治正当性，不仅要回溯中国传统政道核心价值，加深过往思想家、政治家的研究，更需要解答作为社会主义国家的中国，在今天需要怎样的核心价值来重新凝聚中国的政道传统。[1]

刘小枫认为，应当以晚清一代学者为资源，追溯他们对世界局势的思索。康有为、章太炎和廖平等，都应该成为关注的焦点。[2]

从历史上看，革命造成了一定的断裂，但中国仍是一个统一国家，承担着政治文明竞争的责任。中国以独特的发展道路回应了世界，并在这个意义上，重新焕发了一种最基本、最具功能性和价值性的自我组织能力。中国人民大学中外政治思想文化研究所所长、国际关系学院政治学系教授张广生认为，要维持一个巨大、多元一体的，并能带来定居、良善和有序生活的国家，在考虑中国现代国家建设和正当性的时候，可以采用一个超越“君主”与“共和”的视野[3]。同济大学哲学系教授韩潮同样认为，应以一种“混合”的观点去思考中国道路[4]。

此外，马克思、黑格尔将资本与技术相结合的现代化道路会带来资本主义时代一切苦难断定为一种历史必然，在今天的中国，面对这一从属于西欧的现代性历史天命，刘小枫、丁耘试图把现代性的反思和对中国造成挑战的现代性西欧文明的破解之道放在中西文明一开始的路向差异上。姜佑福认为，这无疑是可以接受的，但在中西双方被迫学习对方历史前景下能否解决问题

---

〔1〕 强世功:《用更大的尺度和更深的自觉看国家与正当性问题》，载《中国政治学》2018 年总第 2 辑，第 221—223 页。

〔2〕 刘小枫:《重思“中国与世界”的关系》，载《中国政治学》2018 年总第 2 辑，第 238—240 页。

〔3〕 张广生:《现代中国国家建设的“时”与“势”》，载《中国政治学》2018 年总第 2 辑，第 224—226 页。

〔4〕 韩潮:《海权对现代国家的诱惑与文明的反诱惑》，载《中国政治学》2018 年总第 2 辑，第 226—228 页。

却应当存疑。他认为，我们不仅要注意同其他对西方文明造成挑战的文明进行沟通，还要形成有益于学统重构的有效话语，把思考基点放在 2050 年，解放思想，实事求是，团结一致，回过头来建构今天的道统和传统。[1]

三、正当性与地缘政治

地缘政治对理解现代国家建设和正当性问题的帮助极具启发性，过去这类考虑较为欠缺。来自世界地缘政治的基本经验，对理解中国道路具有重大意义。

以欧洲现代国家起源问题为例，查尔斯·蒂利从战争角度在对欧洲不同地缘政治结构的分析中指出，英国作为以荷兰为代表的海权资本集中制度和以俄国为典型的陆权强制（人力）集中制度的中间模式，克服了资本高流动性所产生的不稳定因子和强制集中所带来的专制弊病，兼具了商业共和国和外向帝国模式，故而较为理想。而波兰作为大陆国家，其远离俄国拥抱西欧的道路，在蒂利看来就注定了其被瓜分的命运。张广生据此强调，如果脱离地缘和国家建设的时与势，便无法理解国家的类型与正当性理论的类型。[2]

在全球化时代，德国哲学家斯洛特戴克将全球化划分为三个阶段。第一，哥伦布发现新大陆前“想象中的全球化”，这是陆地政治的阶段，基本没有海洋因素的参与。第二，新大陆发现后一直到 1945 年“身体力行的全球化”，这是由西方主导的单向度的全球化阶段，海洋不断对抗陆地。第三，今天并非由单方面主导的一个双向度的“信息化全球化”[3]。站在这个角度，梁晓杰提出，我们已经进入一个新的时期，这可能是一个陆地和海洋相平衡的时

---

〔1〕 姜佑福：《作为现实和思想命题的中国道路》，载《中国政治学》2018 年总第 2 辑，第 228—230 页。

〔2〕 张广生：《现代中国国家建设的“时”与“势”》，载《中国政治学》2018 年总第 2 辑，第 224—226 页。

〔3〕 梁晓杰：《全球化、地缘政治与现代中国道路的正当性》，载《中国政治学》2018 年总第 2 辑，第 230—232 页。

期，通过海陆平衡来谈中国国家政治正当性。[1]

韩潮更进一步地指出，不可分割而又接近无限的海，拒绝像泥土一样被形塑，其作为意象本身就能带来迷恋性，而对这种拒绝形式化的虚无的迷恋，是现代的宿命。德国可能有扭曲的“慕英症”，中国同样有对蔚蓝色海洋的向往，即在面对海洋的时候，往往会有一种心态，越是缺少的东西，越想拥有他。但是，不能忽视的是，文明的起源和繁荣都是将水的因素和土的因素结合在一起，真正原始的海洋文明现在都非常落后。[2]

海权所指的是在一片土地上的政治共同体对于更广泛的世界地域有一个强势的控制权。北京大学副教授章永乐认为，“大国”，也可以叫“列强”，指的不是一个内外边界分明的民族国家，而是一个核心加上一系列边缘地带，像圆一样扩散影响力的区域。“一带一路”是中国今天扩大地缘秩序的想象，是中国链接和通达差异、尊重差异的做法，体现着中国尊重各个国家独立自主的选择。[3]

四、正当性话语与国际秩序

章永乐提出，正当性话语与国际秩序相联系，国际秩序中占据霸权、领导权地位的话语往往在国内也占据主导地位。[4]

作为第一个扩展为全球秩序的维也纳体系，其形成于欧洲的大国协调，而这一秩序中的霸权话语正是将统治权掌握在王朝和贵族手里的正统主义，具有强烈的王朝色彩。因此，中国1840年初次碰到这一体系，甚至到1911年辛亥革命时，国内立宪派还可以继续论证君主制主导的政治正当性。但是第一次世界大战爆发之后，维也纳体系彻底破裂，巴黎和会没能形成新的稳定秩序，在当时的国际秩序中，无产阶级和民族主义的话语力量正在兴起壮

〔1〕 梁晓杰：《全球化、地缘政治与现代中国道路的正当性》，载《中国政治学》2018年总第2辑，第231页。

〔2〕 韩潮：《海权对现代国家的诱惑与文明的反诱惑》，载《中国政治学》2018年总第2辑，第226—228页。

〔3〕 章永乐：《正当性话语与国际秩序》，载《中国政治学》2018年总第2辑，第234—238页。

〔4〕 章永乐：《正当性话语与国际秩序》，载《中国政治学》2018年总第2辑，第234页。

大，古典自由主义在这样的话语体系中失掉了正当性。而反映在中国，就是作为立宪者的民国国会，在 1923 年突然将魏玛民国宪法中涉及社会主义的问题引进国内，开始讨论所有制的问题。[1]

21 世纪，佩里·安德森认为形成大国协调有两条原则，防范全球自然环境恶化和实现全球市场，而这两条都随着 2016 年特朗普的当选及其随后的政策发生某种动摇。[2]

需要注意的是，资本主义发展的不平等导致各个民族虽然形成了统一市场，但内部有较大的张力。过去，维也纳体系就这样在民族主义的撼动下，大国协调让位于列强竞争并最终破裂，而今天，中国的产业升级给予美国资本安全极大的压力，而资本安全正是美国推进全球化的核心，当它受到威胁的时候，民族主义也就兴起了。从维也纳体系到冷战后的今天，资本与民族国家的历史性缠绕关系从未过时。资本需要民族国家力量统一国内市场，资本也需要国家政权形成区域整合，而这需要的是大国力量，当资本集团之间的竞争上升到政治的高度，就形成了大国的竞争。[3]

毛泽东 1936 年《念奴娇·昆仑》中表述了一个欧、亚、美的大同世界，1960 年代后又提出了亚、非、拉第三世界的全球观。全球视野，其实就是实践政治智慧上的见解，中国的国家正当性在某种程度上正是建立在这样的见解之上。[4]

新中国成立以来，有两种话语资源，一种是基于两极对立，高举社会主义的旗帜，另一种是第三世界的国际主义，前者与苏联争夺社会主义正统的努力中逐渐淡出，但基于第三世界的国际主义的遗产在当今世界中还在延续。因此章永乐强调，单极霸权已经松动，却并未消亡，中国崛起并广泛参与全球规则的建立，需要重新考虑历史留下的话语财富，即坚持促进国际关系的民主化，探索自己的发展道路，为那些希望加快发展又保持自身独立的国家

---

〔1〕 章永乐：《正当性话语与国际秩序》，载《中国政治学》2018 年总第 2 辑，第 234—238 页。

〔2〕 章永乐：《正当性话语与国际秩序》，载《中国政治学》2018 年总第 2 辑，第 236 页。

〔3〕 章永乐：《正当性话语与国际秩序》，载《中国政治学》2018 年总第 2 辑，第 236—237 页。

〔4〕 刘小枫：《重思“中国与世界”的关系》，载《中国政治学》2018 年总第 2 辑，第 238—240 页。

和民族提供更为进步的选择，赢得更多国际朋友的支持。冷战后的大国协调已经破裂，中国需要利用话语资源，抓住破裂的机会重新与新的时代接轨。[1]

（整理/王闫）

〔1〕章永乐：《正当性话语与国际秩序》，载《中国政治学》2018年总第2辑，第234—238页。

当代中国治理的党政结构与功能机制

［**编者按**］ 中国经济社会发展取得世人瞩目绩效的重要原因之一，是中国特色党政治理结构的有效运行。不同于韦伯式科层制的治理结构，中国国家治理的体制机制有着自己独特的发展进路。王浦劬、汤彬于《中国社会科学》2019 年第 9 期发表了《当代中国治理的党政结构与功能机制分析》一文，从治权构成与功能机制方面入手，分析中国国家治理贯彻了行动性治理与科层治理、“行动主义”与“制度主义”、实质正义与程序正义辩证统一的运行原则，形成了独特的功能运行机制。

一、集中统一：当代中国治理的党政结构

作为当代中国治理的主要组织依托，党政结构的典型特征在于党的集中统一领导地位和党政关系之间的复合结构。作者主要从三个维度来论证这一观点。

第一，从中国共产党的组织形态和意识形态来看，中国共产党在长期的革命和建设实践中发展出了严密而高效的组织体系。从组织形态上看，执政党组织具有“主干-经络-细胞”三位一体的结构：各级党委体系，基层党组织（基层委员会、总支部、支部）和其他党组，以及作为组织微观细胞的党员。从意识形态上看，中国共产党是有着远大理想和巨大能量的中国工人阶级、中国人民和中华民族的先锋队，其不仅确认了以人民为中心的根本原则，也确立了密切联系群众的工作方法，遵循历史和社会发展规律的革命属性。

第二，从政府体系来看，我国的政府体系是在继承本国传统的基础上，借鉴科层制逐步形成的中国特色的科层制。这种科层制有着自身的特点：它

是中国历史自身生成的制度形态，是中国优秀传统文化惯性和制度惯性交互作用而形成的制度设置，是具有历史继承性和本土性色彩的政府组织形式；同时，在由传统向现代转型的历史进程中，现代中国在国家建构中引入了现代科层制要素。

第三，从党政结构的统筹构成来看，当代中国治理实践是在执政党集中统一领导下，形成了统筹协同的党政结构。具体来看，在组织形态上，其呈现为立体的网络结构。其中，“立体”是指党组织与政府组织的相对位置呈现立体而非平面关系：党组织处于领导和决策地位，政府组织处于实施和执行地位，二者构成一种“领导-被领导”的关系；在价值取向上，它体现为执政党意识形态的主导性，其坚持以人民为中心的价值立场以及由此衍生的行动主义思维模式和实践理性；在治理方式上，其通过“归口管理”，设置“党组”、“党管干部”等组织措施，落实对政府体系的全面领导，实现对其组织融入和功能整合；在治理特性上，其形成了党政机构职能相辅相成的均衡结构，有效覆盖了边界分明的科层制所无法触及和覆盖的空间，弥合了政府体系内部的治理“缝隙”问题。

二、辩证统一——党政结构的功能机制

作者认为，在国家治理实践中，当代中国的党政复合结构转化为国家治理的功能机制，党政复合结构的特征和特性，相应转化为国家治理的机制功能。这种转化过程，进一步实现了执政党“政治”因素与科层制“行政”因素的辩证统一，这种辩证统一模式是通过三个层面完成的。

第一，政治引领行政：主导性与基础性的辩证统一。中国共产党的领导，在实践中体现为国家治理的核心主导性；而供给公共产品和公共服务，维持社会正常运转，处理常规行政事务的治理功能，则在维护社会秩序和促进社会发展过程中发挥着国家治理的基础性作用。两者的辩证统一，既表现为政治性与社会性在治理结果方面的绩效叠加，又表现为体制机制的创新累积。

第二，政治统筹行政：战略性与常规性的辩证统一。这其中，战略性植根于执政党的远大理想与战略任务，常规性源于国家治理的经常性需求。国

家治理战略性与常规性的分野，明确了各自所依托的治理方式，即行动性治理和科层治理。而当代中国治理的党政复合结构，使得这两种治理机制达成辩证统一、相辅相成的立体网络均衡与协同共治关系。战略性与常规性的辩证统一，实际体现为行动性治理与科层制的融合：一方面，行动性治理从外在于科层制的治理形态逐步转变为依托于科层制的内在制度构件，由此实现了“行动性治理科层化”，同时，因为政治与社会动员被纳入稳定的制度轨道，所以，它获得了秩序供给优势。另一方面，吸收了行动性治理要素的科层治理，也将这些要素改造为特定治理议题所触发的治理手段，从而出现了“科层治理”与“行动性治理”相结合的功能机制，并因其灵活性的提升而获得绩效提升优势。

第三，政治融通行政：绩效合法性与程序正当性的辩证统一。作者认为，党政结构的功能机制之三，在于政治融通行政，由此实现了绩效合法性与程序正当性辩证统一的机制功能。在当代国家治理实践中，绩效合法性来源于治理主体对治理绩效的高度重视，并在行动层面体现为国家与人民对治理优效的优先性排序和共同追求；程序正当性，体现为治理过程的程式化和非人格化运行，以治理体系的制度化、治理架构的稳固性为支撑，以操作流程的相对规范和明确为保障。在价值导向和运行机理上，两者的关系体现为“实质正义”与“程序正义”之间的辩证统一和相辅相成。

三、当代中国治理的发展要求及其调适路径

当代中国治理的党政结构集中统一、党政结构功能机制的辩证统一，其最终目的是实现国家治理的长效发展。这必然要求在政治与行政结构和机制之间建立起结构性均衡关系，在持续激发国家治理效能的同时，持续推进治理制度化。为此，作者认为应当从结构性均衡、法治联合入手，探求当代中国治理最合适的发展进路。

第一，结构性均衡：国家治理复合机制的发展要求。要实现结构性均衡，首先要以政治的引领性优化行政的制度性，持续加强和充分发挥执政党全面领导和政治优势。其次，要以行政制度性强化政治引领性，不仅要在组织架

构的形式意义上构建科层制，也要培植与之相适应、相支撑的制度文化和制度信仰。

第二，法治联结：国家治理内在辩证关系的调适路径。当代中国治理中“政治”与“行政”的辩证关系具有两个层面，这也决定了以法治建设调适两者平衡的实践路径要从国家治理体制内部和执政党组织和科层体系之间入手。坚持依规治党、依法行政、依法治国，推动国家政治生活向法治化的全面发展。

因此，作者指出，在当代中国国家治理中，中国共产党是国家治理集中统一领导的核心力量，融入和领导国家治理体制机制，是执政党治理国家的法理所在和必然要求。在当代中国治理发展进程中，要实现国家治理现代化，需要辨识当代中国治理中“政治”与“行政”体制机制的不同属性、基本特征和实际功能，分析两者之间的辩证统一关系及其有机结合的内在逻辑，进而阐明当代中国治理的党政结构的具体构成和功能机制的深层原理。

（整理/王显宁）

国家能力与国家法治能力：关于中国道路的探讨

［**编者按**］ 2019年是中华人民共和国成立70周年，也是改革开放40周年。这一年，“中国崛起”已经成为一个不容忽视的事实，而非一种期待或想象。然而，长期以来，对中国取得巨大发展成就之原因的论述，往往集中在改革开放的战略上，甚至使得“改革开放”必定促进“经济增长”的话语，几乎成为一种意识形态。在这样的背景下，清华大学苏世民书院教授王绍光，从历史的维度考量经济发展的真实动因，认为除却改革开放政策外，国家能力建设也有关键的作用。北京大学法学院教授强世功充分肯定了王绍光教授的全球视野、跨学科思维与学人素养，并进一步指出，在西方不断抽象化其国家治理能力，美国建立起“全球法治帝国”的背景下，讲国家能力应该增加法治能力的维度，提升我们参与全球治理的能力。上述两篇文章均刊发于《经济导刊》2019年第8期。

一、国家能力与经济发展

中国的经验是否能证明，只要进行改革开放就一定会取得成功呢？王绍光教授指出，不管是在过去400年里，还是在过去40年里，很多国家、地区都进行过改革或开放，但成功的案例并不多。除却改革开放政策外，还需要其他的动力支持和实现经济的快速发展。

王绍光教授认为，改革开放的成功，必须具备两类大前提条件。第一类是坚实的基础，包括政治基础（独立自主、国家统一、社会稳定、消除“分利集团”）、社会基础（社会平等、人民健康、教育普及）、物质基础（水利设施、农田基本建设、初具规模且较齐全的产业体系）。过去40年来，中国的改革开放之所以能够成功，是因为新中国前30年打下了非常坚实的基础。第二类条件，是要有一个有效政府，即具备基础性国家能力的政府。每一项改革都必然导致既有格局和利益的重组；越是激烈的改革，重组的广度、深度和烈度越大，翻船的可能性也就越大。要应付这种局面，就要有一个有效的政府，能够掌控全局，采用各种方式来缓和、减轻相应的冲击，克服各种各样的抵制和阻碍，由此改革才能成功。

在过去的研究中，王绍光教授认为，最为关键的三种国家能力是：强制能力（掌握和垄断使用暴力的权力）、汲取能力（从社会和经济中吸收一部分资源的能力）、濡化能力（国家使得国人有共同的民族国家认同感，有内化于心的一套核心价值）。考量改革开放、国家能力与经济增长之间的关系，可以从历史上发生过的三次“大分流”入手：东方与西方的大分流，中国与日本的大分流，以及第二次世界大战后发展中国家之间出现的大分流。

第一，国家能力与东西大分流。18世纪中叶发生的工业革命对于“东西分流”来说是真正的分水岭，在此之前，欧洲已经发生了科学革命、军事革命、财政-军事国家的出现、大规模殖民主义、大规模奴隶贸易和税收增长六件大事。王绍光教授指出，17—19世纪中期，科学对技术进步的推动并不显著，而后五件大事则从不同侧面反映了国家能力的变化，国家能力的增强很可能与工业革命的出现有密切的关系。

17—19世纪在欧洲出现的新型“财政-军事国家”，往往是军事革命在先，财政创新在后，且财政创新最初是服务于军事和战争的。军事能力造就了强制能力更加强大的现代国家，具备强制能力的现代国家为经济发展奠定了基础。对内，强制能力可以为当时的“改革开放”保驾护航，创造一个和平的内部环境；对外，强制能力可以掠夺包括劳动力在内的海外资源，打开海外市场，培养管理人才。英国与欧洲各国从农业社会向工业社会转型，实际上都是以暴力或国家强制能力为基础的，这一点其实是马克思在150多年前就已经做出的论断。除了强制能力之外，欧洲国家的汲取能力也相应增强，军事需求强有力地推动了欧洲各国逐步建立起更为发达的财政体制。值得注意的是，经济增长并不是汲取能力加强的必要条件。汲取能力本身完全可能先行增长，带动经济增长随后而来，英国光荣革命以后的发展历程就是典型的例子。

在这一部分的末尾，王绍光教授尖锐地指出，在欧美各国的经济发展初期，战争刺激它们强化了自己的国家能力，较强的国家能力转而帮助这些国家攫取了“第一桶金”。国家能力就是发达国家用过的梯子；现在它们却把这把梯子隐藏起来，让发展中国家按它们说的做，而不是按它们做过的做，是彻头彻尾的伪善。

第二，国家能力与中日大分流。这一部分，王绍光教授挑战了关于中日发展的两个固有的看法：首先指出明治维新之前，中日并非都是经济停滞落后的国家，事实上中日两国与西欧国家一样经历了广泛的商业化和早起工业化（非机械性的工业化）；其次指出中日分流并不是因为改革力度不同，而是在明治维新之前就存在，这一差别主要源于国家能力的不同。日本比较强的国家能力，在提供公共物品、保护生态环境、建设交通、吸收公共财政等方面皆强于中国，在中央权威对暴力的合法使用的垄断上，也远在当时的中国之上。因此，国家能力的强弱在中日分流中，也是重要的解释变量。

第三，东亚奇迹与强有力的政府能力。王绍光教授认为，强有力的国家政府在东亚奇迹的发生中扮演了关键的角色，日本、韩国、新加坡及中国台湾和香港地区的成功，都与国家能力的强大密切相关。那些“后发现代化”失败的国家，其经济发展往往难以为继。

总之，历史的、跨国的、当代的研究都表明，改革开放的成功有赖于一个有效政府的存在。有效政府的存在和改革开放都是经济繁荣的必要条件。对于改革开放和经济增长而言，具备基础性国家能力的有效政府的必要性在于：第一，为改革开放奠定比较坚实的基础，包括制度保障、人力资本、基础设施等。第二，为改革开放创造比较有利的内外环境。比如，只有具备一定国力，才能独立自主地制定自己的经济政策。第三，可以比较好地把握改革开放的方向和节奏。

二、国家法治能力建构：法律治理能力与法治技艺

针对王绍光教授的论述，强世功教授首先肯定了其作为“中国学派”的

代表展示出的积极示范意义：一是持守科学的论证思维，而非结论导向的意识形态论述。在这一点上，王绍光教授对国家能力的关注，正是延续了亨廷顿的路径，以科学的态度思考现代化进程中政治秩序与国家能力的关系问题，而非福山"历史终结"式的意识形态话语。二是突破专业壁垒，向"跨学科"的"专业"迈进。王绍光教授的研究对"专"与"精"的把握十分精到，突破了政治学的边界，对财政、经济、历史问题都有广泛的阅读和思考。这样的研究，对于当下大学研究中存在的专业隔膜、缺乏专业自觉的问题有深刻的启发意义。

强世功教授进一步指出，应当关注全球秩序的道德基础和正义基础。在当下的中美贸易摩擦中，美国高举"美国例外"的旗帜，却少有人考量此论是否具有道德性和正当性。事实上，从清政府闭关锁国，将西方列强排除在中国的朝贡贸易体系之外开始，中国朝贡体系内在的互助型道德观念，就与西方自由贸易体系中的殖民掠夺理念，形成了两种不同的对世界体系的构想。在这一问题上，王绍光教授重温了马克思对资本主义和殖民主义的强烈批判。如果把这一批判和对中国闭关锁国的批评和"美国优先"问题放在一起思考，以及将中国文明和西方文明和人类秩序的不同想象放在一起思考，将西方主导全球五百年和中国崛起对人类命运共同体的意义放在一起来思考，就会变得非常具有启发性。强世功教授深刻批评了西方资本主义以"自由法治"为外衣的"吃人"制度，并进一步观察到，进入20世纪之后，资本主义对全球的控制逐渐从赤裸裸的殖民主义掠夺，转为更加精巧的帝国统治，那就是依靠金融的控制、知识产权保护、文化教化的话语权控制等手段来控制全球。在这样的背景下，法律技术的运用，已经成为一种独特的国家能力。

因此，推进国家治理现代化，就要充分认识到现代法治的抽象建构能力。在资本主义发展的历程中，从西班牙、葡萄牙的衰落，到美国帝国的崛起，法律的建构作用扮演了重要的角色。早在15—16世纪，一套关于金融、证券乃至后来的知识产权法律，建构起资本的无形价值；抽象的法律技术建构出抽象的公民身份乃至抽象的财富——资本和知识产权等。在全球资本主义霸权不断转移和扩张的过程中，法律建构能力不断提升，早期殖民主义的"军事-财政国家"，转向了用科技、金融、法律和文化观念编织起来的更为复杂的自由帝国体系。王绍光教授所说的军事能力和财政能力固然是其重要的支撑性力量，但法律技艺的运用、法律治理能力的提升却可以放大这些军事和财政力量。强世功教授以“爱国者法案”和“云法案”为例，揭示了美国以“长臂管辖”建构的全球法律帝国。

强世功教授认为，人类历史的发展就是从简单、具体的治理走向复杂、抽象的治理。因此，在今天的信息化时代，讲国家能力的时候，需要将它进一步细化，增加法治能力或者法律能力，即用法律的技术手段来巧妙地解决问题的能力。从中美贸易摩擦的现实来看，中国和美国之间的最大差距就在这种抽象的能力之上。从经济领域的角度讲，如果中国未来要发展为真正的全球性大国，必须将“实体经济”与“虚拟经济”结合起来，提升管理和驾驭抽象财富的能力，加强法律技术的建构。

要做到这一点，应当对法治进行祛魅，认识到法治乃是一套技巧的国家治理术，是一种独特的国家能力，而非一种神化了的意识形态。今天的中美贸易战促使中国思考，如何面对全球法律治理问题。而要具备全球法律治理能力，首先必须提高依法执政、依法治国、依法行政的能力和水平，尤其是发挥商业律师和诉讼律师在国家治理中的作用。

（整理/朵悦）

抽签与民主

[编者按] 从古至今，良好的治理机制和理想的政治秩序一直是人类族群孜孜以求的目标，与此有关的政治理论与实践也不断推陈出新，由此孕育了绚丽多彩的政治思想史。近代以来，尽管民主化已成为政治转型的大趋势、西方资本主义国家也已在普选权的基础上建立起代议民主制，但有关民主价值及其实现方式的争论却从未消弭。与此同时，西方社会对中国政治体制的无端指责一直都不绝于耳。在此背景下，《经济导刊》第2期刊载了清华大学公共管理学院、苏世民书院教授王绍光《抽签与民主：释放对民主理念实现方式的想象力》一文。[1] 文章剖析了民主与抽签、选举在理论和实践中的关联及其嬗变。文章认为，民主、共和与抽签在19世纪前曾有着久远而又深厚的渊源，选举成为民主的同义词是西方贩卖西式民主及流行话语宣传的结果；面对代议民主的种种沉疴，抽签将大有作为。

一、民主话语的真相与误区：从抽签到选举的嬗变

王绍光认为，民主、共和与抽签在两千多年的历史中有着久远而又深厚的渊源。其一，历史地看，作为“民主发源地”的古希腊雅典城邦实现民主的主要方式是随机抽签而非选举，且在19世纪前两千多年的历史中，抽签一直都在民主和共和制度中扮演着重要角色。其二，现代人眼中抽签“非理性、荒唐”的形象是西方推销自由主义和代议制民主、鼓吹“历史终结”的结果，

[1] 王绍光：《抽签与民主：释放对民主理念实现方式的想象力》，载《经济导刊》2019年第2期。

这剥离了民主与抽签绵延两千多年的内在关系，抽签由此淡出了人们的视野。

同时，选举并不是民主的同义词。民主意味着占人口绝大多数的平民当家做主，而选举的实质是精英治国，意味着人民将治国理政的权力交给极少数人行使，选举实际上背离了民主的实质。

此外，面对西方选举制度和代议民主的种种问题，理论家提出了“历史终结”与“重启抽签”两种解决方案。在王绍光看来，“历史终结”不过是黄粱一梦，抽签在理论和实践上的回归才是民主的正途。

二、“历史终结”的黄粱梦

在王绍光看来，代议民主在理论和实践上的张力使得自身面临着空前危机，西式民主的合法性日益受到动摇。其一，民主已经沦为选主。代议民主不能实现人民当家做主，其实质是“人民选出精英来为自己做主”。其二，经由选举上台的“主”不能代表全体人民，不是“民有”（of the people）的“主”。投票率低是西方选举的普遍现象，“代议民主制下选出的‘主’几乎没人能得到超过半数合资格选民的支持”。其三，选民不能真正决定谁当选、谁落选，而只能选择特定候选人，选票成为废票。在政党政治下，独立参选人几无可能当选，选民没有太多选择余地。其四，由于选举制度和政党制度存在严重问题，西式民主实际上是一种“不平衡、不平等”的“民主”，是少数人受益的“民主”，而不能选出“民享”（for the people）的“主”。王绍光援引剑桥大学古希腊史学者保罗·卡特利奇的观点认为，西方代议民主制已堕落为寡头制，是“少数人有、少数人治、少数人享”的。

由此，“历史终结”论难堪应对代议民主合法性危机之大任。其一，在代议民主面临合法性危机之际，西方社会掀起了一系列体制外的“新社会运动”，揭示了以往被遮蔽的经济政治现实，代议民主理论也得到越来越多的反思，出现了“直接民主”“协商民主”等倡导民众直接参与政治的新理论。其二，经济上奉行新自由主义、政治上实行代议民主，即“历史终结”的方案，是为应对“新社会运动”对西方经济政治秩序的挑战而提出的，它本身就与民主的实质相抵牾，也无法解决代议民主的内在危机。

再者，全球“民主化”障碍重重，人们对西式民主的疑虑日益扩散和加重。尽管西方国家竭力推销，但代议民主仍水土不服，出现了一系列“民主崩溃”或“民主逆转”的问题。代议民主已重病缠身，更遑论终结历史了。

三、理论与实践：抽签浴火重生

首先，代议民主框架内的思考无法解决自身面临的危机，抽签作为代议民主的补充或替代方案越来越受到理论界的关注。其一，自20世纪五六十年代起，抽签成为经济学、历史学、统计学和政治学等学科领域理论家讨论的主题，不少学者都提出了与抽签相关的理论。知名学者罗伯特·达尔主张用抽签方式随机抽选约一千人组建“微型公众”以克服代议民主下的政治不平等。澳大利亚哲学家约翰·本黑姆“历数票选的弊端，建议用随机抽签的方式构建决策机构”，并将其称为“抽签民主”（Demarchy）。詹姆斯·费希金力推的“商议式民调”（Deliberative Polling）是抽签与商议的结合体，他将其视为“民主改革的新方向”。其二，与抽签有关的出版物和研讨会大为增加，抽签理论正成为主流学术圈的讨论主题。王绍光引用的数据表明，“本世纪头10年，有关抽签的出版物数量接近此前20年的总和；而过去7年有关抽签的出版物数量几乎相当于此前260年的总和!”

其次，随着理论家对抽签之民主潜能的开发，抽签在理论上的繁荣也促进其在政治实践中的复兴。其一，自20世纪70年代起，抽签或抽签实验开始登上各国政治舞台，抽签赋予了代表整体的正当性。其二，21世纪后，“商议式民调”和“公民大会”（Citizens’ Assembly）作为最突出的抽签试验已遍布各国。其三，近年来，抽签试验的影响范围更加扩大，适用范围也更广。抽签已成为英国、法国、荷兰、芬兰等国的政治实践，并有开疆辟土之势。

最后，王绍光指出，“在不同的时代、不同的历史文化背景下，实现民主理念也许可以采取很多种、甚至无数种方式，根本不存在某种唯一正确的方式，选举不是，抽签也不是。推进民主应该多轮驱动，不应单轮驱动”。我们应该释放对民主理念实现方式的想象力。

（整理/余先发）

以人民为中心的双重代表模式

［编者按］ 人民与代表在政治理论与政治修辞中常常紧密关联，几乎所有现代政府均宣称其在代表人民行使权力。但人民与代表之间的关系却缺乏足够清晰的理论说明，这严重妨碍了对现代政治秩序与政治代表过程的理论建构。中山大学政治与公共事务管理学院教授谭安奎、博士研究生张旭斌在《开放时代》2019年6月刊上发表文章《以人民为中心的双重代表模式——兼及政治代表中的“利益”与“意志”的调和》，阐释了理解人民与代表关系的全新模式，为调和传统政治代表模式中利益代表和意志代表的冲突提供了新思路。

一、人民与代表的理论困惑

人民与代表均为政治学的重要概念，常被联合用于日常政治话语和政治修辞之中。回溯概念演变历史，两者的密切联系同人民主权观念的兴起高度相关。自启蒙运动以降，随着洛克、卢梭等政治思想家的大力倡导，神学与政治相分离的世俗化进程在全球范围内蔓延。在这一过程中，人民逐渐取代上帝成为政治合法性的主要来源，甚至是终极来源，人民主权的观念不断深入人心。因此，人民与代表的紧密关联并非修辞上的偶然，而是有着深刻的时代背景和理论蕴涵。

然而在现有的政治理论中，二者之间的关系并未受到应有的重视。在政治代表研究中，代议制民主仍占据核心位置，鲜有学者将“人民”的概念视为此项研究中的关键议题。在关于人民的研究中，研究者倾向于考察“人民”概念本身，而忽视了人民与代表的关系问题。在现代政治研究中，有个别理论家尝试阐释人民的重要性以及政府如何代表人民行使主权，但是依然没有解决人民概念的模糊性和代表理论的复杂性。

目前为止，只有耶鲁大学法学与政治学教授阿克曼围绕人民与代表的关系问题建构了较为完备的理论，提出了解释美国宪法与政治变迁的“二元民主”（dualist democracy）模式。[1] 他指出，美国的政治结构包含两种不同类型的民主决策过程：第一元民主是指民众动员起来形成人民，从而启动宪法改革的公共审议；第二元民主是指民众回归私人生活，授权他们选出来的代理人去进行政治议题的民主审议。但是，他的理论无法回应美国以外的民主政治现象，具有较大的局限性。因此，人民与代表的关系仍是一个尚待深入阐释的课题。

二、同时作为代表者与被代表者的人民

考察人民与代表的关系问题，应首先回到关于人民主权的早期政治理论中。霍布斯是最早尝试分离人民与民众的学者，他提出，民众是共同体内的基本单位，它们的意志杂乱而众多，人民则是单一的实体，只有主权者的意志才配称作“人民意志”。这一理论基本被后来的学者沿用，在当代对人民概念的界定中，产生了“具体的人民”和“抽象的人民”的区分。“具体的人民”指在日常政治中活动的民众，是人们简单相加的集合，而“抽象的人民”则指抽象的单一实体，是民众的有机融合。不同于“具体的人民”，“抽象的人民”在主体上具有稳定性，在性质上具有“公共性”，是现代意义上作为主权者的人民。

将人民的概念界定清楚后，可以发现人民与代表实际上以两种不同方式呈现在政治理论中：一是人民作为代表者代表民众，二是人民作为被代表者被政治代理人代表。就作为代表者的人民而言，“人民”象征着共同体内跨越地域与代际的全体民众，这是典型的“象征性代表”，对于团结民众有重要的

---

[1] Bruce Ackerman, *We the People*: *Foundations*, Cambridge Mass, Harvard University Press, 1999, p. 6.

作用。也有理论指出，民众对于人民概念的认同并非仅源于象征性的文化符号，而是更多地出于对一套基本政治制度安排与宪法基本理念的认同。但无论如何，人民都以代表的方式整合着民众，为其他的政治行为奠定了合法性基础。就作为被代表者的人民而言，由于“抽象的人民”缺乏行动能力，因此需要通过代理人行使主权。尽管该理论遭到了直接民主支持者的质疑，但基本上可以形成共识的是，人民主权只有通过人民的代理人才能够实现，这一代表过程便是“代行为”性质的代表。

基于上述分析，人民在政治理论中出现了兼具代表者与被代表者双重身份的特征。该特征的具体表现是：一方面，人民以代表者的身份代表着民众，在整合和凝聚民众方面发挥着至关重要的作用；另一方面，人民被人民代理人通过“行为代表”所代表，人民代理人代表人民行使主权处理日常的政治事务。因此，可以将“以人民为中心的双重代表模式”，建构为由人民代表民众、人民代理人（政府）代表人民的两重代表过程。与代议制民主的结构相比，以人民为中心的双重代表模式的复杂性在于，人民必须作为独立的政治主体参与到政治代表的过程中。具言之，人民作为一个独立的政治主体参与到政治代表的过程中，将政治代表的参与主体由两个变为三个，从而就迫使代表结构从“一次代表”变为“双重代表”。

三、人民不可缺席：调和政治代表中经典冲突的新思路

如果把作为独立政治主体的“人民”排除在政治代表过程之外，最大的问题在于，人民利益（即公共利益）的内涵将无法界定。在传统的政治代表研究中，政治代表过程应当建立在民众意志之上还是公共利益之上备受争议。一般认为，代议制民主是当今政治代表的主要实现形式，也是典型的意志代表的具体实践。但是，这种基于意志代表的代议制民主忽视了代表的另一层含义，即为了被代表者的利益而行动，因为民众并不具备足够的理性与智慧决定公共政策和分配公共产品。近年来，由于代议制民主始终无法调和利益代表与意志代表的冲突，非代议制民主国家又在各个方面迎头赶上，基于利益代表的政治代表理论对代议制民主产生了很大冲击。

从根本上看，代议制民主的核心问题是“公共性”的缺失。通过选举投票与民主监督的方式，代表者对民众有着极强的回应性。但是，代议制民主过度强调民众的意志和利益，导致代表共同体整体利益与长远利益的“公共性”难以实现。于是，政治理论家试图通过制度设计限制民众意志，保证代议制民主的“公共性”，最具影响力的方案是选举人团制度和政党制度。然而，在20世纪70年代民权运动的冲击下，美国两党政治改革吸纳了更多的民众参与，导致政党制度向民意的不断妥协。

调和政治代表中的“利益”与“意志”之争是理论研究中亟待解决的问题，对此，“以人民为中心的双重代表模式”提供了新的理解思路。具体而言，该模型的第一重代表过程是民众构建人民的过程，起到凝聚民众意志的作用，因此人民以代表者的身份完成了对民众的“意志代表”。第二重代表过程是人民委托政治代理人（政府）的过程，通过契约建立的人民具有公共性，因此人民以“代行为”的方式，通过政治代理人追求与捍卫公共利益从而实现了“利益代表”。以此为基础，在日常政治中结合政党制度等一系列具体的制度设计，将是民众意志与公共利益得以实现的现实机制。

（整理/王加骥）

“新清史”与中国历史主体性

［**编者按**］ 随着20世纪90年代“新清史”研究的兴起，2018年12月22日，由华东师范大学批评理论研究中心主办的“‘新清史’与中国历史主体性”座谈会上，来自不同领域的学者对“新清史”的主要论点、起源学说、话语使用等做了论述，在此基础上阐释了“新清史”研究的兴起对我国思想界与公众的积极影响。但是，值得关注的是，其研究方法中隐含的分离主义与新帝国史背景可能会影响现阶段“中国性”意识的形塑，因而在民族融合的讨论中坚定中国历史的主体性就显得尤为重要。

一、“新清史”的几个论点与起源

南开大学历史系客座教授汪荣祖在解析“主体性”这一概念时，首先回溯了主体性（subjectivity）的西方起源，随后区分了人文学科与自然学科性质差别导致主体性研究的重要性差异。汪荣祖在座谈会上梳理了“新清史”提出的几个重要论点并予以反驳：其一，在汉化问题上，欧立德（Mark C. Elliott）的“族群主权”概念并不能适应中国这个多民族国家的实际情况，将中国人等同于汉人是他们研究的一个重大错误。其二，在汉化问题上，满洲皇帝的自我认同就是中国的皇帝，而非将满人和汉人视为两个国家的人。其三，在边疆问题上，所谓的“阿尔泰文化”更多地是一个地理名称而非政治实体，此外特纳（Frederick J. Turner）在描绘地方与中央势力冲突时带有很强的民族主义色彩，而忽视了边疆不能取代中央的客观事实，进而将辽东从中国领土中剥离视为征服王朝（conquestdynasty）的一部分而非中国。其四，“新清史”论者强调的是帝国问题，将清朝看作一个帝国主义国家，中国则是内亚帝国的部分，这一论点将古今、中西方不同意义上的帝国概念混同，认为中国是殖民地的想法同样忽视了中国的历史疆域不是一成不变的特点。

综上，“新清史”的主要论点被一一驳斥，起源学说摇摇欲坠，因而对这一学说的接受亦即存疑。

二、话语与感知：“新清史”在中国的解构与重构

华东师范大学历史学系教授李磊从话语到感知的路径论证了“新清史”在中国的传播不仅仅是学术问题，还涉及整个中国社会的知识生产方式。

首先，“新清史”研究的影响逐渐扩大到了史学研究界，为断代史研究提供了具有时代性的言说方式。日本学者在此基础上建构的“东部欧亚世界论”远超越了旧有的“东亚世界论”，将“内亚性”问题引入到东亚问题的解释模式中，由此形成了新的历史论述方式，重新定义东亚国家之间的历史关系。

其次，“新清史”不仅仅是话语事件，更是关乎公众史学的重塑，提供了大量的趣味性阅读、消费性历史体验，但暂时没有达到硬化公众历史认识的程度，值得关注的是在这一背景下成长起来的年轻学者今后在关注点与研究路径上的选择。

最后，在对清史的感知上现有的研究存在着感知性差异和学理分歧。当前人文社科的基本问题意识与研究前提与晚清五四时代性质紧密相关，一方面，比旗人族群身份更重要的是“结构-功能”性的存在性质；另一方面，族群政治理解清史的证据在于统治者的不信任感，但这正印证了其对中国政治模式的信奉，对于法统继承程序正义的关注。

三、新帝国史对“新清史”的影响

英国埃克塞特大学副教授殷之光为“新清史”的来源增加了一个帝国史、特别是新帝国史的角度。帝国史的研究转向正是发生在英帝国秩序的衰落与美国全球霸权秩序兴起这一背景之下，增加了学界对于文化观念与政治话语中性别关系、种族想象议题的关注。更早一点的“非正式帝国”（informalempire）是通过间接治理实现帝国秩序，而新帝国史则看到了除了贸易网络之外的边疆与中心互动，在这一重新发现的过程中，“新清史”受到了后殖民主义的影响，致力于寻找“现代性”（modernity）视角下全球从统一的同质化体验到多样的以民族历史为中心的复调。

但是这也决定了“新清史”包含许多关键概念的偷换与含混不清，如边疆与民族概念的不清晰、非历史化的研究倾向、用“民族”观念剪裁复杂的历史进程、过于强调人造“民族”中心、忽略互联互通对全球现代秩序的塑造性力量等。

四、如何借助“新清史”理解中国性

上海大学文学院讲师周展安指出，“新清史”的研究致力于阐释清朝统治成功不在于满人被“汉化”，而在于他们保持了自己作为征服民族、内亚人的特性，从而将研究视野转移到满洲人为历史主体上，从学术研究的角度具有一定的扩展意义。对于“边疆”“边疆民族”的关注使得“新清史”唤醒了我们对“中国”“中国性”的理解，这既是对既有的清史专业研究领域的刺激，也是对当下思想状态的冲击，研究者们更是将自己的研究目标设定为建构从16世纪以来的中国历史基本走向，完成中国从帝国到民族国家历史演进的逻辑思考。

但是从研究的代表性来看，仅仅着眼于作为统治者的满洲贵族集团而缺乏基层社会视角是很不完善的。其论述在凸显满洲的独特性上显得用力过猛，没有关注到清朝统治集团的历史性变化，过分抽离了中国近代的真实历史语境。特别是其中的政治内涵比如分离主义倾向，可能会对持续下沉平铺的历史趋势造成不恰当的中断。周展安认为“新清史”所激发的讨论，更重要的是要由此谨记20世纪中国革命对于建构“中国性”的意义，促使“中国性”发展成一种具备政治能量的文明或者具备文明潜能的政治，即新型的“文明-政治”。

五、晚清以来塑造中国意识的难题

华东师范大学国际汉语文化学院讲师黄锐杰首先指出了古代史与清史研究的背景差异：两种研究中的主体性（何谓中国的问题）问题并不一致，古代史中的民族融合在清史研究领域的错位表现在清史与全球史体系的结合上。这一问题的表现就是一个常见争论：清帝的中国君主身份究竟是制度多元主义身份还是普遍性的基础身份？对这一问题的回答产生了内亚帝国的内部多元与西方参照的“万国公法”体系的区隔。在解说答案的过程中，如果关注到“汉化”这一方便说法背后的儒家文化，我们就会发现其在整合民族中的重要性。比如言文一致的白话文运动对于构造民族国家的推动上，与言文分离问题中白话的前身清朝官话在形塑中国意识上的作用。随后，黄锐杰从历史剧《碧血花》中考察了民族冲突架构从南北儒家与异族政治之争到阶级方法处理民族问题的转变。

六、当“新清史”的结构遭遇宪法

华东师范大学法学院教授田雷认为，“新清史”对中国的解构体现在中国的变化性解释上，正如美国建国中不断有新州加入合众国，完成宪法认同过程，中国的历史发展过程也一直是持续发展的。中国宪法的开篇就讲了“中国各族人民共同创造了光辉灿烂的文化”，这一点是不需要回应与讨论的。下切到研究方法上，对“新清史”的有力驳斥应当将清帝言行作为关键。

（整理/张圣泽）

现代性的临界时刻为何要研究古典哲学

［编者按］ 面对现代技术的宰制和政治强权的交替，哲学的永恒主题，就是寻求现代性深渊的出路。复旦大学哲学学院教授丁耘于2019年11月2日在“第七届全国古典学年会”的主题发言《“生生”问题：当代哲学的突围》，认为当前我们正面临一个“现代性的临界时刻”，而古典学研究的永恒主题是解决当前问题的重要资源。这篇演讲首先考察当前时代的精神状况和学术局面，其次回顾学界近年关于“生生”问题的讨论，并说明其与古典学研究的内在关联。最后，他进一步反思了古典学对于现代社会和生活的重要意义，强调应将古今中西的问题深化为对哲学基本问题的思考。

一、“现代性临界时刻”的状况

当下我们正处在一个变化迅速的“极端的年代”，无论是宗教、社会、经济、政治还是文化领域，都趋向于极端化，中间地带则越来越削弱。根本原因在于技术的全面宰制，以及政治强权的交替。我们处于一个技术的宰制时期。技术改变世界，改变人的交往方式，最终指向改变人自己。技术是无限的，而人的进步能力和适应能力是有限的，有限的东西是有恐惧的。科幻小说实际上是人类文明在技术面前对自己的焦虑与恐慌。这也体现在科学主义对人文主义的压倒性胜利上。

二、研究古典哲学的必要性

1. 学界以“生生”问题回应“临界时刻”

面对上述时代精神状况，中国哲学界以“生生”问题回应，这意味着要将古今中外问题放到哲学基本问题中去具体理解。西方哲学对“生生”问题反省得早而且透的是德国哲学家马丁·海德格尔，他的physis（自然）可译解为“生生”，他的Machenschaft可译解为“造作”，技术实际上就是一种造作的方式。区分“生”和“造”有利于反省现在的时代状况，譬如人工智能再优秀，都不是人生父母养的，所以没有血气，也不可能有植物灵魂和动物灵魂。

而在当代中国哲学界中，对“生生”的讨论有两种进路，分别是本体论的进路和伦理学的进路。前者有如北京大学哲学系教授杨立华在《一本与生生》中将宋明理学以论证的形态呈现，后者有如列维纳斯的研究者，取向既是本体的也是伦理的，但最后的归宿是中国式的伦理思想，如在伦理性层面批评海德格尔的存在之思。而清华大学国学研究院教授陈来的《仁学本体论》是在本体论的层面上讨论源自伦理学的基本概念，这是在“性”和“道”上讲，而不是在“情”或在德性和制度上讲。因此，我们应在“道”的层面和“体”的层面上，对科学技术及其哲学前提，以及西方全部形而上学包括神学问题，做出正式的、完整的回应。

2. 研究古典哲学的永恒议题有利于保留人类文明

古典学研究的永恒议题是解决现代性问题的重要资源。这意味着我们应重回柏拉图和亚里士多德之间的张力，探索保留真正人类文明的可能性。

从现代技术的普遍预设出发，生命的本质可以还原为数据，生命现象、人生现象可以还原为演算。但从“生生”讨论出发，可以提出一个基本的问题：生命究竟是原理，还是与本质对立意义上的现象？这个争论在哲学史上可以追溯到柏拉图和亚里士多德。在《蒂迈欧篇》里，生命和灵魂本质上可以被宣称为一个数的序列。因此，古典哲学的资源并没有过时，它总是围绕着当代人所忽略的、永恒的支配性问题。现代性的极限或临界时刻，正是一个回到古典哲学的合适时机，一个回到柏拉图和亚里士多德的张力中的合适时机。

作为古典哲学的研究者，我们应该具体地、确切地提出问题，应该把古今中西问题放在哲学里面考虑。现在是一个笼罩性的、正在被支配的、近乎个体死亡而在物质中永生的局面，人类的主体和意识正在被祛除，取而代之的是数据及演算实体。因此，我们应该从“生生”的讨论出发，探索保留真正人类文明的可能性。

（整理/陈韵仪）

“生生”：技术统治的时代如何做哲学

［编者按］ 现代社会发展到今天，技术时代的全面到来与技术对人的多方宰制已经成为全世界共同的关切。“技术宰制”看似是一个植根于西学传统的问题，但事实上，中国哲学对此早已有所回应。《庄子》对“庖丁解牛”的认可与对“排水车术”的不安，已经展现出中国哲学对技术与生命灵性、自然节奏之间关系的思考。这一思考延续至今，并在“西学东渐”的近代学术背景下，逐渐发展为中国哲学面临的核心问题。对于中国哲学而言，除了直面这一问题本身，还需要厘清自身与西方形而上学传统的关系问题，以及“东学西渐”是否可能的问题。更进一步，中国哲学还要面临哲学自身的问题，亦即应当如何发问、应当如何做哲学的问题。2019年，丁耘的《道体学引论》和吴飞的《生命的深度》出版，引发关注。由此，复旦大学哲学学院教授丁耘、北京大学哲学系教授吴飞、中山大学哲学系教授陈少明、北京大学哲学系教授李猛、北京大学哲学系教授吴增定，共同开启2019年“中国哲学五人谈”的活动。这一谈话从这两本新书入手，进入了未来中西哲学的核心问题。本次讨论于2019年12月6日在北京大学举行，由北京大学哲学系教授杨立华主持，文稿由主办方之一“三联书店”于2019年12月19日首发在“三联学术通讯”微信公众号上。

一、技术时代哲学问题的出发点：“生生”

1. 技术时代的表征

陈少明认为，技术与人类历史相伴而行，当下技术时代的关键变异是技术发生了质的变化。以前的技术为人所用，现在的技术正在造成对人的控制。体现为两点：一是当下人类将自身的最骄傲独特之处交付机器（比如让机器下棋、作曲），二是人类当下很多关系和行动要依靠机器来组织。

丁耘认为技术时代的到来体现为两个方面，一方面追问宇宙奥秘的理论科学停滞，另一方面关于人的技术却飞速发展。

2. 以“生生”回应技术时代

陈少明认为，在技术宰制的背景下，人性面临挑战，哲学思考的出发点便在于恢复人性本来拥有的东西，“生生”就是丁耘、吴飞等中国哲学家作出的回应。“生生”包含两个意思，一是共生，就是说这个世界上没有孤立的“生命”，所有的生命都是有联系的；二是“续生”，因为任何一个孤立的生命都是有生有死的，物种要想持续生存，就要一代一代接续下来。“生生”根植于中国哲学的传统的世界观。儒家所有问题的出发点都与“生命”有关。“仁”就是来源于“亲亲”，而亲亲就是生命之间的一个关联。由亲身到亲亲，再推己及人，仁民爱物，万物一体，由此派生出一系列伦理与原则。

二、丁耘和吴飞：“道体学”与“性命论”

1. 从“一”入“道”

丁耘的《道体学引论》从“道”入手。中国哲学过往将“道”的问题等同于西方形而上学视野中的本体论问题，将它与存在论合在一起考虑。丁耘认为，中国哲学在本体意义上的学说与西学不同。应当从“一”而不是“存在”的概念理解“道”更为合适。对“一”的重视有以下三个原因：一是“一”可以同时解释道和存在；二是“一”能够更深入解释西学，比如谢林哲学中的统一性问题；三是能够更好地回到柏拉图的传统，亦即“一”作为数的本原是技术之本，作为善也可以是“生生”之本。

2. 重建“学说传统”

在吴飞的解读中，丁耘的道体学建立在西学在黑格尔之后的“崩解”之上，即关于“一”的追问被各种“二”的哲学取代了。由此，丁耘批评黑格尔之后的现代哲学（比如海德格尔），认为现代哲学应有的努力是重新回到并重新阐释亚里士多德，而丁耘回到亚里士多德的进路就是道体学。

李猛认为，丁耘的尝试可以帮助我们重新思考西方形而上学的核心问题。比如丁耘思考的入手点是中国哲学问题，比较多地落在动和静的关系上。但静其实不是西方哲学的核心原则，西方哲学是用存有去解释运动，而不是用静来解释运动。中西在取径上的“分歧”，实际上可以帮我们去重新理解亚里士多德哲学的一些关键概念。吴增定也认为，丁耘把以前对整个西方哲学传统的一个单向度的理解丰富化了，具体而言就是将新柏拉图主义的谢林的思考视角（“一”与“多”）引入形而上学传统。这种传统不同于海德格尔的理解，即认为形而上学追寻终极存在的传统导致了时代的技术问题，而是认为西学内部有一个能够克制这种本体论的思想根源，即“一”与“多”，亦即“道体”——“生生”。

陈少明将丁耘的道体学放置在中国哲学形而上学的层面来理解，认为丁耘接续了冯友兰、熊十力和牟宗三的路径，是十分系统、细密的方法。杨立华认为，这种形而上学的构建具有哲学家的英雄主义情结，是真正以思想的勇气和真诚回应技术统治的时代。

3. 吴飞的性命论

在西方有 being 与 good being 的区别，就是“存在”和“好的存在”的区别。而这一对差别在汉语里更加清晰，就是“生命”和“生活”。这一区隔构成了吴飞思考的出发点。在吴飞看来，中国哲学思想最基本的出发点不是“存在”问题，而是“性命”问题。“性”和“命”在概念上确实有很多值得分疏的地方，但从最初的“生命”的观念而言，可以当作同一个概念来使用。“性命”除了生死意义上的生命之外，还有人性和命运的意思，用《三体》的话来说，这就是生命的不同“维度”。

三、两种进路的差异

首先，丁耘指出，他和吴飞的差异是判摄之学与判析之学的分歧。这正是未来中国哲学体系上两个可能的方向。丁耘、李猛、杨立华等都认可形而上学的努力，认为有代价的“一以贯之”是值得尝试的；吴飞则强调下学而上达的进路。认为要先把中西之间的差别讲得更清楚一些，即先判析，然后才能够进一步判摄。比如中国所讲的“一”与西方的“一”是不是一回事，是需要思索的。

其次，对西方现代性的批判途径不同。吴飞认为现代性的崩解来自形而上学传统本身的问题，在形而上学已经完全瓦解的情况下，在现代恢复一种形而上学未必是可能的，因此解决方案应当在中国的传统中寻找资源；丁耘则认为现代性的问题来自黑格尔之后的崩解，需要回到传统形而上学来纠正。丁耘回应了关于形而上学是否可能的问题，他认为形而上学颠倒过来还是形而上学，所谓反形而上学，其实就是另外一种镜像里的形而上学。

最后，二人对西学与中学的关系理解不同。吴增定指出，丁耘比较倾向于中西一体论，也就是说，他认为中国和西方在根本的地方实际上是一致的，所以我们能够用同一个思想框架来思考和讨论，用一和多、“生生”、道体等来讨论中学和西学的具体得失。相比之下，吴飞更多地强调要把西方思想按照它自己的逻辑解释到尽头，这样恰恰能看出中国思想不同于西方思想的独特之处。

四、技术时代如何作出哲学的根本追问

吴增定提出“时代失语症”的问题，指出在今天的时代人们很难找到一个明确的问题，阐明自己遭遇的危机和危险。而丁耘和吴飞的共同努力就是首先找到这个问题，并在最深刻和最高的哲学层面将其表达出来。他们所做的表达——“生生”，是精辟而恰切的。

李猛认为，《道体学引论》的关键是考察中西哲学的核心问题能否在同一个最根本的框架内加以讨论，如果能，这一尚未分裂的“道”究竟应该在哲学上如何理解。因此，丁耘这本书也在整体上提点了可能未来二十年我们思考中西哲学的一些核心问题。而这一问题是这本书的典范意义，即指明某种形态的形而上学可能会终结，但是对根本问题的第一哲学思考不会终结。在这个时代，如何去展开真正的哲学思考，本身就是根本的哲学问题。

李猛进一步言明，哲学的核心问题，其实涉及两个方面，一方面是把握

和整理哲学传统、义理脉络；另一方面是通过对哲学传统的爬梳揭示出哲学根本的问题。真正的中国哲学要从根本处思考，不管是性命论，还是道体学，都需要回答这个世界的自然秩序到底是什么。吴飞以科幻小说阐释儒家义理，关心的根本问题是儒家的基本义理形式是否能够面对自然秩序的核心问题；而丁耘则从形而上学出发，试图阐明“道一”与“一二”的问题。丁耘的努力和吴飞的思考，有一个相互对质的地方。虽然一方是自上纵贯而下，一方是下学上达，这里的关键在于决定上下不同方向的哲学原理的生存体验究竟是什么，从这一生存体验出发能够基于对自然秩序的基本把握，把真正属于哲学——而非科学或历史——的问题呈现出来。在我们今天的生活中，如何让哲学的问题涌现出来，不是沉埋在历史的被动积淀中，或屈从于科学的武断宰制，在这方面，吴飞的性命学导引，和丁耘的道体学努力，有许多可以对话的地方。

李猛最后指出，首先要面对的哲学问题恐怕是“我们真的是一个不同的时代吗”？索福克勒斯或者培根都以为他们那个时代就已经是技术统治的时代，那么当下技术是否从根本上规定了我们所处的时代？这是哲学首先要面对的一个问题。

（整理/朵悦）

古典学和中国学术共同体

［**编者按**］ 西方古典学在西方大学通识教育中扮演着重要角色；反观中国，我们虽然拥有着丰富的中国传统文化资源，却尚未建立自己的古典学体系。嫁接西方大学体制的中国现代大学，应当如何正确对待和学习中国古典学和西方古典学，成为当务之急。清华大学哲学系教授甘阳在2019年11月参加“古典学年会”期间，接受了澎湃新闻的专访。访谈过程中，甘阳谈到了古典学在中国的沉浮，古典学与通识教育的关系；探讨了在确定中国古典学的界限后，建立中国独立学术共同体的必要性；并明确了古今中西之争的当下意味。此外，甘阳还谈到斯特劳斯与罗尔斯，以及对西方社会现状的看法。

一、古典学在中国

通识教育这一理念是美国芝加哥大学校长哈钦斯教授那一代形成的，主张在大学教育中加入古典和经典著作。美国的通识教育的核心是西方经典的课纲：在19世纪以前，古典的重心是古罗马；而在19世纪后期，古罗马所代表的外在文明逐渐被古希腊的精神文明取代。美国通识教育就是建立在古希腊以来的整个西方传统基础上，形成的“文化杂多主义”的概念。但是“杂多”不意味着“多元”，其仍是在美国一个文化下的“共存”——任何一个政治共同体都是一个文化共同体。

随着人们对现代世界物欲横流的喧嚣吵闹的厌倦和对内心安宁的追求，古典学在中国也慢慢从“臭”变得“香”起来了。但是对古典学的热爱不能停留在简单的情感冲动上，要有自觉的意识去深刻认识自己的文明，真正的文化自信是文化和教育，而不是自大。但是中国现代大学是嫁接在西方大学体制上的，没有自己的文明根基，在大学教育中古典学更是长期“缺席”，根本在于早一批中国学者不认为中国古典还有任何教育现代人的意义。好在进步主义的肤浅观点在我们这一代逐渐褪色，我们对现代性比以往有更深刻的理解，不会简单地用今否古。但是通识教育在中国的推进还是困难重重的：一方面在中国大学教育中，仍然还是以专业教育为主，通专结合并不理想；另一方面，中国的通识教育要做到中西兼顾，通识教育的复杂程度远高于西方。

虽然古典学在中国还尚未成为一级学科，但是这样也有利于保持古典学的开放和自由的状态，同时参与古典学的中国学者也都是对中西两方面传统有着深入的思考而不限于肤浅的国际化接轨主义。但这不意味着中国学者不需对西学下功夫，相反，我们只有对西学理解越深，才会越深刻地理解中国思想，只是在此过程中应保持中国学术自主性和独立性。中国古典学一定要坚持构筑自己的学术共同体：中国的西方古典学，不是西方学术界的一部分，而是中国学术界的一部分。

二、中国古典学的界限

古典学是在中国哲学、中国古代史、中国古典文学这些学科下发展形成的，而中国传统学问最多分经史子集，二者的差别还是很大的。古典学更多地是一个交叉学科，对各学科保持开放的状态，逐渐融汇——中国研究古典学的学者都有较强的恢复中国原本学问整全性的愿望。

西方古典学的时间空间界限是历史形成的，直至晚近二十年西方的显学才是“接受研究”——将古典学研究延伸到任何时代。中国古典学的时间空间界限没有西方那么明晰，主要原因之一即是西方文明是断裂文明，而中国古典文明没有长期中断过。因此，不宜将中国古典学局限于某一历史时期，而是可以划到中国古典文明衰亡为止，虽然这样会导致中国古典学有过于开放的嫌疑，但是过于收紧是没有必要的，不必一开始就规范得那么清晰，应留够讨论的空间。

划清古典学的界限不意味着古典与现代的截然对立，古今之争更多是古今难分——比如罗尔斯的《道德哲学史讲义》，企图切断古典道德哲学和现代道德哲学，但是最后还是要回归亚里士多德的“美德”。古典学既要学会从现代人的问题出发去想古典，还要包括从古典的维度来反省、检讨现代的问题。

中西方在面对古今差异又有着较大的不同：早在1920年代，中国学者将中西差异总结为古今差异，进而将否定古典学作为现代化的前提。在甘阳看来，首先应当明确的是中西差异的问题，因此不应当简单地单向地思考，而应对中西两头都进行重新认识。西方在现代化的过程中就明确了现代性与古典文明的断裂关系，因此，中国当下的现代化过程中首先应思考的是我们与中国古典文明应当是什么样的关系。

全球化试图模糊民族国家界限，但是现实却强化了全球化和民族国家的矛盾，正如英国为了保持其独特性而选择脱欧。因此，中国学界也要思考在保有特性的情况下，向西方学习什么。

三、施特劳斯对中国学术的影响

施特劳斯给学术界带来的最大贡献即是要重视整个文本进行经典研究，教导我们只有克服这种现代人的狂妄，以虚怀若谷的态度，把力图理解柏拉图作为出发点，才能真正“古为今用”。在甘阳看来，罗尔斯并不能和施特劳斯相提并论，因为罗尔斯的理论完全建立在美国政治的基础之上。相比施特劳斯的影响，中国学界更应当重视如何在一个西方主导的世界超越一时，将中国文明作为一个整体进行看待。在研究中国的过程中，应克服答案导向思维——学术研究的关键不在于答案是什么，而是提出问题和思考过程的本身。

（整理/郑志冲）

编后记

近些年来，随着中国市场经济的逐步深化和法治体系的逐步健全，以部门法为主体、以实践为导向的法律职业教育也取得长足进步。法学院教育主张法律体系的神圣性和自足性，因而鼓励发展“法律人思维”，它要求学生能够根据一定的技术规则，娴熟地理解和诠释既定法律体系内部的理性构造，从而最终实现司法审判过程的合理化。

在我们看来，这种高度“法条中心主义”的思维方式并不足以培养适格的法律人才，它一方面没有考虑到作为一个变革社会，中国的法律形成过程，是一个在民俗、习惯法和现代理性化的互动中，在国家战略、公共政策和司法判决的多重构造中实现的，因此法律不仅仅是落实国家意志的成文规定，而恰恰是形成这种国家意志的讨论过程和落实这种国家意志的多元机制。如果不对这种具体的法律情势有所了解，那就可能陷入僵化的法律囚笼之中，因为失去法的社会性和常识性而蜕变为教条主义者，或者因为无法应对法律适用过程中的各种空隙和断裂，而蜕变为法律无用论的虚无主义者。由于对西方法律的机械移植，中国的法条主义还带有一个高度“西方中心论”的理论预设。放在中国深度参与并主动塑造全球化进程的历史背景下，如果继续秉持这种态度，那么中国的法律人将在批判性和创造性阙如的窘境之下无路可走。

本着这种意识，北京大学法治研究中心（现为北京大学国家法治战略研究院）从2009年开设“法律与公共政策”的硕士方向，致力于在一个更为开放和广阔的知识视野中塑造一种新的法律人格。“法意看中国”就是这种探索的成果之一，它致力于构建一个关于法和世界的新想象模式，它将法理解为一个历史的、动态的生成过程：它依托于特定社会的具体情势，并不断在这种情势中否定和创造自己的新形式；它将世界理解为一个需要认识、超越和改变的客体，而不是一个只供模仿和崇拜的主体；它反对那种将自我“他者化”的殖民意识，从而在这种批判性中完成新一轮的心灵去魅；它主张通过重新激发主体性、情感生活和意义世界，培养能够适应变革时代的，具备战略和政治意识的新法律人。

本书的整理和出版便致力于累积和总结这种正在重新生成的主体性。通过系统跟踪中国公共思想和舆论界关于全球发展走向、国家发展战略和意识形态辩论等方面前瞻性的思想观点，我们希望能够更深刻地理解全球化背景下中国如何参与全球治理，如何解决中国的法律规则与国际法律规则之间的冲突等重大问题，为推动法治中国学派的生成和发展作出一点微薄的贡献。在材料来源上，我们兼顾学术期刊和公共媒体，并致力于发掘那些长时段的、有较强理论价值的、有较强代表性的观念性讨论，从而有助于国人理解一个变动、丰富的中国。

除了法律人的问题意识和知识背景，我们认为《法意看中国》拥有一种更具历史感的文明自觉。这不仅仅是延续了上千年的中华文明传统在当代留下的深刻印记，更是晚清以降数代中国知识分子在自我否定、吐故纳新的过程中始终保留的主体性自觉。正是依靠这种“以我为主”的心态，人们在不断的开拓和创新中构建了一个日新月异的中国。而今，在新时代的政治和历史意识感召下，一度让国人感到迷茫和失落的中国文明，正在积极参与到新一轮的全球变局之中。在向外的进取中如何面对过去将自身“他者化”的思想遗产，如何建立以中国话语言说中国故事的“中国学派”，这些疑问让“认识中国”的任务变得更加迫切。因为它旨在确立中华文明对自身历史的、但又全新的定位，从而构造一个“和而不同”的全新世界。已经苏醒的主体性，让这种探索更为从容，因为它真正将自身变成了一个观察者，从而在更具创造性的目光中意识到自己存在的历史价值。

本书的所有内容由北京大学法学院的学生编辑整理完成。我们在这种点滴的细碎积累之上，构造出这部具备“思想年鉴”性质的文集，并愿意将这种追踪发展为长期连续的系列工作。虽然本书主要由受过法学教育的学生们整理，但它关注的议题却覆盖经济、政治和社会文化等多个方面，具备很强的公共性，因而尤其适合作为了解中国当代思想和文化辩论的通识读物。在编辑、整理和出版过程中，我们收获了众多师友们给予的指导建议，也得到了专家学者和出版社编辑们的支持帮助，这给予我们诸多有益的启迪，也构成我们努力探索的不懈动力。由于我们的水平和学识有限，很多领域中的重要文献可能未能收集到，对一些重要文献的编辑整理或许有偏差。但无论如何，我们是抱着认真学习的态度，尽可能全面、准确地记录中国思想发展的脉络。因此，本书的编辑和出版是对话性和开放性的，它期待着苛刻读者的质疑和批评，如同它期待着热情读者的鲜花和掌声一样。

《法意看中国》编委会

2020 年 4 月 20 日

图书在版编目（CIP）数据

逆全球化的挑战与机遇：法意看中国：2019 /傅正，朵悦主编
北京：当代世界出版社，2021.5
ISBN 978-7-5090-1558-2

Ⅰ.①逆… Ⅱ.①傅… ②朵… Ⅲ.①国际政治－文集 Ⅳ.①D5-53

中国版本图书馆 CIP 数据核字(2021)第 074993 号

书　　名：逆全球化的挑战与机遇：法意看中国：2019
出版发行：当代世界出版社
地　　址：北京市东城区地安门东大街 70-9 号
网　　址：http://www.worldpress.org.cn
邮　　箱：ddsjchubanshe@ 163.com
编务电话：（010）83907528
发行电话：（010）83908410
经　　销：新华书店
印　　刷：北京中科印刷有限公司
开　　本：710 毫米×1000 毫米　　1/16
印　　张：15.5
字　　数：240 千字
版　　次：2021 年 5 月第 1 版
印　　次：2021 年 5 月第 1 次
书　　号：978-7-5090-1558-2
定　　价：66.00 元
